A BÍBLIA DA INOVAÇÃO

Fernando Trías de Bes
Philip Kotler

A bíblia da inovação

O modelo A-F

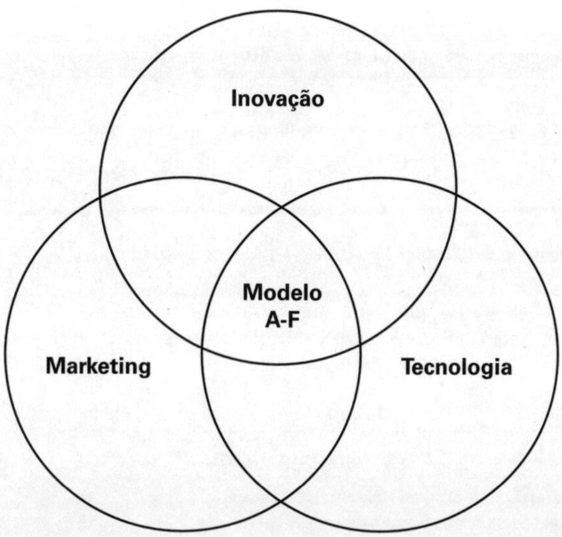

lua de papel

Título original: *Winning at innovation.*

Direção editorial: Pascoal Soto
Editor: Pedro Almeida
Produção editorial: André Fonseca

Preparação de texto: Vivian Matsushita
Revisão: Alessandra Miranda, Jean Xavier
Diagramação: S4 Editorial
Capa: Osmane Garcia Filho

DADOS INTERNACIONAIS DE CATALOGAÇÃO NA PUBLICAÇÃO (CIP)
(Câmara Brasileira do Livro, SP, Brasil)

Trías de Bes, Fernando
A Bíblia da inovação /Fernando Trías de Bes, Philip Kotler ; [tradução Texto Editores]. – São Paulo : Leya, 2011.

Tradução de: *Winning at innovation.*
ISBN 978-85-63066-63-3

1. Gestão de inovação 2. Inovação – Processos e modelos 3. Inovações tecnológicas 4. Marketing – Administração 5. Negócios 6. Planejamento estratégico I. Kotler, Philip. II. Título.

11-07007 CDD 658.8

Índices para catálogo sistemático

1. Organização inovadora : Sistema de Inovação Total : Marketing : Administração 658.8

TEXTO EDITORES LTDA.
[Uma editora do grupo LeYa]
Av. Angélica, 2163 – Cj. 175/178
01227-200 – Santa Cecília – São Paulo – SP
www.leya.com

Para minha filha, Blanca, porque, em sua infância, ela me ensinou os fatos fundamentais da imaginação e do pensamento disruptivo.

Fernando Trías de Bes

Para meus dois irmãos, Milton e Neil Kotler, pelo trabalho inovador que fizeram no setor público e no universo dos museus.

Philip Kotler

Sumário

Introdução

Para quem é este livro?

Este livro é para todos os que desejam aprender a transformar uma organização em uma organização inovadora.

Os assuntos aqui tratados serão de interesse de presidentes de empresas, administradores, profissionais de pesquisa e desenvolvimento, profissionais de marketing e gerentes de novos produtos ou inovação. No entanto, também servirão para profissionais que têm funcionários sob sua responsabilidade e desejam mais criatividade e inovação em seu desempenho. Da mesma forma, o livro é válido para a administração de empresas ou estudantes de administração em geral.

O principal objetivo deste livro é registrar os elementos fundamentais que constituem a gestão da inovação efetiva e criativa. Procuraremos executar esse processo por meio do modelo A-F, que possibilita estruturar e ordenar a maioria das ideias básicas sobre inovação publicada nos últimos anos. Este livro proporciona orientação rápida e criteriosa a respeito de inovação – um compêndio em que teorias, técnicas e resultados recentes mais importantes dessa área podem ser encontrados e no qual estão descritos.

Como este livro foi organizado?

Para transformar uma organização em uma organização inovadora é necessário trabalhar em quatro áreas. Essas quatro áreas são como os quatro pés de uma cadeira. Se um faltar, a cadeira ficará instável e poderá cair.

Se os administradores quiserem que ocorra inovação na empresa, eles deverão administrar as quatro áreas de modo simultâneo. A boa notícia é que essas áreas alimentam-se de modo recíproco, reforçando-se mutuamente. Isso é o que denominamos Sistema de Inovação Total.

Figura 0.1 – Sistema de Inovação Total

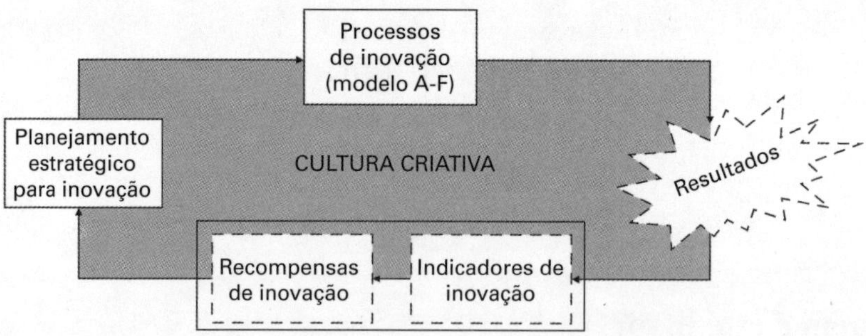

A primeira área é o planejamento estratégico para inovação, no qual as prioridades e os objetivos são definidos, e a coerência com a estratégia geral, a missão e os objetivos é assegurada. Um planejamento estratégico para inovação gerará projetos de inovação. Os projetos serão formulados mediante processos de inovação. O processo de inovação é a ferramenta fundamental para transformar uma ideia em inovação. Dedicaremos grande parte do livro ao processo de inovação. Há diversos projetos e tipos de processos de inovação. O mais conhecido é o sistema Stage-Gate (Etapa-Portão). Neste livro, propomos um novo e diferente plano para os processos de inovação, que permitirá às empresas projetarem os próprios processos de inovação de maneira flexível. Denominamos esse plano de modelo A-F, que é válido para qualquer tipo de empresa, setor e inovação. Os projetos de inovação – sejam eles de novos produtos, serviços, processos, modelos de negócios –, quando finalmente implementados, produzem resultados, que podem ser positivos ou negativos. Esses resultados podem e devem ser medidos. Como T. Davila afirma: "Não podemos gerenciar coisas que não somos capazes de medir".[1] A medição dos resultados da inovação é feita por meio de indicadores de inovação, que podem ser usados, ao mesmo tempo, para estabelecer um sistema de recompensas, a fim de incentivar os gerentes encarregados da inovação. Essa é a terceira área: indicadores e recompensas. As três áreas – planejamento estratégico para inovação, processos, indicadores/recompensas – se desenrolam sob um pano de fundo ou atmosfera que denominamos cultura criativa (a quarta área), algo essencial se quisermos que a inovação ocorra em todos os níveis da empresa, evitando guetos de inovação.

O livro foi organizado de acordo com o Sistema de Inovação Total. No entanto, não seguiremos a sequência do ciclo. Começaremos com os processos, desenvolvendo e explicando nosso modelo A-F, a contribuição mais exclusiva destas páginas. Queremos explicar primeiro os processos, porque são o elemento básico do motor da inovação. É mais fácil compreender a função do planejamento estratégico para inovação, da cultura e dos indicadores/recompensas depois que entendemos completamente e sabemos como projetar o processo de inovação.

Na Parte I, o Capítulo 1 abordará as principais barreiras à inovação e à criatividade encontradas nas empresas. O Capítulo 2 apresentará o quadro geral do modelo A-F. Os Capítulos 3 a 8 abordarão, uma por uma, as seis funções do modelo A-F: ativadores, buscadores, criadores, desenvolvedores, executores e facilitadores. O Capítulo 9 apresentará as vantagens do modelo A-F, as novas tarefas de colaboração que emergem do modelo e como utilizá-las a fim de projetar os processos de inovação em qualquer tipo de empresa ou inovação.

A Parte II (Capítulos 10 a 13) abordará as outras três áreas do Sistema de Inovação Total. O Capítulo 10 será dedicado aos elementos que definem a estratégia de inovação. O Capítulo 11 analisará os diversos indicadores utilizados para medir os resultados de inovação de uma empresa. O Capítulo 12 explicará como implantar a cultura criativa em uma empresa. O Capítulo 13, por fim, examinará os mecanismos para recompensar as pessoas que inovam.

Figura 0.2 – Sistema de Inovação Total e capítulos

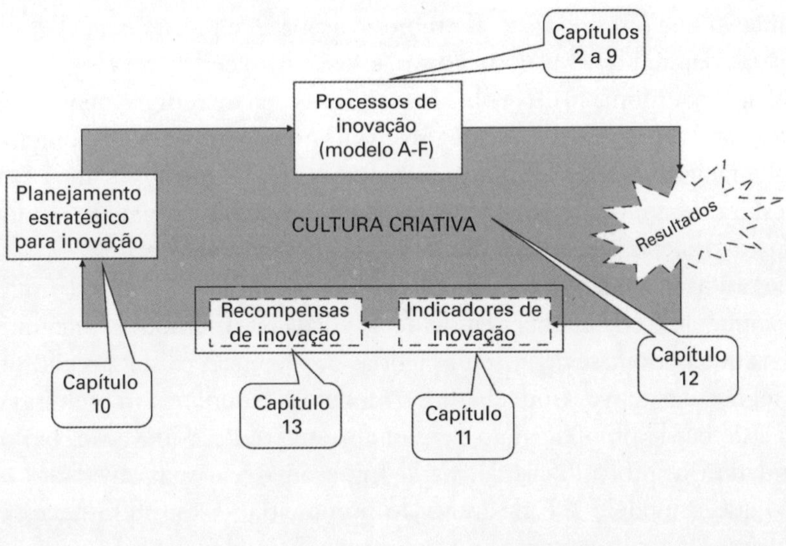

Como ler este livro?

Há diversas maneiras de ler este livro, dependendo do conhecimento e da experiência em inovação do leitor.

Se o leitor é novato nesse tópico, recomendamos a leitura do livro na sequência, partindo do início até alcançar o fim.

Se o leitor é um administrador que já implementou em sua empresa qualquer tipo de processo de inovação, mas não trabalhou nem desenvolveu o restante das áreas do Sistema de Inovação Total, ele pode considerar mais útil começar a leitura na Parte II e, em seguida, se estiver interessado em um modo diferente de organizar os processos de inovação da empresa, pode ler a Parte I, começando com o Capítulo 9, passando depois para os Capítulos 3 a 8.

Se o leitor já é um especialista em inovação e deseja conhecer somente as novidades trazidas por este livro para o campo da inovação, então recomendamos começar a leitura pelo Capítulo 9 e, depois, seguir para os elementos concretos dos Capítulos 3 a 8 que sejam de seu interesse. O conteúdo dos Capítulos 3 a 8 pode ser encontrado nos modelos do Capítulo 9 e, claro, no sumário do livro.

Enfim, queremos ressaltar que este livro é um compêndio bastante preciso do que foi publicado e escrito sobre inovação. Diversos outros livros sobre o assunto assumem uma ou outra abordagem específica; nosso livro, acreditamos, fornece a visão esquemática mais abrangente de todo o processo de inovação. Se você trabalha em uma empresa que reconheceu que sem inovação as empresas acabam, e precisa conceber uma nova estrutura para criar inovações bem-sucedidas, este é o livro certo para você.

A principal contribuição desta obra não está em cada um dos elementos e das técnicas descritos, mas na maneira em que nós os organizamos. O modelo A-F contém técnicas que já existem; algumas são recentes e outras foram criadas há muitos anos. O valor do modelo resulta de como todas essas técnicas podem ser estruturadas, organizadas e utilizadas para projetar processos e modelos de inovação flexíveis.

Nós, os autores, consideramos que na área da inovação, ao menos com respeito a processos e modelos, existia uma grande necessidade de um modelo integrativo, uma metodologia que permitisse organizar as teorias e as técnicas existentes e futuras.

Esse foi nosso objetivo. Concebemos o modelo A-F conforme a premissa de servir como um sistema de orientação ao pensamento referente à inovação, tanto quanto os 4Ps ajudaram os profissionais de marketing a organizar suas atividades e teorias. Esperamos que o modelo A-F de inovação proporcione a estrutura necessária para o desenvolvimento de uma prática de sucesso na estimulante área da administração denominada *inovação*.

1

Barreiras empresariais à inovação

A lacuna entre a necessidade e a capacidade de inovar

No mundo empresarial atual, a inovação, como disciplina, não alcançou o estágio de desenvolvimento capaz de satisfazer a necessidade premente de inovar. Constatamos que, em diversas empresas nas quais a inovação é levada em consideração, a necessidade supera a capacidade. Uma estatística é reveladora: embora 96% dos executivos considerem a criatividade essencial para suas empresas, surpreendentemente, apenas 23% deles tiveram êxito em torná-la parte integrante da empresa.[2] Sem criatividade, não há inovação. E essa não é a única estatística. Diversas pesquisas a respeito de como as empresas inovam revelam que há um amplo consenso sobre a necessidade de inovação, mas também existe um descontentamento difundido em relação a como a inovação é realizada. Os executivos estão bem conscientes dessa lacuna.

> *A inovação é um processo desordenado: difícil de mensurar e difícil de administrar. A maioria das pessoas o identifica quando gera uma onda de crescimento. Quando as receitas e os lucros declinam durante uma recessão, os executivos muitas vezes concluem que iniciativas de inovação não valem a pena. Talvez a inovação não seja tão importante, pensam.*[3]
>
> *Os executivos dizem que a inovação é muito importante, mas a abordagem de suas empresas em relação a isso é, em muitos casos, informal, e os líderes carecem de confiança em suas decisões sobre inovação.*[4]

Algo semelhante ocorreu há algumas décadas com o marketing. Quando a superioridade do marketing como ferramenta de administração foi, a princípio, demonstrada, existiam poucos profissionais de marketing com experiência suficiente, já que as escolas de negócios estavam começando a incluí-lo no currículos e levaria algum tempo até um grupo diferente de graduados ingressar no mercado de trabalho. Da mesma forma, havia poucas entidades ou consultorias especializadas, além do fato de que as empresas não se sentiam completamente à vontade para terceirizar uma função tão importante. Ademais, os departamentos de marketing foram criados a partir dos então denominados departamentos de vendas, o que também implicou uma reestruturação interna, com todos os conflitos que essas mudanças acarretam.

De forma semelhante, a inovação foi sinônimo de inovação tecnológica; assim, envolvia principalmente o departamento de pesquisa e desenvolvimento, e, sobretudo, engenheiros, que eram responsáveis pela inovação.

Atualmente, sabemos que essa é uma visão muito limitada acerca das fontes de inovação. O quadro abaixo apresenta um conjunto variado de fontes de ideias de inovação:[5]

Quadro 1.1 – Fontes de ideias de inovação

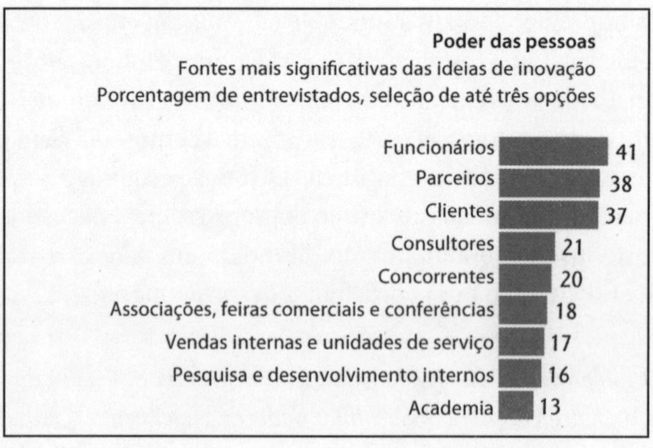

Fonte: IBM, *The Global CEO Study*, 2006.
Baseado em 765 entrevistas com presidentes de empresa e líderes empresariais

Além disso, como veremos na dimensão A do modelo A-F apresentado aqui, há diversos tipos de inovação (de modelo de negócios, de processos, de mercado, de cliente-alvo etc.). Em muitos casos, esses tipos de inovação não requerem novas tecnologias, mas novos modos de aproveitar as tecnologias existentes. Um usuário evidente dessa filosofia é a 3M, empresa que, com base em somente 38 tecnologias básicas, conseguiu colocar 50 mil produtos e 2 mil marcas no mercado.[6] A Exxon-Mobil, para considerar outro exemplo, desenvolveu seu bem-sucedido sistema Speedpass, que permite aos motoristas fazerem seu pagamento automaticamente na bomba de gasolina, com base na observação dos clientes e no uso de tecnologias que já estavam sendo aplicadas em outros produtos e serviços.

Outro claro exemplo disso é o fato de que, no ranking das empresas mais inovadoras do mundo, o Boston Consulting Group (BCG) dá as maiores notas à inventividade empresarial em termos de produtos, experiência do cliente, modelos de negócios e processos. Quer queira, quer não, a parte que corresponde à tecnologia, no que diz respeito à inovação, é irrelevante.[7]

Quando uma empresa limita sua abordagem ao aspecto tecnológico ou ao seu departamento de P&D (pesquisa e desenvolvimento), ela perde o potencial criativo dos profissionais que trabalham em outros departamentos. Não nos entenda mal: não estamos dizendo que a P&D não deva inovar ou estar envolvida no processo de inovação. O que estamos deixando claro é que, além da P&D e da tecnologia, há diversos outros departamentos e modos de gerar inovação na empresa. Parte da lacuna entre a necessidade de inovar e a capacidade limitada de realização tem a ver com políticas de visão limitada, que restringem a política e a estratégia de inovação exclusivamente aos departamentos técnicos.

A consequência dessa visão tão limitada é que a administração em diversas empresas não tem muito a mostrar em relação aos seus investimentos em inovação. Algumas têm êxito, mas muitas outras perdem dinheiro e até colocam os negócios em risco. A inovação tecnológica, se não for integrada com a criação e a captação de valor, não atenderá as necessidades do cliente e, assim, fracassará.

> *Progressivamente, as empresas têm afirmado que tornaram seus processos de inovação mais focados no mercado e mais orientados pelo cliente. No entanto, as taxas de insucesso para novos produtos continuam inaceitavelmente altas, com estimativas variando de 50% a 90%.*[8]

O subdesenvolvimento da inovação, como ramo do gerenciamento empresarial, não é o único problema. Há outras barreiras e restrições que devem ser reconhecidas.

Problema 1: o que a inovação realmente significa

Quando uma empresa apresenta uma inovação revolucionária ou radical, como a Apple com o iPhone ou o sucesso fenomenal do Google na internet, isso gera manchetes e é exposto como exemplo nas entrevistas coletivas à imprensa e nos encontros de negócios. "Essa é uma inovação real", exclamam especialistas e jornalistas admirados. Ao longo do tempo, esse tipo de manchete e lançamento de produto possui o efeito de criar um quadro distorcido em nossa mente a respeito do real significado de inovação. Passamos a acreditar que a inovação é um novo produto, serviço ou aplicativo que deslumbra o mundo e redefine completamente as regras do mercado.

É verdade que inovações radicais ofuscam todo o resto, mas tal não consiste em inovação. Pode até ser perigoso ou contraproducente para uma empresa ficar lançando continuamente inovações radicais: elas envolvem muito investimento, levam tempo para se converter em lucro e, além disso, são, inevitavelmente, uma grande aposta.[9]

Esse mito de inovação radical como único – ou, ao menos, o mais visível ou reconhecível – modo de avançar provoca muitos problemas para os profissionais de gerenciamento empresarial. Quando um alto executivo demanda mais criatividade ou inovação, os funcionários automaticamente supõem, erroneamente, que estão sendo solicitados a criar novos e deslumbrantes produtos ou serviços. As consequências são desastrosas, pois a pressão sobre os funcionários os paralisa completamente. Propor uma inovação radical significa se arriscar e, em vez de prejudicar a carreira, as pessoas, em muitos casos, preferem ocultar suas ideias.

De fato, a inovação nem sempre acarreta saltos gigantes adiante. A inovação gradual, passo a passo, também é inovação – e é tão necessária, ou até mais, que a versão radical. Isso é o que realmente torna um negócio sustentável. A inovação também deve ser entendida como o desenvolvimento de uma cultura de inovação dentro da empresa, que é aquilo que permite produzir e levar ao mercado um fluxo constante de inovações menores e incrementais.

É quando, por mais paradoxal que possa parecer, a inovação radical acaba aparecendo. Para uma empresa, é muito difícil, se não impossível, realizar o lançamento bem-sucedido de uma inovação revolucionária sem primeiro lançar uma boa quantidade de inovações menores. Sem isso, é improvável que a empresa possa desenvolver sua cultura de inovação até o ponto em que seja capaz de conseguir esse tipo de façanha. Uma empresa que não desenvolveu o hábito da inovação dificilmente terá um bom desempenho quando acontecerem inovações incomuns.

O fato de que a inovação gradual ou contínua incremental ao longo do tempo acaba levando à inovação radical é fácil de demonstrar. Consideremos o exemplo da indústria automobilística. Nas últimas décadas, o objetivo dos engenheiros não era criar um carro completamente novo. Quase toda inovação foi gradual, visando componentes específicos e aspectos do desempenho: freios melhores, menor consumo de combustível, mais potência, aceleração mais rápida etc. Em consequência, com base em pequenas modificações, se compararmos um carro de hoje com um fabricado há cinquenta anos, a diferença será enorme. E chegamos a essa diferença aos poucos, e não de uma só tacada.

Portanto, a solução não é pensar na criação de uma inovação radical hoje, mas pensar em sua ocorrência como um conjunto de pequenos passos inovadores ao longo do tempo, culminando em uma inovação significativa.

Problema 2: atribuição imprecisa de responsabilidade

Na empresa, quem é o responsável pela inovação? No fim do século XX, a inovação era responsabilidade do departamento de P&D, pois quase todos consideravam que inovação significava avanços tecnológicos. Sempre que uma empresa precisava de algum tipo de inovação não tecnológica, a reação imediata era passar a responsabilidade para o departamento de marketing. No entanto, os departamentos de marketing estavam muito atarefados com suas atividades diárias. Tinham de demonstrar sua eficiência no gerenciamento do produto e da marca, mas isso não significava necessariamente necessariamente que estivessem preparados para inovar. Além disso, o marketing de inovação é radicalmente diferente do marketing da continuidade, que é onde reside o real potencial dos departamentos de marketing. No entanto, assistimos a um conflito entre os departamentos de P&D e de marketing, em que o primeiro percebia que os profissionais de marketing não sabiam como captar valor e o segundo percebia que os engenheiros não eram suficientemente criativos.

> *Sustentamos que os departamentos de desenvolvimento de produto (isto é, P&D) e de marketing devem se tornar parceiros íntimos se a empresa espera otimizar seu desempenho em inovação. Infelizmente, com muita frequência, o relacionamento entre os departamentos de desenvolvimento do produto e de marketing é mal definido e desafiador.*[10]

Em certas empresas, a inovação era dividida entre os departamentos de P&D e de marketing, mas sem nenhum gerenciamento estratégico. Havia um curto-circuito entre aqueles que supostamente deveriam criar inovações, e a alta administração precisava se envolver.

Em consequência, como a publicação *McKinsey Quarterly* assinalou,[11] diversos executivos optam por conseguir ideias e inovações de fontes externas e informais, em vez de obtê-las das próprias unidades de negócios e equipes internas, que eles mesmos direcionaram para trabalhar na inovação. Em geral, quando uma empresa terceiriza toda a sua inovação, posteriormente se depara com problemas reais quando chega o momento de implementar as inovações propostas por consultores externos. Como no caso da empresa que nunca inova e, repentinamente, lança uma inovação radical: os profissionais são forçados a implementar mudanças que nunca idealizaram nem aprovaram, e a empresa é obrigada a lidar com interrupções e efeitos colaterais contraproducentes.

No entanto, uma vez que é tão essencial para a sobrevivência da empresa, por que essa persistente ausência de responsabilidade no âmbito da inovação? Um aspecto que diferencia a inovação de outras formas de administração é que, enquanto os diversos departamentos de uma empresa recebem funções claramente definidas, a inovação, como a entendemos hoje, acontece em níveis diferentes, sem pertencer a nenhum departamento em particular. Naturalmente, o departamento de marketing precisa inovar. Mas o mesmo acontece com os departamentos de recursos humanos e financeiro. Além disso, esses departamentos não devem inovar apenas dentro dos próprios domínios, mas também prestando atenção no mercado e captando valor. Como exposto no livro *Marketing Moves*,[12] o marketing atualmente significa marketing holístico, e precisa ser difundido em toda a organização. Isso também vale para a inovação. Algum funcionário do departamento financeiro pode descobrir uma ferramenta de investimento, por exemplo, que se converte em custos menores, os quais se transformam em inovação de preço e – por que não? – talvez com o tempo em uma nova linha de produtos para a empresa. A inovação não é uma questão de poucos escolhidos. É responsabilidade de toda a organização. Contudo, sabemos que, quando todos são responsáveis por alguma coisa, ninguém assume a responsabilidade, e esta se dilui.

O resultado é que a inovação, além da inovação tecnológica, torna-se o "sem-teto" da empresa, perdido e perambulando cegamente de departamento em departamento, sem saber muito aonde ir. De acordo com a *McKinsey Global Survey*,[13] somente 24% dos líderes empresariais definem orçamentos de inovação e apenas 50% decidem quem trabalhará em projetos de inovação.

Nas empresas com baixos índices de inovação, os níveis de responsabilidade são indistintos. Por outro lado, as empresas com melhor desempenho em termos de inovação não têm esse problema; a função associada à inovação é bem definida e há uma pessoa responsável, que, além disso, não depende dos departamentos de marketing ou P&D. A inovação é gerenciada de modo efetivo de cima para baixo, incluindo diversas partes da empresa. Por exemplo, na Starbucks, Howard Schultz, fundador e presidente da empresa, é quem assume a direção da administração de inovação estratégica e expansão empresarial.

Outra opção – que também é muito efetiva, como veremos – é designar uma pessoa como chefe de inovação e lhe dar visão panorâmica da inovação em andamento em toda a empresa, de acordo com um plano previamente aprovado, é claro.

Nas empresas verdadeiramente inovadoras, a inovação não está alocada em um único lugar; ao contrário, ela ocorre simultaneamente em diversos níveis da organização. Não é uma questão de qual departamento, mas de quem; pessoas específicas que podem estar situadas em qualquer lugar, até mesmo fora da organização. Esclareceremos esse ponto em detalhes mais adiante, quando falarmos sobre o modelo de inovação aberta.

O fato de a inovação estar difundida em toda a organização não significa que há confusão ou caos. No Google, todos inovam, e os processos são perfeitamente ordenados e definidos. Quando uma empresa inova em todos os níveis, também há responsabilidade em todos os níveis e em cada etapa do processo de inovação.

Algumas empresas até dão um passo além, absorvendo monitores externos. Fomos da inovação fechada (limitada ao laboratório ou departamento de P&D) para a colaborativa (em que todos os membros da organização são estimulados a produzir ideias) e aberta (na qual pessoas de fora da organização se envolvem nos processos de inovação).[14]

Problema 3: confundir inovação com criatividade

O terceiro elemento que impede o desenvolvimento da inovação nas empresas é a confusão comum entre inovação aplicada e criatividade. Há vezes em que uma ideia com potencial passa anos transitando dentro de uma organização e nunca se materializa completamente, porque ninguém assume a responsabilidade por seu gerenciamento.

O contrário também é possível: grandes ideias, abandonadas à própria sorte, podem ser prejudiciais para a empresa. Theodore Levitt, em um artigo para a revista *Harvard Business Review*,[15] explica como a criatividade que não está ligada à gestão correta da inovação pode resultar em morte para um negócio ou uma empresa. A mensagem é clara: criatividade, ideias e novas tecnologias sozinhas não são suficientes. O processo de inovação deve ter pessoas para gerenciá-lo; novas habilidades, mais relacionadas com o gerenciamento empresarial, são necessárias para garantir o sucesso da materialização da ideia no mercado.

Diversos administradores se queixam de que suas empresas carecem de talento criativo. O problema dessas organizações não é tanto a falta de pessoas com suficiente criatividade, e sim a falta de gerenciamento de ideias funcionais. Elas não têm inovação ou gerenciamento de inovação suficiente porque confundem criatividade com inovação. Não há falta de pessoas criativas; na realidade, as empresas precisam mais é de gerentes de inovação. Algo de que a 3M está completamente ciente e, para evitar esse problema, a empresa possui um sistema denominado "escada dupla", que deixa os funcionários escolherem livremente entre um caminho técnico e uma carreira na área administrativa. Qualquer que seja o percurso escolhido pela pessoa, a promoção e o nível de responsabilidade dentro da empresa são os mesmos. A 3M não tenta transformar cientistas pesquisadores em gerentes; em vez disso, cada um desempenha a própria função, pois todas são essenciais para fazer a inovação funcionar. Na IBM, por exemplo, parte dos maiores talentos da empresa, no topo da carreira, não tem a atribuição de proteger os negócios amadurecidos, mas de transformar novas ideias em lucro, ou seja, em novas linhas de negócios.

Uma clara demonstração da confusão comum entre criatividade e inovação é o modo como as empresas investem pesadamente em criatividade, à custa da inovação: muito mais recursos se destinam à capacitação em técnicas criativas do que ao desenvolvimento de funções em inovação. As empresas presumem que, se as pessoas agem ou trabalham de modo mais criativo; se promovem a criatividade, mais cedo ou mais tarde, isso se converterá em maior inovação. Mas não é necessariamente assim.

É verdade que a criatividade – o mais humano dos talentos –, quando aplicada ao negócio, leva à inovação. No entanto, uma organização repleta de pessoas criativas não é necessariamente uma organização inovadora. Como Theodore Levitt assinala no artigo antes mencionado, isso pode até ser contraproducente.

De fato, empresas que consideram exclusivamente a criatividade de seu pessoal em relação à inovação estão se esquivando de suas responsabilidades. Preferem que organização proponha as ideias e, em seguida, a administração decida se as aceita ou rejeita. Contudo, o sucesso não é uma questão de sorte. A inovação requer pessoas criativas, mas também significa a definição de objetivos claros para a inovação, fixando estratégias, estabelecendo quais são os recursos e os riscos, alocando responsabilidades e, de modo ainda mais relevante, delimitando de maneira clara e definindo os processos de inovação, com alguém encarregado em cada área respectiva.

As empresas que confundem criatividade com inovação, e inúmeras o fazem, acabam descobrindo que o hábito não é só um freio na produtividade; também pode ser contraproducente. As pessoas propõem ideias e, devido à falta de regras claras acerca do que fazer com elas, estas definham antes de chegarem a algum lugar. Desse modo, as pessoas ficam desmotivadas e param de propor novas ideias. Estimulá-las a fazê-lo novamente será muito mais difícil da segunda vez.

Problema 4: falta de arcabouço

Há diversos aspectos na inovação que a tornam completamente diferente de qualquer outra área do gerenciamento empresarial. As empresas devem funcionar de modo eficiente todos os dias, para permanecer lucrativas e gerar fluxo de caixa. Enquanto isso, com a antecipação de um futuro incerto, devem inovar, a fim de se manter à frente da mudança e preservar a liderança em seu setor. De certa forma, essas necessidades podem ser contraditórias. A mudança está em desacordo com a eficiência. É muito difícil pensar em como fazer as coisas de maneira diferente enquanto elas realmente estão sendo feitas. Como John Lennon afirmou certa vez: "A vida é o que acontece com você enquanto você está ocupado fazendo outros planos". Não é fácil mudar o modo pelo qual trabalhamos enquanto estamos trabalhando. Na realidade, é quase impossível. Precisamos parar, pensar a respeito do que fizemos e, em seguida, mudar. Na administração, a eficácia e a eficiência impõem-se. Na empresa, seu trabalho não é mudar o que você faz, mas fazer direito.

Em segundo lugar, muitas vezes, a inovação significa mudar alguma coisa que, até segunda ordem ao menos, funciona. Se a empresa lançar uma inovação para substituir um produto ou serviço existente que ainda está apresentando bom desempenho, sacrificará a chance de continuar tirando proveito do investimento originalmente feito nesse produto ou serviço. Por outro lado, se, em consideração à maximização do lucro de seu portfólio atual, a empresa não inovar, a concorrência poderá avançar e, então, será muito tarde. As pessoas que deviam estar fazendo mudanças no que funciona estão ocupadas, como sempre, mantendo o funcionamento da empresa, e ninguém sabe qual é o momento certo para mudar as regras que, por enquanto, estão dando bons retornos.

Com relação à inovação, as empresas não podem levar em conta nenhum arcabouço gerencial ou operacional em geral aceito. Esse não é o caso no que diz respeito a outras disciplinas, as quais são divididas em departamentos claramente definidos, com recursos humanos próprios e metodologias e ferramentas especiais bem desenvolvidas. Portanto, no departamento de marketing, todos os gerentes sabem que necessitam de segmentação de mercado e que precisam definir o posicionamento da marca e comercializar seus produtos de acordo com os famosos 4Ps. No departamento financeiro, qualquer gerente conhece as principais ferramentas: conta operacional, balanço patrimonial, análise de fluxo de caixa. Mas e quanto à inovação? De acordo com a revista *Marketing Week*,[16] 44% dos líderes empresariais admitem que não sabem de que ferramentas eles precisam para viabilizar a criatividade e a inovação nas organizações.

Há uma vasta produção de pesquisas e artigos sobre inovação, mas, apesar de certo progresso nessa direção, ainda não temos uma teoria abrangente, unificada e universalmente aceita sobre o assunto. Há livros com ideias úteis sobre técnicas criativas, sobre processos de inovação, sobre como isso ou aquilo é feito por uma empresa, sobre como desenvolver uma cultura de inovação etc. Além disso, vale levar em consideração, essa literatura está recheada de fatos interessantes. No entanto, para o gerente em busca de um plano de trabalho único e claro, nenhum livro ou artigo oferece todas as respostas. A inovação como um campo da administração está na infância, e, apesar de aprendermos cada vez mais a respeito dela, ainda não há amplo consenso sobre que processos e ferramentas usar ou sobre o arcabouço geral a construir.

Na primeira parte deste livro, apresentaremos o modelo A-F para inovação. É um modelo completo, que pode ser aplicado em quaisquer desenvolvimentos, passados ou futuros, na inovação das empresas e do mercado. Não sabemos se será o modelo utilizado pelos administradores no futuro, mas tentamos torná-lo abrangente, da mesma forma que os 4Ps do marketing foram um dia.

Problema 5: falta de controle

Logicamente, esse problema é resultado direto do que falamos na seção anterior. Se a função da inovação não for bem definida, se não alcançarmos o consenso a respeito de nosso arcabouço administrativo e se a responsabilidade pela inovação não for arraigada e corretamente alocada, estaremos sujeitos a perder o controle dos processos de inovação.

Na pesquisa da *McKinsey Quarterly* mencionada anteriormente,[17] a maioria das empresas carecia de administração consistente e centralizada para garantir o monitoramento da inovação em suas unidades de negócio. Por exemplo, somente 34% dos altos executivos – e apenas 22% dos outros executivos – afirmam que a inovação integra sua agenda de trabalho.

A situação não mudará até a inovação ser considerada uma área de gerenciamento empresarial. Assim que isso acontecer, o problema do controle desaparecerá. Uma vez que as responsabilidades pela inovação são atribuídas, torna-se possível o controle.

Em uma entrevista, A. G. Lafley, presidente da Procter & Gamble entre 2000 e 2008, afirmou: "Consideramos a inovação um conceito criativo e não linear. Mas isso não significa que não seja gerenciável. Na Procter & Gamble, podemos gerenciar a inovação porque temos uma definição clara a respeito dela".[18]

No capítulo sobre indicadores de inovação, apresentaremos diversas ideias úteis a respeito de como medir e monitorar as inovações de uma empresa. Da mesma forma, nosso modelo A-F trata de como ganhar controle completo em relação aos processos de inovação empresariais, da geração da ideia à execução, passando por *feedback* e controle.

Problema 6: falta de coordenação

A falta de coordenação entre os departamentos é considerada uma das principais barreiras à inovação.[19] No entanto, a colaboração significa mais do que demolir divisórias e paredes entre departamentos insulares. Significa criar fluxos de informação e espaços físicos para colaboração. Empresas inovadoras concebem culturas de inovação.

Há dois tipos de problemas: horizontal e vertical.

Falta de coordenação horizontal

Por coordenação horizontal, queremos dizer coordenação entre departamentos, entre iguais em um nível semelhante na cadeia de comando. Não nos referimos apenas à clássica falta de coordenação ou conflito de interesses entre os departamentos de P&D e marketing, que mencionamos antes, como também à referente entre os departamentos de uma empresa em geral. De acordo com o professor Robert Shaw, autor do artigo "Return on Ideas",[20] a criatividade é excessivamente limitada ao departamento de marketing, e, portanto, ele recomenda uma colaboração interdepartamental aprimorada: "Se todos tiverem interesse em como as ideias de marketing são utilizadas financeira e operacionalmente, os pensamentos criativos tornam-se maiores do que ideias; eles se tornam estratégias", afirma.

O problema pode não ser de falta de coordenação, mas de falha em envolver desde o início nos processos de ideação os departamentos que serão abrangidos mais tarde. Há uma clara tendência de isolar certos departamentos dos projetos de inovação, mesmo quando as empresas estão cientes do impacto negativo dessa prática.

Falta de coordenação vertical

Por outro lado, não menos importante é a coordenação vertical, isto é, a coordenação entre a alta administração, a gerência geral e o restante da organização. Em geral, esse mau funcionamento ocorre entre as políticas gerais da empresa e as políticas de inovação. Os objetivos estratégicos das empresas ou o risco desejado aceitável muitas vezes estão em descompasso com a inovação que emerge dos departamentos de P&D e de marketing. Muitas vezes, descobrimos que alguém propôs lançar um novo produto que a administração não está disposta a financiar ou que envolve mais risco do que ela está disposta a assumir. Em outros casos, a administração aceita uma inovação, mas somente como tentativa. No entanto, como o compromisso da administração é limitado, a inovação não obtém apoio suficiente e a execução revela-se um desastre. O desequilíbrio entre os objetivos da empresa e os da inovação é uma fonte interminável de problemas na implementação das inovações.

Problema 7: falta de foco no cliente

Qual é a diferença entre uma ideia e uma inovação? Resposta: a inovação oferece maior valor para o cliente.

Esse é um ponto-chave. Atualmente, será impossível inovar se não prestarmos atenção no consumidor final. A inovação real, mais cedo ou mais tarde, deve ser aceita pelo consumidor final, que tem de tomar a iniciativa de mudar de um serviço ou produto para um novo. Essa mudança envolve um esforço que o consumidor só fará se obtiver um benefício claro e superior dele.

Muitas inovações recentes surgiram como resultado do ato de observar o consumidor. E não nos referimos à pesquisa de mercado tradicional, mas a métodos modernos, em que, com base na interação com os consumidores, ou observando comportamentos, as empresas se inspiram, obtendo ideias que os próprios consumidores nunca teriam sido capazes de verbalizar. Isso é o que chamamos de estudo etnográfico, cujo objetivo é obter uma perspectiva ou um *insight* do consumidor. A 3M teve a ideia do papel fotográfico post-it ao observar como os usuários digitais de post-its usavam seus *laptops*, celulares ou *smartphones* para o envio de fotos digitais.[21]

O *brainstorming* como técnica para gerar ideias está dando lugar às técnicas etnográficas, que são muito mais inspiradoras e mais próximas da realidade do mercado. A inovação que começa com a compreensão do comportamento corrente dos consumidores finais tem muito mais probabilidade de ser bem-sucedida.

Observe que não estamos falando daquele mantra do marketing: "satisfazer as necessidades do consumidor". É algo mais profundo que isso. É uma questão de melhorar a vida dos consumidores, observando seus comportamento presente e imaginando modos de enriquecer sua vida. Trataremos da geração de novas ideias, isto é, criatividade, em uma seção posterior deste livro.

PARTE I

2
Visão geral do modelo A-F

Nesta parte do livro, apresentamos nosso modelo A-F. Esse modelo resulta da análise de diversas empresas que consideramos inovadoras e que obtêm bons resultados do tempo e dos recursos investidos na inovação: Apple, Google, Netflix, 3M, Procter & Gamble, General Electric, BMW, Frito Lay, IBM, Toyota, Southwest Airlines, Starbucks, Microsoft, Tesco, Royal Dutch/Shell, Walmart, Exxon, Ikea, Ericsson, Nokia e Corning foram as principais empresas estudadas.

O modelo A-F tem o objetivo de superar as barreiras à inovação identificadas no Capítulo 1. Procuramos torná-lo flexível, aplicável a todas as empresas e abrangente o suficiente para se adaptar a qualquer prática passada ou futura que envolva inovação.

Por que as organizações precisam de processos?

Devemos nos lembrar de que as pessoas são, por natureza, adversas à mudança. Em geral, ela é vista como esforço extra e risco adicional ao próprio emprego. As pessoas que trabalham em uma organização, com capacidade suficiente para desempenhar suas obrigações diárias de maneira adequada, se perguntam: por que o esforço extra? Por que o risco adicional? Os seres humanos enxergam a mudança como algo a ser evitado, algo que não trará nada de bom, ao menos no curto prazo. Assim, nas organizações, e no mundo, de forma geral, a inércia e o desejo de manter o *status quo* dificultam a inovação e o aprimoramento.

Para a empresa, as implicações são claras. Se ninguém tiver o trabalho de ativar, de lançar os processos de mudança e inovação, as pessoas responsáveis pelas atividades diárias permanecerão concentradas em sua rotina. Esse é um fator importante no mundo empresarial, que explica por que as empresas inovadoras são minoria. Nas organizações, a eficiência está acima de tudo. As empresas têm como objetivo ganhar dinheiro e, para esse fim, projetam processos, produtos e serviços para o mercado, que vendem de imediato. As empresas focalizam o que funciona. Praticamente todas as tarefas, desde aquelas realizadas por um operário da linha de montagem até as desempenhadas por um vendedor, são regidas por um determinado conjunto de regras. A pessoa é instruída em como, onde e quando fazer o quê. Quanto mais as pessoas agem dentro das regras, dentro do sistema de trabalho que a empresa idealizou, maior a eficiência. No curto prazo, portanto, uma empresa não prospera na mudança; ao contrário, prospera em regras, rotinas, processos que funcionam bem e, diariamente, geram lucro.

A Strategos, empresa de consultoria de Gary Hamel, divulgou uma pesquisa realizada com altos executivos em 2004 a respeito das barreiras básicas à inovação efetiva. Com 63% das menções, o principal fator foi "foco no curto prazo e nas operações cotidianas".[22]

No entanto, como todos sabem, a estabilidade e a certeza não existem. Tudo está mudando constantemente e a mudança está vindo cada vez com mais rapidez. A concorrência global também está se tornando cada vez mais intensa. O ambiente está mudando com rapidez incrível, em grande medida devido aos avanços tecnológicos e fluxos de capital. O resultado é que o que é eficiente hoje logo deixará de ser e, dessa maneira, as empresas enfrentam o desafio de conciliar a eficiência diária, a manutenção das regras e o sistema de trabalho com os processos de mudança, melhoria e inovação.

Estamos enfrentando um paradoxo absoluto. A empresa ganha dinheiro se for eficiente, se aplicar regras de acordo com seus planos, evitando, na medida do possível, tudo que for impossível de ser explicado. No entanto, com o passar do tempo, a empresa manterá seus lucros apenas se tiver a capacidade de se adaptar à mudança e levar a inovação ao seu setor e mercado.

O desafio da inovação, e o segredo de fazê-la acontecer, está na capacidade de conciliar essas duas tarefas aparentemente contraditórias.

O processo de inovação como solução

O motivo pelo qual a inovação deve ser alcançada mediante projetos independentes e processos é consequência natural desse duplo objetivo contraditório: permanecer eficiente e, ao mesmo tempo, pensar a respeito da mudança daquilo que funciona hoje. Para as pessoas mudarem o modo que trabalham hoje, elas devem parar de fazer o que estão fazendo, retroceder, pensar, repensar suposições, comparar e examinar como outras organizações trabalham, pensar a respeito de novas possibilidades, avaliá-las, projetá-las, refiná-las e testá-las; por fim levá-las ao restante da organização como uma tarefa que, então, pode e deve ser adotada como padrão e aceita como uma nova rotina.

É melhor deixar uma pessoa seguir a rotina eficiente e incumbir outra para equacionar uma rotina ainda mais eficiente. Nas melhores práticas das empresas mais inovadoras do mundo, as pessoas designadas para realizar uma tarefa específica relativa à inovação são removidas, parcial ou totalmente, das operações diárias. Repetimos: é impossível e até contraproducente ter alguém tentando mudar o modo pelo qual uma tarefa é realizada enquanto se exige que ela a realize de modo eficiente.

Os projetos de inovação mudarão a rotina e as regras da empresa, quer chamemos essa rotina de produto, serviço, método de vendas, sistema logístico ou método de produção.

Inovação contínua como soma dos projetos

Os projetos de inovação têm uma data de início e outra de término, recebem recursos específicos, são administradas por equipes próprias, possuem objetivos definidos e alguém responsável peloss resultados. No entanto, a atividade de inovação deve ser contínua e constante nas empresas. Portanto, dizemos que uma empresa é inovadora quando é capaz de combinar processos de inovação independentes, além de iniciá-los e executá-los de modo regular.

Digamos que a inovação seja uma atividade contínua, composta de tarefas descontínuas, isto é, processos. Os processos de inovação são elaborados para executar projetos. São tarefas específicas, que devem ser concluídas em um período específico. Um processo de inovação que continua indefinidamente só pode gerar gastos e talvez nunca se torne uma fonte de receita. Os processos de inovação devem ter um prazo final. Quando esse prazo final chegar, o processo precisa ser concluído e outros devem ser iniciados. As empresas inovadoras mantêm em andamento diversos processos de inovação simultaneamente. A empresa implementa novos processos, de maneira contínua, e conclui aqueles que satisfizeram ou não os objetivos. Da mesma forma, os processos de inovação ocorrem em todos os níveis, com os objetivos variando de adoção de aprimoramentos secundários até o lançamento de produtos ou serviços pioneiros. Esse é o sistema utilizado pela maioria das organizações – qualquer que seja sua natureza – para inovar.

Os processos de inovação: funções *versus* estágios

O fato de que os projetos de inovação são executados por meio de processos forçou os especialistas a analisar a aparência desses processos. Quase toda semana aparece um livro explicando um novo processo de inovação, e todas essas obras têm seus pontos positivos e negativos.

Um processo é um conjunto de tarefas sequenciais ao longo do tempo. Isso levou à conclusão de que, a fim de inovar, precisamos de um projeto para nos movermos através de uma série de estágios. Os autores variam na quantidade de fases que recomendam.

Fig. 2.1 – Etapas do processo de inovação

Objetivos → Pesquisa → Ideias → Avaliação → Desenvolvimento → Lançamento

É até comum encontrarmos esquemas que parecem linhas de produção – com correias transportadoras, inclusive –, cujo propósito é comunicar visualmente a ideia de que o processo de inovação é como uma máquina para fabricar salsichas. Procedendo passo a passo, se introduzirmos ideias em uma extremidade, pela outra sairão, com o tempo, produtos e serviços úteis. Nesse aspecto, alguns autores abordam os processos de inovação como se estivessem escrevendo um livro de receitas ou um manual de instrução.

Provavelmente o fato de que esse método não funciona é o motivo pelo qual, de modo inevitável, a cada semana aparece um novo método, um novo processo de inovação.

Nosso ponto de vista é que, na realidade, os estágios ou as fases de um processo de inovação devem resultar da interação dos envolvidos nos processos de inovação. Sem dúvida, cada inovação, dependendo dos objetivos e da natureza do projeto, requererá processo e sequência próprios e designados para determinada finalidade. Os estágios para aprimorar um motor são completamente diferentes daqueles para melhorar a qualidade de um tecido, por exemplo.

A ideia principal subjacente a este livro é a seguinte: as fases ou os estágios de um processo de inovação não podem ser predeterminados, mas devem emergir como resultado da interação de um conjunto de funções ou papéis desempenhados por certos indivíduos.

Dessa maneira, em vez de termos um processo que determinadas pessoas devem seguir, temos um grupo de pessoas que, em interação espontânea e observando necessidades ao longo do projeto, concebem um processo. Em outras palavras, nos processos de inovação tradicionais, os estágios ou as fases determinam as pessoas de que iremos precisar. Na abordagem que propomos aqui, as funções vêm primeiro, e o processo de inovação resulta da interação dessas funções.

Acreditamos que essa abordagem seja mais apropriada, pois, como explicamos, os processos de inovação dificilmente podem ser parametrizados. A criatividade requer pensamento analógico e não sequencial, e o mesmo ocorre em relação à inovação, que nada é além de criatividade aplicada a uma disciplina específica. A inovação requer muito "ir e vir", retornando à mesma ideia, rejeitando-a, adotando-a novamente, revisando-a, buscando mais informações, projetando, constatando que o projeto não é ideal e que precisamos voltar à prancheta. A inovação não é algo linear, mas um processo que avança, porém com muitos recuos e desvios.

Portanto, o modelo A-F que apresentamos aqui não é um processo de inovação, mas a lista de funções básicas que descobrimos existir nas empresas que revelaram as melhores práticas de inovação nos últimos anos. Nossa proposta é que, se uma empresa quiser inovar, deverá definir essas funções e atribuí-las a indivíduos específicos e, então, tendo estabelecido objetivos, recursos e prazos finais, deixá-los interagir livremente para criar os próprios processos.

As funções que identificamos são:

(A) **ATIVADORES**: são as pessoas que iniciarão o processo de inovação, sem se preocupar com estágios ou fases. Com o tempo, mas não necessariamente, podem influenciar os membros da equipe de inovação (que vão assumir as funções). Basicamente, a missão deles é *iniciar* o processo.

(B) **BUSCADORES**: são os especialistas em busca de informações. Sua tarefa não é produzir nada novo, e sim fornecer informações para o grupo. A missão deles é *investigar* ao longo de todo o processo e achar informações pertinentes tanto para iniciar o processo como para aplicar novas ideias.

(C) **CRIADORES**: pessoas que produzem ideias para o restante do grupo. Sua função é *conceber* novos conceitos e possibilidades e procurar novas soluções em qualquer ponto do processo.

(D) **DESENVOLVEDORES**: pessoas especializadas em transformar ideias em produtos e serviços; são aquelas que "factibilizam" ideias, que dão forma a conceitos e desenvolvem um plano de marketing bruto; os criadores propõem ideias; os desenvolvedores inventam coisas. A função deles é transformar ideias em soluções. Em resumo, *inventar*.

(E) **EXECUTORES**: aqueles que cuidam de tudo relacionado com implementação e execução. Sua função é *implementar*, isto é, levar a inovação em desenvolvimento para a organização e o mercado.

(F) **FACILITADORES**: são os que aprovam os novos itens de despesa e o investimento necessário à medida que o processo de inovação avança. Também evitam que o processo fique paralisado. Sua missão é a *instrumentação* do processo de inovação.

Para cada uma dessas funções, dedicaremos um capítulo completo, abordando não só o perfil e as habilidades requeridos por elas, como também as melhores e mais recentes ferramentas disponíveis para ajudá-las no desempenho de suas atividades.

Dinâmica

Como explicamos, o processo de inovação tomará forma com base na inovação entre todas essas funções. Consideremos dois exemplos de processos de inovação totalmente diferentes, projetados para as seis funções citadas acima:

Exemplo 1: A-B-C-A-F-D-B-D-F-E-C-E

Descrição: os Ativadores solicitam informações dos Buscadores, que fornecem os resultados de sua pesquisa para os Criadores. Estes retornam para os Ativadores, os quais examinam novas ideias que não foram levadas em consideração no início do processo. Os Ativadores as aprovam e pedem aos Facilitadores sua avaliação e recursos adicionais. A partir daí, os Desenvolvedores começam a trabalhar em um modo de converter a ideia em valor e constatam que precisam de informações de mercado adicionais. Assim, solicitam aos Buscadores um estudo de mercado pertinente. Os Buscadores transmitem as informações que encontram de volta para os Desenvolvedores, os quais apresentam um protótipo para os Facilitadores, que aprovam o orçamento para iniciar a produção. Os Executores começam a trabalhar no lançamento e no marketing. Eles constatam que o novo produto requer novas ideias de marketing e, novamente, solicitam a ajuda dos Criadores para a concepção de modos alternativos de venda do novo produto. Os Criadores propõem um conjunto de ideias de marketing, dentre as quais os Executores selecionam as melhores antes de procederem ao lançamento definitivo.

Exemplo 2: A-D-E

Descrição: outra empresa pode não precisar da ajuda dos Buscadores ou Criadores, pois identificou um produto no exterior que passarão a comercializar no próprio país. O novo produto só precisa de um pouco de adaptação. Nesse caso, os Ativadores entregam o projeto para os Desenvolvedores, que adaptam o produto ao mercado local e o repassam aos Executores para lançamento, sem precisar de aprovação para recursos adicionais e, portanto, sem nenhuma necessidade de recorrer aos Facilitadores.

A Figura 2.2 apresenta as seis funções A-F e suas interações. A Figura 2.3 expõe os 6 Is correspondentes da inovação.

Figura 2.2 – Modelo A-F

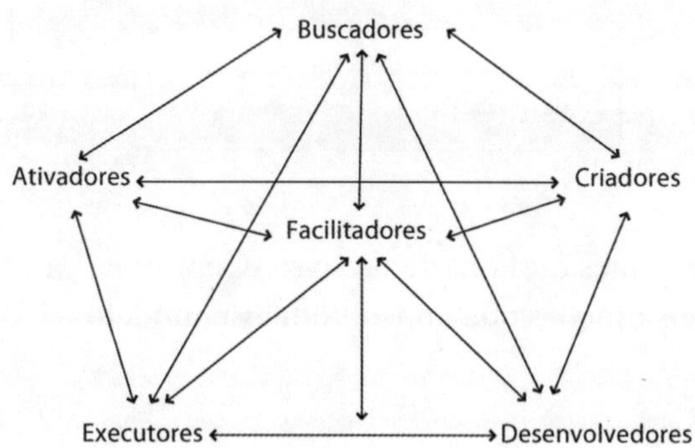

Figura 2.3 – Os 6 Is da inovação

Funções A-F	→	Os seis Is da inovação
Ativadores	→	Iniciação
Buscadores	→	Informação
Criadores	→	Ideação
Desenvolvedores	→	Invenção
Executores	→	Implementação
Facilitadores	→	Instrumentação

Agora podemos analisar o Sistema de Inovação Total, incluindo o modelo A-F:

Figura 2.4 – O Sistema de Inovação Total e o modelo A-F

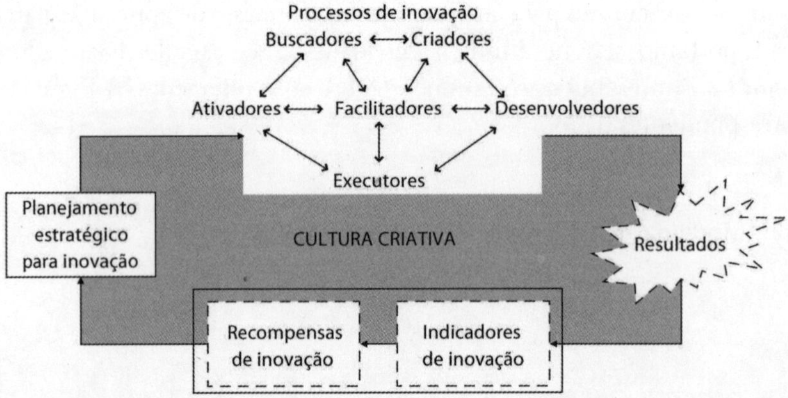

Nos capítulos restantes desta parte do livro (Capítulos 3 a 8), analisaremos mais detalhadamente as seis funções que constituem esse modelo.

3
Ativadores

Comecemos com a primeira função de nosso modelo: os Ativadores. Essa função está muito ligada ao planejamento e à estratégia da inovação. Portanto, também apresentaremos aqui alguns elementos que serão plenamente desenvolvidos no Capítulo 10.

O que é e para que serve um ativador?

Um Ativador é a(s) pessoa(s) ou o(s) mecanismo(s) que inicia o processo de inovação em uma organização.

Ao analisar os processos de inovação das empresas mais inovadoras, encontramos sempre um ativador da inovação. Esse ativador é a figura que tem como função tirar a empresa da rotina, de modo sistemático, fazê-la se afastar das tarefas cotidianas e mudar o que funciona hoje, mesmo quando não há necessidade iminente dessa mudança.

Quando o objetivo é a eficiência, as pessoas precisam ser supervisionadas. Quando o objetivo é a inovação, as pessoas precisam ser "provocadas". Eis uma verdade inegável: os processos de inovação não acontecerão numa organização se não existir alguém (ou alguma coisa) para colocá-los em movimento.

Todas as empresas devem definir seus ativadores da inovação, para assegurar não só que um processo de inovação específico comece, mas também para que a atividade de inovação seja sustentável ao longo do tempo.

Pré-requisitos para os ativadores

Antes de descrever os tipos de ativador que uma empresa deve procurar, identificamos três pré-requisitos decisivos para a efetividade do processo: o *arcabouço de inovação*, as *diretrizes de inovação* e a *lista de verificação de inovação*. Esses três pré-requisitos precisam vir da alta administração e ser transmitidos para os ativadores, que devem incorporá-los no processo e comunicá-los a todos os envolvidos.

Esses pré-requisitos se assemelham a um resumo da inovação e são gerados no processo de planejamento da inovação (ver Capítulo 10). O arcabouço de inovação, as diretrizes de inovação e a lista de verificação de inovação são o espelho da estratégia de inovação e seu papel é assegurar que os ativadores iniciem os processos de inovação pertinentes para a organização. Deve haver uma grande coordenação entre o modelo A-F (ou qualquer outro tipo de processo de inovação) e a estratégia de inovação.

Figura 3.1 – Coordenação entre o planejamento estratégico para inovação e os ativadores

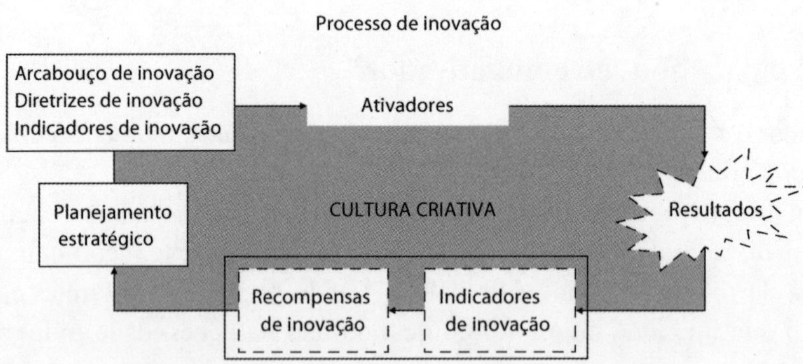

Arcabouço de inovação

O ativador de uma inovação deve trabalhar de acordo com os objetivos e as estratégias gerais da empresa; caso contrário, mais cedo ou mais tarde, o processo chegará a um beco sem saída, custando tempo e dinheiro preciosos para a empresa.

Há uma frequente concepção equivocada com respeito à inovação: a crença de que qualquer restrição à inovação agirá como um freio à criatividade. Isso leva muitas empresas a designar os ativadores da inovação sem lhes dar nenhum tipo de limite. Uma política de "vale-tudo" é adotada, e a inovação é permitida em um campo praticamente ilimitado de ação.

Esse é um erro grave. Restringir o escopo da criatividade não necessariamente limita a capacidade de inovar; pelo contrário. A criatividade precisa de um arcabouço de ação. Isso é verdade em qualquer disciplina, inclusive nas artes, que é o paradigma da criatividade "livre". Um pintor, antes de executar um trabalho, decide se usará tinta a óleo, carvão ou aquarela e também escolhe o tema ou modelo. Não há limitações, mas um arcabouço. E ele não limita nem reduz a criatividade de um pintor. O mesmo ocorre em relação ao campo da inovação. Nada é mais absurdo, custoso e frustrante do que um processo de inovação que resulta em um conceito novo de que a organização nunca será capaz de tirar proveito, pois não se encaixa na visão, no escopo ou nos recursos da empresa.

Admitiremos que, se o escopo for ilimitado, teremos um potencial maior para gerar novas ideias. No entanto, a probabilidade de que as ideias sejam inúteis aumenta exponencialmente. Em nossa experiência, o que quer que percamos em potencial criativo ao limitar o campo de ação é mais do que compensado pela maior probabilidade de que produtos, serviços ou conceitos derivados do processo de inovação serão executáveis.

O que estamos defendendo aqui vai contra a regra geralmente aceita que sustenta que primeiro temos de deixar a criatividade fluir e, se necessário, impor restrições depois. No entanto, na realidade, as duas coisas não são incompatíveis. Enfocar o esforço de criatividade não destrói seu potencial. A capacidade criativa depende menos da amplitude de seu escopo e mais dos métodos e ferramentas utilizados para gerar e desenvolver ideias novas pertinentes e de acordo com o perfil das pessoas envolvidas.

Atualmente, a inovação é essencial. No entanto, a inovação não deve determinar a estratégia; ao contrário, a estratégia é que deve ditar a direção a ser seguida pelos processos de inovação. A missão de uma empresa, os objetivos definidos pela administração, juntamente com as estratégias de crescimento e diversificação dos mercados e produtos, abrangem o arcabouço necessário para limitar o escopo da atividade de inovação geral de uma empresa.

Diversas empresas que carecem de uma estratégia definida utilizam inconscientemente a inovação como um substituto. Iniciam processos de inovação na expectativa de que as novas ideias e os conceitos resultantes darão origem a uma estratégia bem-sucedida. Isso pode acontecer em certos casos, mas quando ocorre é simplesmente sorte. Com mais frequência, o resultado será uma ideia para um produto ou serviço tão distante daquele que a empresa está disposta e/ou é capaz de produzir que a iniciativa precisa ser descartada.

A alta administração é responsável por evitar esse erro comum, e deve indicar claramente aos ativadores os mercados em que a empresa não está interessada e os tipos de produto e serviço que não quer produzir ou vender. Isso pode parecer óbvio, mas é um dos requisitos fundamentais para um processo de inovação efetivo. No Capítulo 10, sobre planejamento estratégico para inovação, nos aprofundaremos na relação entre inovação e estratégia.

Então, como podemos definir esse arcabouço? Quão específicos devem ser os limites? Há três níveis de especificidade em um arcabouço referente aos processos de inovação. De baixo para cima, são: limitar o escopo da inovação, especificar o nível em que queremos inovar e escolher um foco específico.

Limites para o escopo da inovação

No mínimo, um arcabouço de inovação deve delinear os mercados geográficos e os tipos de produto e serviço em que a inovação é desejada. Um exemplo seria uma companhia aérea que decide operar exclusivamente no país de origem, focalizando suas atividades nos serviços de transporte aéreo. Assim, voos internacionais, qualquer negócio que não se refira a transporte e qualquer forma de transporte marítimo ou por via terrestre são excluídos. À primeira vista, essa parece uma quantidade terrível de restrições para as pessoas que estarão colaborando nos processos de inovação. No entanto, na realidade, essa definição é muito ampla: deixa aberta a possibilidade de pensar acerca de serviços de transporte aéreo por helicóptero, avião pequeno, avião de passageiros e – por que não? – balão, pequeno dirigível ou ultraleve. Além disso, evitamos o esforço desnecessário de propor ideias como comercializar suvenires em aeroportos, pois o arcabouço afirma claramente que esse não é o negócio-alvo, apesar das diversas oportunidades que isso possa oferecer ou todas as grandes ideias que possa gerar.

Essa definição de produto/área talvez seja a mais ampla e a mais genérica possível. A alta administração pode decidir não limitar adicionalmente o escopo da atividade para o processo de inovação, ou pode preferir impor limites adicionais, e, nesse caso, será necessário definir o que denominamos níveis de inovação.

Definição dos níveis de inovação

Basicamente, há quatro níveis de inovação, variando do mais estratégico ao mais tático:

- Nível 1: Inovação de modelo de negócios.
- Nível 2: Inovação de processo.
- Nível 3: Inovação de mercado.
- Nível 4: Inovação de produto e serviço.

A inovação de modelo de negócios impõe uma mudança profunda em como a empresa cria valor e, por isso, requer uma reestruturação importante da organização ou a criação de uma nova unidade de negócios ou divisão. Um exemplo de inovação de modelo de negócios seria um banco tradicional que lança um novo banco *on-line*, o qual presta serviços exclusivamente pela internet. Quando a Apple decidiu compartilhar seu código de programação, para que qualquer empresa de *software* ou programador individual pudesse desenvolver aplicativos para o iPhone, a iniciativa representou uma mudança no modelo de negócios. Entre alguns exemplos de modelos de negócios bem-sucedidos e inovadores, incluem-se:

- Fedex
- Barnes and Noble
- Club Mediterranée
- Dell
- iTunes
- Ikea
- Banco *on-line*
- Amazon

A inovação de processo significa mudanças na logística, nas vendas ou nas operações de produção atuais da empresa. Um exemplo seria se a Apple, em vez de ter uma única operadora por país como distribuidora exclusiva do iPhone, permitisse que qualquer operadora vendesse seus telefones. Ou se um fabricante decidisse terceirizar, na China, a produção de alguns de seus componentes.

A inovação de mercado significa visar um novo público consumidor, atendendo novas necessidades ou estando presente em novas situações de compra e consumo. Por exemplo, quando um banco decide permitir que seus clientes realizem pagamentos pelo celular, ele está se colocando em uma nova situação no uso de serviços bancários (mobilidade), a qual antes não possuía. Em grande medida, a inovação de mercado relaciona-se ao conceito de marketing lateral,[23] por isso recomendamos àqueles interessados nesse tipo de inovação que prossigam a leitura. No Quadro 3.1, apresentamos uma lista de inovações de mercado para as três dimensões: consumidores, necessidade e situação.

Quadro 3.1 – Inovações de mercado nas três dimensões

Alvo	Necessidade	Situação
Gillette é uma marca de produtos para homens que, com o Gillette Venus, concebeu um produto direcionado para as mulheres.	O Wonderbra incorpora uma necessidade estética à funcionalidade de uma marca.	Nesquick Night é uma bebida de cacau para ser consumida à noite.
Kidiboo é uma marca de queijo que elabora sobremesas feitas com sorvete de queijo.	Celulares para conexões com alarmes domésticos.	Gas Stations funciona 24 horas por dia, entre seus serviços, inclui-se a venda de pão.
Baby Einstein é uma coleção de vídeos dirigida a crianças.	Comprar CDs como maneira de votar em um concurso de tevê.	Home Cinema leva os efeitos sonoros das salas de cinema para as casas.

Fonte: Philip Kotler e Fernando Trías de Bes, *Lateral Marketing*. John Wiley, 2003.

Finalmente, a inovação de produto e serviço consiste em mudança tecnológica, novos modelos ou linhas expandidas direcionados para os mesmos consumidores, necessidades e situações. Cada versão atualizada do iPhone, por exemplo, representa uma inovação de produto. Consumidores, necessidades e situações permanecem inalterados em relação à versão anterior; a única mudança é desempenho, capacidade e velocidade de processamento aprimorados, assim como alguns aperfeiçoamentos de projeto.

Tais níveis ainda podem ser mais específicos e detalhados. Isso faz parte da estratégia de inovação, e descreveremos esses níveis com mais detalhes no Capítulo 10.

Cada um desses níveis acarreta riscos, investimentos e implicações completamente diferentes para a inovação. Como consequência, cada um desses níveis associa-se a um nível específico de responsabilidade. A responsabilidade de lançar um novo modelo de negócios é do presidente da empresa; a responsabilidade por um novo processo, do diretor-gerente; a responsabilidade por um novo mercado, do diretor de marketing ou, dependendo da radicalidade da inovação, da alta administração; a responsabilidade por um novo produto, do diretor de marketing; a responsabilidade por um novo modelo ou expansão de uma linha, do gerente de produto ou do gerente de marca.

Diversas empresas que iniciam uma inovação não conseguem compatibilizar o tipo de inovação com seu nível correspondente de responsabilidade. Nesses casos, a disfunção total é garantida, e as coisas acabam com os gerentes de produto planejando modelos de negócios ou com os gerentes gerais gastando tempo com linhas expandidas –

coisas com as quais eles não deveriam lidar, mas o fazem, sob o pretexto de que qualquer processo de inovação deve passar por eles.

Definição de inovação

Depois de definido o nível desejado da inovação, é útil, embora não absolutamente necessário, limitar ao máximo o foco da inovação. O foco é a coisa, ou conjunto de coisas, que queremos mudar ou atualizar.

Temos estudos suficientes de pensamento criativo para saber que este é basicamente indutivo, em vez de dedutivo. O pensamento dedutivo começa com regras ou observações amplas para chegarmos a conclusões específicas. O pensamento indutivo, por outro lado, começa com uma regra específica, a fim de obtermos uma regra geral.

O pensamento criativo é indutivo, pois é impossível criar algo do nada. A criatividade é a capacidade de descobrir novos meios de conectar coisas ou conceitos existentes. Ao especificar um foco, fornecemos um arcabouço muito mais preciso para as equipes de inovação. Ou a escolha do foco pode, por sua vez, remeter a uma coisa específica ou partes dela. Por exemplo, podemos lançar um processo de inovação para melhorar um refrigerante, a garrafa ou a tampa que lhe servem de embalagem. São três focos distintos (refrigerante, garrafa, tampa), mas cada um é mais limitado que o precedente.

Cada um dos níveis de inovação especificados antes leva em conta focos diferentes. O Quadro 3.2 apresenta alguns exemplos de foco para cada um dos quatro níveis.

Quadro 3.2 – Exemplos de foco nos quatro níveis de inovação

Modelo de negócios	Processo	Mercado	Produtos e serviços
Tipos de acordo com fornecedores.	Sistemas de armazenamento.	Novos clientes de acordo com classe social.	Data de validade dos produtos.
Seleção de clientes.	Controles de qualidade.	Políticas e promoções de vendas no ponto de venda.	Embalagem.
Planos de pagamento e precificação dos clientes.	Organização dos planos de produção.	Novos segmentos de acordo com a faixa etária do cliente.	Tempo de espera do cliente para receber um serviço.

O que é preferível: um arcabouço de inovação amplo ou específico?

É necessário especificar o foco? É suficiente definir em que nível queremos inovar ou precisamos apenas limitar a área ou o produto que queremos?

A resposta relaciona-se a três fatores: (1) quão aberto ou fechado uma empresa quer que seu processo de inovação seja; (2) o grau de controle sobre esse processo; e (3) a quantidade de processos realizados simultaneamente.

Se as empresas escolherem processos muito abertos, definidos de modo vago, operarão com poucas diretrizes ou restrições; provavelmente, nem mesmo indicarão o nível em que desejam que seu pessoal pense durante essa sessão de reflexão semanal. Em comparação, em empresas nas quais os processos são muito estreitamente definidos em termos de designação de pessoas, recursos e prazos finais, é requerido maior grau de especificidade.

Por outro lado, há empresas em que os processos de inovação são muito rigidamente controlados e ativamente monitorados. O monitoramento consiste em verificar a conquista de objetivos, e, assim, esses casos requerem um grau maior de especificidade no arcabouço de inovação.

Finalmente, isso tende a ser uma relação entre a quantidade de projetos de inovação em andamento (ver Capítulo 10, sobre planejamento estratégico de inovação) e seu nível de especificação. Se uma empresa tiver diversos projetos de inovação em andamento ao mesmo tempo, será necessário dividir as responsabilidades envolvidas, para que nunca duas equipes trabalhem na mesma linha de frente. O modo de coordená-las é ser tão específico quanto possível em termos de qual deve ser o foco de seus esforços.

Nosso ponto de vista, contudo, é que é aconselhável limitar o arcabouço ao máximo; principalmente em tempos de crise ou quando as condições econômicas são adversas. É verdade que, se você designar uma equipe para inovar algo tão específico quanto uma tampa de garrafa, por exemplo, seu escopo criativo será mais limitado do que se a equipe recebesse a missão de mudar tudo, da bebida ao rótulo; se limitarmos o foco, porém, os resultados do processo de inovação ficarão totalmente de acordo com os objetivos estratégicos da empresa e os recursos disponíveis.

Talvez a solução adequada seja uma boa mistura de ambos os níveis de foco. Isto é, designar algumas equipes para inovar em uma área muito específica e outras para pensar mais abertamente, com o objetivo de utilizar os resultados de seu trabalho em áreas de mudança não previstas a princípio, e que seriam simplesmente um conjunto de sugestões estimulantes ao pensamento ou fora do escopo de projetos para avaliação da administração. Denominamos esse processo inovação exploratória, que será descrita no Capítulo 10. Mesmo nesse último caso, contudo, recomendamos que, no mínimo, o escopo da área/produto seja especificado, como explicado na seção anterior.

De qualquer modo, assim que soubermos o nível de inovação que um ativador está considerando (quer isso envolva produto, processo, mercado ou empresa), assim como os gerentes que a mudança proposta afetará, essa informação deve ser comunicada de imediato para a organização, de modo que a decisão quanto a continuar ou não o processo possa ser tomada.

Esse é o segundo ponto de contato entre os ativadores e a estratégia de inovação antes de o processo estar definitivamente formalizado. As propostas dos ativadores devem ser aprovadas pelo chefe responsável por inovação, dando o sinal verde definitivo para o processo, com a subsequente alocação orçamentária e o restante das designações das funções de B a F.

Figura 3.2 – Aprovação formal dos processos que surgem dos Ativadores

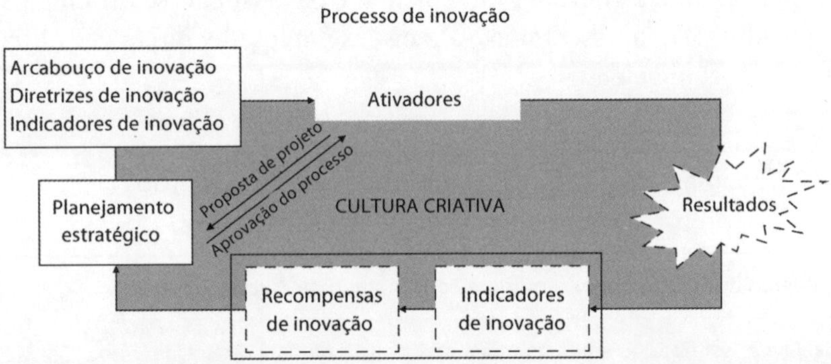

Há inúmeras empresas que falham em levar esse ponto em consideração e mantêm equipes trabalhando em inovações cujos supervisores finais teriam rejeitado por completo muito tempo antes se tivessem sido informados previamente. Nesse sentido, a função dos supervisores de planejamento e estratégia de inovação é decisiva: não só dão à luz um processo de inovação como também devem envolver os níveis administrativos mais altos, que serão afetados por essa inovação se ela continuar.

Diretrizes de inovação

Algumas empresas reforçam o arcabouço de inovação com diretrizes de inovação, a fim de comunicar adicionalmente que tipos de inovação estão, na realidade, sendo levados em consideração. Por exemplo, uma grande empresa pode especificar que investirá apenas em inovações cujas vendas planejadas superem certa quantia; outra pode dizer que uma inovação deve alcançar o ponto de equilíbrio em três anos; uma terceira opção seria determinar o retorno do investimento esperado; outra possibilidade é limitar a quantia de recursos (investimento) disponível para cada inovação; e, por fim, outra opção seria requerer que a inovação proposta utilizasse, por exemplo, duas das vantagens competitivas da empresa.

Essas diretrizes não são mutuamente excludentes; mais de uma pode ser especificada ao mesmo tempo. Por exemplo, vendas que alcancem um determinado nível e período para isso acontecer. As diretrizes fornecem critérios muito úteis para as equipes que vão se envolver na inovação.

A função das diretrizes de inovação é reduzir a quantidade de propostas submetidas à consideração e à aprovação. Ao mesmo tempo, são um meio de assegurar que um dado e acordado nível de risco não seja excedido. Enfim, definem indiretamente o grau pelo qual a inovação deve ser incremental e de baixo, alto e extremo risco.

No Quadro 3.3, apresentamos alguns exemplos de diretrizes utilizadas por empresas líderes conhecidas.

Quadro 3.3 – Exemplo de diretrizes em um processo de inovação

Um lançamento deve gerar vendas mínimas de 1 milhão de dólares.
Os lucros devem ser obtidos antes de três anos, a partir da data de lançamento.
Os lançamentos devem utilizar as marcas existentes da empresa.
O processo de inovação não pode durar mais do que 18 meses.

Lista de verificação de inovação

O último fator que recomendamos para os Ativadores antes do ingresso no processo de inovação é a lista de verificação de inovação.

É semelhante à lista de verificação que pilotos de companhias aéreas revisam antes da decolagem. Um a um, eles devem verificar alguns componentes e funções do avião, a fim de assegurar que todos estejam funcionando corretamente e que tudo esteja pronto para um voo seguro e confortável.

Da mesma maneira, no campo da inovação, é muito útil desenvolver diversas perguntas básicas, cuja resposta deve ser "sim" antes de podermos seguir adiante.

O Quadro 3.4 dá alguns exemplos dos tipos de pergunta geralmente encontrados nessa lista de verificação.[24]

Quadro 3.4 – Exemplo de lista de verificação para um processo de inovação

❑	O projeto é realmente necessário?
❑	Quando concluído, que benefícios o projeto trará aos clientes?
❑	O projeto ajudará, de alguma forma, os funcionários ou a empresa em geral?
❑	É necessário assumir o projeto agora ou haverá alguma repercussão negativa se o adiarmos?
❑	Trabalhar no projeto impedirá as operações da empresa e afetará seus objetivos?
❑	Quais e quão úteis são os objetivos finais do projeto?
❑	Qual é o período total e como mensurar o progresso?
❑	O projeto é econômico? Quais são as vantagens em termos de custo-benefício?

As perguntas devem ser respondidas em qualquer momento do processo, seja logo no início, durante o desenvolvimento, no teste dos protótipos ou na hora de colocar a ideia em prática. Recomendamos que essa verificação seja realizada de maneira frequente, porque a imprevisibilidade dos processos de inovação acentua a probabilidade de desvio dos pontos presentes na lista de verificação.

Tendo definido os critérios que os ativadores devem ter antes de iniciar um processo de inovação, partimos para a questão dos indivíduos na empresa que podem ser ativadores, que tipos de ativação podem empreender e quais são os perfis ideais de tais indivíduos.

Tipos de Ativadores

Há quatro tipos de Ativadores:

1. Administração ou alta administração. Nesse caso, é a alta administração da empresa que ativa o processo de inovação, mediante solicitação específica.
2. Trabalhadores. Nesse caso, são os membros da organização que ativam os processos de inovação. Isso pode acontecer espontaneamente – por exemplo, um funcionário apresenta uma sugestão – ou de maneira estruturada, através dos canais de informação projetados com esse propósito.
3. Grupos de interesse. São os agentes externos da organização, mas conectados a ela. Em geral, os grupos de interesse escolhidos como Ativadores de inovação são fornecedores, distribuidores e clientes. Menos comum, mas também válidos, são investidores ou acionistas.
4. A comunidade científica e os pesquisadores. Nesse caso, os Ativadores são de instituições acadêmicas ou de pesquisa, e podem ser inventores, engenheiros ou qualquer tipo de cientista.

Tipos de ativação resultante

Ao combinar duas dimensões – a pessoa que ativa a necessidade e a pessoa designada para assumir a responsabilidade –, obtemos os seguintes tipos de ativação de inovação:

(1) Ativação de cima para baixo: começa na alta administração, sendo dirigida para os demais funcionários da empresa.

(2) Ativação de dentro para fora: começa na alta administração, sendo dirigida para os grupos de interesse ou para a comunidade científica.

(3) Ativação de baixo para cima: começa nos funcionários da empresa, sendo dirigida para a administração.

(4) Ativação de fora para dentro: começa nos acionistas ou na comunidade científica, sendo dirigida para a alta administração ou para os gerentes da área funcional.

Ativação de cima para baixo

Os sistemas de cima para baixo são aqueles em que a inovação é ativada por uma decisão explícita da alta administração, em que uma equipe especializada é designada e abandona parte ou todos os seus encargos para trabalhar no projeto de inovação.

Esse é um dos tipos mais comuns e conhecidos de ativação, encontrado tanto nas empresas que não têm recursos permanentes dedicados à inovação como nas organizações que, embora inovadoras, preferem trabalhar com um sistema de equipes e projetos.

Há muitos exemplos de ativação de cima para baixo. A Shell, por exemplo, em meados da década de 1990, criou o programa GameChanger, que contava com a participação de um pequeno grupo de executivos de nível médio, com mente criativa e equipados com os recursos técnicos da empresa. Eles receberam a tarefa de desenvolver novos projetos e um orçamento de 20 milhões de dólares para implementar ideias que quebrariam as regras e o pensamento convencional existentes. O programa GameChanger deu origem a diversas outras equipes especializadas, criadas para realizar algumas das atividades básicas do processo de inovação: um laboratório de inovação, cujo trabalho era refinar e aprimorar ideias; um laboratório de ação, para analisar ideias em um ambiente controlado; e um conselho de empreendedores, para avaliar e financiar os melhores projetos. A experiência GameChanger começou na divisão de exploração e produção. Atualmente, está disseminada em toda a empresa e cada divisão possui o próprio processo referente ao programa. Há, inclusive, uma equipe especial dedicada a projetos radicais, que vão além dos limites de negócios existentes na Shell.

A General Electric também utiliza a ativação de cima para baixo. Em um sistema denominado Bubble Assignments, um gerente fica livre de seus encargos habituais, sendo designado para um projeto diferente por um curto período. Em geral, a empresa mobiliza especialistas de diversas disciplinas e promove a mobilidade entre os departamentos, a fim de fomentar relacionamentos internos e conectar projetos.

Geralmente, as equipes de inovação especializadas dispõem de um líder, ou seja, uma pessoa que supervisiona o grupo. Por exemplo, na Corning, líder mundial da indústria de vidro e pioneira em fibra óptica, essas pessoas são denominadas *champions*. Cada equipe possui um *champion*, a pessoa designada para liderar o grupo e assegurar que o processo de inovação seja ativado e, no caso, dirigido com sucesso.

Essas equipes especializadas podem ser efêmeras – quando só se espera que a equipe dê início a um processo de inovação – ou durar muitos anos – quando se solicita da equipe que lidere e supervisione todo o processo, até sua conclusão. Por exemplo, as equipes multidisciplinares da BMW deslocadas de seus encargos habituais para inovar em tempo integral podem durar até três anos. Em comparação, na Southwest Airlines, esse período se limita a poucos meses.

A ativação de cima para baixo também é realizada na Starbucks, onde o presidente Howard Schultz, que atua tanto sozinho – na função de diretor da administração de inovação estratégica – como ao lado de outros gerentes e uma equipe de apoio, ativa o processo de inovação sempre que uma oportunidade é detectada.

Ativação de dentro para fora

A ativação de dentro para fora acontece quando a administração conta com alguém de fora da empresa para colaborar no processo de inovação. Essa responsabilidade não é necessariamente exteriorizada devido à falta de capacidade da empresa. Pode acontecer simplesmente porque o tipo de inovação exige que ela seja feita desse modo, como em relação à inovação dos modelos de negócio ou às novas tecnologias. Essa opção também pode ser escolhida para acelerar o processo ou quando os recursos internos estão comprometidos com outras coisas.

Nesse tipo de ativação, uma empresa, em geral, contrata pesquisadores, consultorias especializadas ou equipes para um determinado fim, os quais podem ser constituídos de clientes e fornecedores. Outro sistema comum são as parcerias com o mundo acadêmico (pesquisadores universitários) ou uma organização com muitos cientistas que busca diversificar seus serviços (tanto a Nasa como a Ferrari prestaram esses serviços).

Um exemplo de ativação de dentro para fora é a rede de supermercados Tesco – a maior empregadora do Reino Unido, com 250 mil funcionários –, que, na década de 1990, contratou a Cardiff Business School, do País de Gales, para estudar como os bem-sucedidos princípios de produção da Toyota podiam ser adaptados à cadeia de suprimento do varejo, com o objetivo de economizar tempo e energia. No fim do processo, no que diz respeito aos refrigerantes, por exemplo, o tempo desde o engarrafamento até o momento em que o cliente deixa a loja com a bebida caiu de vinte para cinco dias. A quantidade de pontos de estoque foi cortada de cinco para dois, e o centro de distribuição dos fornecedores de bebida simplesmente desapareceu.

A IBM também aplica a ativação de dentro para fora, a fim de identificar áreas de negócios capazes de oferecer oportunidades. A empresa pede que clientes, observadores externos e capitalistas de investimentos de risco proponham áreas de negócios em que a IBM não está presente e possuam potencial para o futuro (a IBM denomina tais áreas de EBOs – Emerging Business Opportunities [oportunidades de negócios emergentes]). A IBM não utiliza o próprio departamento de P&D para tais propostas, pois este enfoca áreas de negócios correntes e, portanto, carece da perspectiva de fora para pensar acerca das novas oportunidades de negócios. O gerente de estratégia da IBM seleciona as propostas mais promissoras e, então, identifica os executivos da empresa com grande experiência e que estejam no comando das divisões principais, com responsabilidade em relação a uma grande equipe, mas com pouco espaço de manobra para investir em novos projetos de maior risco na própria unidade. Estes são designados para construir o futuro. No topo da carreira, são motivados a usar sua experiência para trabalhar em uma *start-up* (empresa nascente) interna. Desde a criação desse sistema, em 2000, a IBM gerou 25 EBOs, das quais somente três fracassaram. Quatro delas, a Digital Media, a Life Sciences, a Linux e a Persuasive Computing, obtiveram receitas de mais de um bilhão de dólares cada uma, em 2003 e 2004.[25]

Eis uma história bem esclarecedora da Procter & Gamble sobre como os recursos externos podem rapidamente aumentar a capacidade de inovação de uma empresa:

> *Sabíamos que a maior parte das melhores inovações da P&G resultou da conexão de ideias através das áreas internas de negócios. Mas, após estudarmos o desempenho de uma pequena quantidade de produtos que adquirimos fora de nossos laboratórios, sabíamos que as conexões externas também podem produzir inovações muito lucrativas. Apostando que essas conexões eram a chave do crescimento futuro, Lafley [presidente da P&G] definiu o objetivo de adquirirmos 50% de nossas inovações fora da empresa. A estratégia não era substituir as capacidades de nossos 7,5 mil pesquisadores e equipes de apoio, mas aproveitá-la melhor. Estimamos que para cada pesquisador da P&G existiam duzentos cientistas ou engenheiros em outros lugares do mundo, os quais eram tão bons quanto os nossos, ou seja, um total de talvez 1,5 milhão de pessoas, cujos talentos podíamos utilizar potencialmente. Precisávamos mudar a atitude da empresa de resistência a invenções "não concebidas aqui" para o entusiasmo por aquelas "orgulhosamente encontradas em outros lugares". Além disso, precisávamos mudar a maneira como definíamos e percebíamos nossa organização de P&D: de 7,5 mil pessoas trabalhando na empresa para 7,5 mil mais 1,5 milhão de pessoas de fora, com uma fronteira permeável entre elas.*[26]

Ativação de baixo para cima

Os sistemas de ativação de baixo para cima são aqueles em que a ativação de um processo de inovação resulta não do nível gerencial, mas dos membros da equipe situados em posição inferior na cadeia de comando, quer ou não pertencentes aos departamentos diretamente ligados à inovação.

Os sistemas de ativação de baixo para cima mais comuns são projetos de inovação que surgem no departamento de P&D, de marketing ou de *design*, ou uma combinação destes. A Procter & Gamble, que se transformou de uma empresa muito conservadora e ligada à tradição em uma das organizações mais inovadoras do mundo, aplicou, entre outros mecanismos, esse tipo de política. Num momento em que a empresa estava reestruturando e "enxugando" radicalmente a administração, tomou uma decisão importante: quadruplicar o número de funcionários do departamento de *design* e colocá-los para trabalhar diretamente com o pessoal de P&D no desenvolvimento de novos projetos. Da interação entre *designers* e engenheiros, surgiram muitas ideias, que, posteriormente, converteram-se em novos produtos.

A 3M também utiliza o sistema de baixo para cima para a ativação contínua dos processos de inovação. A empresa mantém mais de 7 mil pesquisadores nos centros de inovação situados em todo o mundo. Esses pesquisadores podem dedicar 15% de seu tempo a projetos de sua escolha. Isso não significa que desperdiçam o tempo da empresa em ideias sem potencial, pois um comitê, atuando como um F (Facilitador), de acordo com nosso modelo A-F, avalia continuamente os projetos e as ideias propostos por esses engenheiros, rejeitando aqueles considerados inviáveis ou sem potencial.

No entanto, os departamentos de marketing, P&D e *design* não são os únicos lugares em que a ativação da inovação pode acontecer. Algumas empresas podem delegar poder a todos os membros da organização para a geração de boas ideias. O Google, considerado uma das empresas mais inovadoras do mundo, ativa seus processos de inovação mediante um sistema de baixo para cima, que está aberto a todos os funcionários da empresa. Cada um deles dedica parte de seu tempo à pesquisa e ao desenvolvimento (denominado *free day thinking* [dia livre para pensar], plenamente remunerado). Qualquer funcionário do Google pode "postar" uma ideia a respeito de novas tecnologias ou negócios em uma lista eletrônica de propostas. Essa lista é continuamente verificada e avaliada por toda a equipe, que critica as propostas e vota nas melhores. É um sistema democrático, típico do universo da internet. Como um fórum ou um blog, as ideias que recebem a maioria dos comentários acabam sendo entregues aos engenheiros para desenvolvimento. Há até uma lista de miscelâneas, que inclui desde sugestões para o pessoal do restaurante até críticas à organização. Outro sistema são as horas de Open Office [escritório aberto]. Os executivos do Google são incentivados a manter as portas abertas duas ou três vezes por semana para conhecer e discutir ideias de outros funcionários. Em geral, o tempo dedicado a essa tarefa é dividido igualmente na discussão de novas ideias e na orientação aos novos funcionários, para que estes avancem nas propostas.

Ativação de fora para dentro

Os sistemas de inovação de fora para dentro são, talvez, os mais recentes e os mais surpreendentes. Esse tipo de sistemas se baseia no desenvolvimento de um modelo de negócios em que faz sentido para indivíduos ou pequenas empresas – os quais não são parte da organização – inovar mediante a plataforma de negócios dessa organização. A diferença em relação à ativação de dentro para fora é que não há uma solicitação específica. A inovação da ativação de fora para dentro ocorre mais ou menos espontaneamente, pois o modelo de negócios é projetado de modo que as outras empresas tornem-se parceiras ou tirem proveito do negócio da organização para inovar de modo independente.

Esse tipo de ativação inclui o que é conhecido como inovação aberta, embora existam outros sistemas. Um exemplo claro é a Apple e os aplicativos do iPhone. A empresa decidiu compartilhar seu código de programação com qualquer programador que mostrasse interesse e, assim, milhares de aplicativos foram inventados para o aparelho.

No entanto, a inovação aberta não é só o sistema de ativação de fora para dentro. Nesse caso, podemos incluir qualquer outro sistema em rede, no qual atraímos e motivamos pesquisadores externos para pensar por nós, sem nenhuma incumbência ou atribuição específica. Por exemplo, em 1991, o Walmart lançou seu WIN (Walmart Innovation Network – Rede de Inovação do Walmart), iniciativa em colaboração com o Innovation Institute e o curso de administração de negócios da Southwest Missouri State University. A ideia era unir os talentos criativos de inventores independentes aos recursos administrativos, financeiros e de desenvolvimento de produto do Walmart, com o objetivo de converter projetos em produtos reais.

No caso da ativação de fora para dentro referente à inovação aberta, vemos que o arcabouço não precisa ser explicitamente definido, pois já está implícito no modelo de negócios e no sistema de parceria.

No caso da ativação que resulta de propostas não solicitadas em universidades ou na comunidade científica, não há necessariamente um arcabouço definidor, como existe no caso de um acordo de parceria ou de algum relacionamento estável e em andamento. Em vez disso, nesse caso, estamos apenas falando sobre propostas geradas externamente, sem nenhum tipo de condição ou incumbências.

Que tipo de ativação é melhor?

Primeiro, devemos assinalar que os quatro tipos de ativação e Ativadores descritos aqui não são mutuamente excludentes. De fato, as empresas mais inovadoras do mundo os utilizam alternada e simultaneamente. Desde que haja uma pessoa responsável pela inovação (ver Capítulo 10), dotada de uma visão panorâmica de todos os processos que estão sendo ativados em uma organização, com o propósito de evitar duplicação, dificilmente é um problema ter diversos desses Ativadores trabalhando ao mesmo tempo.

No entanto, a questão de quais desses mecanismos é o mais adequado depende do tipo de inovação desejado e dos recursos, da capacidade interna e da cultura de inovação existente.

O Quadro 3.5 expõe o relacionamento entre os quatro tipos de ativação e cada um desses fatores.

Quadro 3.5 – Fatores que influenciam o tipo de inovação

	De cima para baixo	**De dentro para fora**	**De baixo para cima**	**De fora para dentro**
Tipo de inovação	Marginal	Radical	Marginal ou radical	Marginal
Recursos para inovação	Altos ou baixos	Altos	Altos	Altos ou baixos
Capacidades internas para inovação	Altas	Baixas	Altas	Baixas
Cultura criativa	Bem distribuída na organização	Não distribuída	Bem distribuída	Bem distribuída

Além disso, é importante levar em consideração que, quando os Ativadores vêm de dentro da organização, há uma tendência maior de desenvolver uma cultura de inovação, que, como consequência, também está mais propensa a ganhar vida própria. E isso acontece com mais frequência quando os Ativadores não pertencem somente ao corpo administrativo, mas também ao quadro de operários.

Perfil dos Ativadores

A seguir, descrevemos qual é o perfil ideal para os Ativadores, que devem ser pessoas:

- Comprometidas com a empresa, com alto grau de envolvimento.
- Com capacidade de liderança.
- Capazes de convencer pessoas e de mobilizar pessoas e recursos.
- De mentalidade aberta.

4
Buscadores

Após um processo de inovação ter sido ativado, aprovado e orçado, qualquer uma das outras funções pode começar seu trabalho. Neste capítulo, abordamos a função dos Buscadores.

O que é e para que serve um Buscador?

Os buscadores são pessoas cuja missão é coletar informações que auxiliam, esclarecem, inspiram e definem se uma nova ideia deve continuar a ser desenvolvida no processo de inovação.

Tradicionalmente, a busca por informação referente ao campo da inovação de negócios foi associada com a pesquisa de mercado. Dois instrumentos chamaram a atenção dos especialistas em inovação.

Primeiro, haverá busca por informação descritiva, que quantifica o tamanho e o crescimento dos mercados e as diversas categorias em que a empresa pretende buscar oportunidades. Segundo, haverá pesquisa exploratória, utilizando técnicas qualitativas para identificar necessidades não resolvidas do consumidor e possíveis fontes de inovação. No caso da inovação baseada em tecnologia, a busca por informação enfocou detalhadamente o estudo de diversas patentes e avanços tecnológicos, os quais podem ser incluídos no produto ou serviço comercializado pela empresa.

Nos processos de inovação, a busca por informação é realizada nos estágios iniciais, em geral naquele que se desenrola imediatamente antes da criação de ideias específicas. Em alguns casos, a busca por informação é realizada até antes da definição dos objetivos de uma inovação.

De nosso ponto de vista, a função dos Buscadores deve ir além. Em primeiro lugar, os Buscadores de informação precisam concentrar seus esforços não só nos estágios iniciais do processo de inovação, mas devem permanecer ativos e transmitir informações às equipes de inovação durante todo o processo. Por exemplo, no desenvolvimento de conceitos, os Fornecedores de informação têm o dever de facilitar a tarefa dos Desenvolvedores, mediante a análise dos protótipos e produtos lançados em qualquer região ou categoria de produto. Converter ideias em produtos é um dos processos mais complexos na inovação e, tradicionalmente, a busca por informação requerida foi confiada quase de maneira exclusiva aos engenheiros ou ao departamento de P&D. Atualmente, uma única tecnologia pode ser transferível para diversos produtos e serviços. Assim, a análise de como isso se aplica a outros campos é de grande utilidade para um departamento de P&D ou de desenvolvimento técnico. Os Buscadores de informação podem economizar muito trabalho, esforço, recursos e tempo dos engenheiros que desenvolvem novos produtos e serviços.

Mais importante ainda é coletar informação na implementação e no desenvolvimento das fases de inovação. Novamente, esse trabalho foi deixado para os departamentos de marketing designados para lançar o novo produto, confiando que seu conhecimento dos mercados será suficiente. Toda inovação, em especial a radical, requer abordagem própria em relação aos canais de distribuição, à política de preços e às estratégias de comunicação. Um gerente de marketing está acostumado a um mercado específico, mas enfrenta diversas incógnitas e falta de informações com relação ao lançamento de uma inovação no mercado.

Finalmente, os Buscadores de informação desempenham papel fundamental ao ajudar os Facilitadores, os quais devem continuamente avaliar e aprovar itens de despesa e novos investimentos. Ao fazê-lo, os Facilitadores baseiam suas decisões nas perspectivas de venda referentes à inovação proposta. Infelizmente, em diversas empresas, essas previsões se baseiam em critérios meramente subjetivos. Mesmo empresas que não fazem isso, e utilizam pesquisa de mercado na realização das previsões, muitas vezes recorrem aos departamentos de inteligência do consumidor, que foram removidos do processo de inovação e que, então, realizam um teste de mercado padrão. Esses testes são úteis, mas devem estar associados a outros métodos menos diretos, baseados mais no monitoramento de produtos e serviços ou tecnologias em que o processo de inovação foi inspirado. É essencial que aqueles que compilam informação a respeito do potencial de vendas de uma inovação também participem dos estágios anteriores.

Portanto, enxergamos o Buscador como alguém que soma informação ou coordena multifunções, as quais normalmente são delegadas a departamentos diferentes ou a pessoas que mal participaram do processo de inovação. Isso não significa que os próprios Buscadores devem coletar a informação requerida em cada caso. Eles podem depender de alguns ou de todos os atores prévios (técnicos, especialistas de pesquisa de mercado, institutos de pesquisa externa etc.), além de outros que abordamos neste capítulo. No entanto, o essencial é que aqueles que desempenham a função de Buscador devem ter uma visão abrangente de todas as fontes e fragmentos de informação que integram o processo.

Isso ocorre porque a pesquisa deve fornecer mais do que apenas informação; deve, sobretudo, inspirar as equipes de inovação. Inspirar significa espalhar luz, significa "dirigir" o pensamento rumo aos territórios férteis e às ações viáveis. Estamos falando de informação ativa, isto é, ligada ao processo de inovação. Não é informação que descreve ou identifica, mas que aponta para rotas e caminhos de inovação, os quais conduzem a maiores probabilidades de sucesso.

Neste capítulo, enfocamos algumas práticas fundamentais das empresas que tornam os Buscadores de informação essenciais ao processo de inovação. Além disso, descrevemos novas técnicas de pesquisa, além da pesquisa exploratória qualitativa padrão, utilizada tradicionalmente no processo de inovação.

Como os Buscadores de informação são, de certo modo, provedores para os demais participantes, os quais são uma espécie de clientes internos, vamos estruturar este capítulo em quatro módulos, um para cada função com a qual o módulo se relaciona de modo mais ativo: a informação fornecida aos Criadores (*B para C*), aos Desenvolvedores (*B para D*), e aos Executores (*B para E*). Como exceção, abordaremos os Facilitadores (*B para F*) em um capítulo distinto, pois a informação que eles recebem está intrinsecamente ligada à sua atividade.

De B para C: diagnóstico da inovação

Antes de os criadores proporem ideias para produtos e serviços, é essencial ter um diagnóstico da inovação. Sugerimos que isso inclua os seguintes elementos, os quais serão abordados com mais detalhes adiante:

- Revisão de inovação.
- Análise de categorias adjacentes.
- Consultas internas.
- Tendências sociais (mercados B2C – *business-to-consumer* [empresa para consumidor]) (ou tendências empresariais em mercados B2B – *business-to-business* [empresa para empresa]).
- Classes sociais (mercados B2C).
- Tendências de mercado.
- Processo de compra.
- Rotas de inovação.

Consideremos cada elemento com mais detalhes.

Revisão de inovação

É um componente da pesquisa que consideramos essencial e que, paradoxalmente, quase nenhuma empresa faz. Antes de formular o plano de marketing anual, os gerentes de marca têm a tarefa de elaborar o que se denomina revisão da marca, uma avaliação do que aconteceu com a marca nos anos anteriores, em particular no último ano. É um estudo abrangente, que aborda a situação nos diversos canais de distribuição, os resultados de inúmeras promoções e campanhas de comunicação, as mudanças de posicionamento, os indicadores de níveis de penetração e a fidelidade registrada entre clientes ou consumidores.

É aparentemente contraditório que, embora as empresas avaliem o *status* de suas marcas todos os anos, não avaliem o *status* da inovação em seus mercados. Uma revisão de inovação é uma avaliação, a mais abrangente possível, das inovações que ocorreram no mercado ou na categoria de produto ou serviço na qual estamos tentando inovar. A Exxon-Mobil é uma das poucas empresas que realiza esse tipo de revisão. Antes do lançamento do Speedpass, inovador sistema de pagamento automático na bomba de gasolina, a empresa revisou as inovações lançadas em postos de gasolina desde a década de 1940.

Por exemplo, se o processo de inovação tiver o objetivo de lançar um novo produto no mercado de café, uma revisão de inovação consistirá em uma lista de todos os tipos de lançamento e inovação, desde os revolucionários (por exemplo, o Nespresso) até o mais marginal, que incluiria uma promoção ou a expansão de uma linha (por exemplo, café em embalagem reutilizável).

Nossa recomendação é remontar a dez ou mais anos, tanto no país onde a inovação será lançada como nos lugares em que o mercado pertinente é mais desenvolvido. Por exemplo, no caso do café, seria sensato examinar o que estava acontecendo em países como a Itália, onde há uma forte tradição ligada ao café. Dependendo do tempo e dos recursos disponíveis, quanto mais amplo o escopo geográfico, melhor.

Ao descrever cada inovação, quer ela já tenha sido retirada do mercado ou ainda esteja nele, recomendamos registrar toda a informação em um formulário, como exposto na Figura 4.1.

A utilidade dessas informações é múltipla. Em primeiro lugar, é útil simplesmente ter um inventário de todas as inovações no mercado, algo que poucas empresas mantêm de modo sistemático e organizado.

Em segundo lugar, ter um registro dos novos produtos do passado nos fornece um quadro de estratégias e tendências de inovação de cada mercado. Ao realizar esse exercício, é muito interessante constatar como empresas distintas agrupam-se em torno de poucas rotas de inovação específicas.

Figura 4.1 – Exemplo de resumo de inovação do passado

<table>
<tr>
<td>NOME DO PRODUTO: ALL BRAN CHOCO
MARCA: ALL BRAN
PAÍS: ESPANHA
ANO DE LANÇAMENTO: DÉCADA DE 1990</td>
<td rowspan="2">FORMATOS: 250 g (caixa)
NÍVEL DE PREÇO: 6,50 euros/kg
DISTRIBUIÇÃO: varejo 61/59 ND 80/82 WD
POLÍTICA DE COMUNICAÇÃO:
Há propaganda? Sim.
A campanha foi mantida? Sim (2000).
Houve atividade no ano passado? Não.
Mídia utilizada: televisão e revistas especializadas.

RESULTADOS OBTIDOS (ÚLTIMOS TRÊS ANOS):
Volume: 445,6 / 462,5 (+ 3,8%).
Nos últimos anos, manteve-se o ritmo de crescimento.
Participação de mercado: 1,0%/1,0% (Nielsen).</td>
</tr>
<tr>
<td>FABRICADO PELA KELLOGG'S
ALVO: adultos que comem cereais com fibra e gostam de chocolate.
NECESSIDADE ATENDIDA: sabor de chocolate em cereais com fibra.
OCASIÕES DE CONSUMO: café da manhã, principalmente.
PROPOSIÇÃO EXCLUSIVA DE VENDAS: "Menos calorias, mais sabor para as fibras".
TIPO DE INOVAÇÃO: Vertical / Modulação
CONCORRENTES DIRETOS: Fitness e Allbran, cereais para mulheres.
CONCORRENTE GENÉRICO: cereais para adultos.</td>
</tr>
</table>

Na Figura 4.2, fornecemos um exemplo de rotas de inovação no mercado de café, com base em inovações passadas.

A identificação e a compreensão dessas rotas são essenciais, pois uma das grandes decisões a tomar é se queremos ou não descartar algum de nossos caminhos de inovação atuais. Por exemplo, no caso do café, a empresa pode decidir não inovar na rota "café por origem", mas, por outro lado, está interessada na rota "graus de intensidade de cafeína".

Como mostramos no capítulo anterior, delimitar ou eliminar uma ou mais rotas de inovação não reduz a criatividade de uma equipe de inovação, mas apenas a dirige em uma determinada direção.

Figura 4.2 – Exemplo de rotas de inovação para a categoria de café torrado e moído

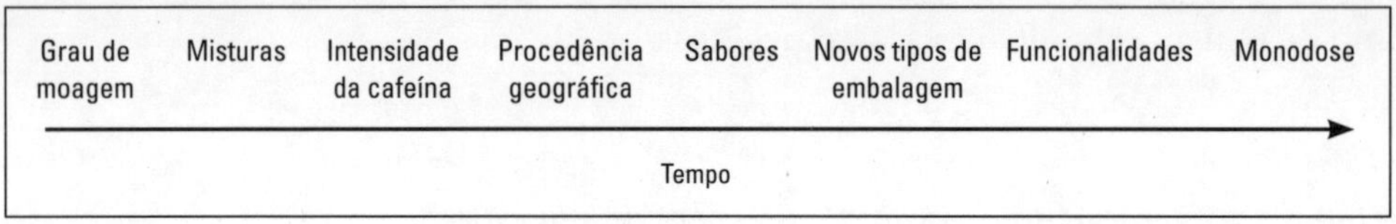

O inventário das inovações passadas pode ser agrupado de modo complementar às rotas, categorizando os tipos de inovação. Recomendamos aqui algo que sustentamos em nosso livro anterior, *Marketing lateral*,[27] classificando as inovações verticais em seis tipos e as diferenciando das inovações disruptivas (laterais). Classificar as inovações por meio dessas categorias é um diagnóstico muito útil no que diz respeito à direção tomada pela inovação em um setor empresarial. A Figura 4.3 apresenta uma análise da categoria de café com base nesse método de classificação.

Figura 4.3 – Exemplo de diagnóstico dos tipos de inovação em uma categoria de café torrado e moído

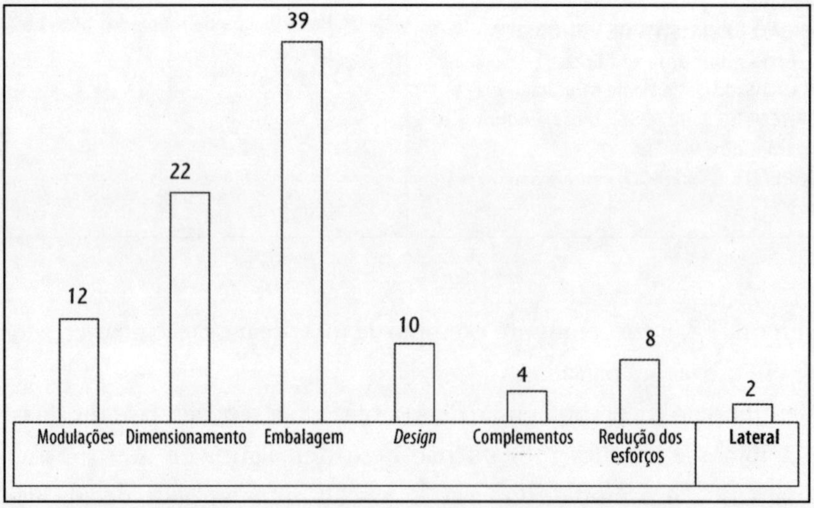

Observação: o número mede a quantidade de inovações surgidas durante os últimos vinte anos em cada um dos tipos de inovação.

Finalmente, é possível relançar as inovações que fracassaram no passado, mas que, devido a mudanças nos gostos ou por causa de novas tendências sociais, agora têm grandes chances de obter êxito. Por exemplo, em 1993, a Puig Beauty & Fashion, empresa multinacional de perfumes e cosméticos, lançou um xampu à base de aveia, o Avena Kinesia, que resultou em um imenso sucesso. A empresa lançara um xampu semelhante antes, mas fracassara. A diferença foi que, em 1993, na Europa, havia uma forte tendência de consumo de produtos dermatológicos e a aceitação geral de produtos feitos a partir de cereais – em uma extensão do mercado alimentício.

Embora demonstremos nosso propósito aqui com o café, a revisão de inovação não visa somente as inovações dos produtos do mercado de massa. Qualquer tipo de inovação, seja em serviços, em mercados B2B ou em mercados industriais, seja a inovação meramente tecnológica, pode ser objeto de uma análise similar, e sua utilidade é, da mesma forma, pertinente.

Análise de categorias adjacentes

Uma análise histórica das categorias adjacentes, embora mais limitada do que a revisão de inovação, é de imenso valor para os Criadores nas reuniões de *brainstorming*. O que queremos dizer com categoria adjacente? São categorias compostas por produtos e serviços que não são nossos concorrentes diretos ou que não estão atuando no mercado onde estamos pensando inovar, mas que, não obstante, compartilham com nossos produtos algumas das dimensões que definem um mercado: cliente, necessidade e situação. Em outras palavras: ou visam nossos clientes, mesmo que satisfaçam necessidades diferentes; ou visam clientes diferentes, embora atendam necessidades semelhantes; ou simplesmente atuam em situações semelhantes às nossas.

Por exemplo, para a categoria de café, as bebidas energéticas são uma categoria adjacente. Elas atendem uma das necessidades supridas pelo café (manter a pessoa ativa ou acordada). Os biscoitos também seriam uma categoria adjacente, pois, apesar de atender uma necessidade diferente, são, como o café, parte do desjejum.

A análise de categorias adjacentes deve rastrear as rotas que a inovação seguiu no passado. A Figura 4.4 apresenta um exemplo desse tipo de análise para duas categorias adjacentes ao café.

Sua utilidade reside no fato de que, ao identificar similaridades com categorias adjacentes do mercado em que buscamos inovar, as diversas oportunidades de inovação emergem natural e espontaneamente. A ideia é que essa informação inspirará os criadores a formular perguntas como: faz sentido inovar com o café da mesma forma que é feito com as bebidas energéticas? Como veremos no próximo capítulo, as categorias adjacentes são uma fonte interminável de ideias.

Figura 4.4 – Exemplo de rotas de inovação (água mineral considerada como categoria adjacente ao café)

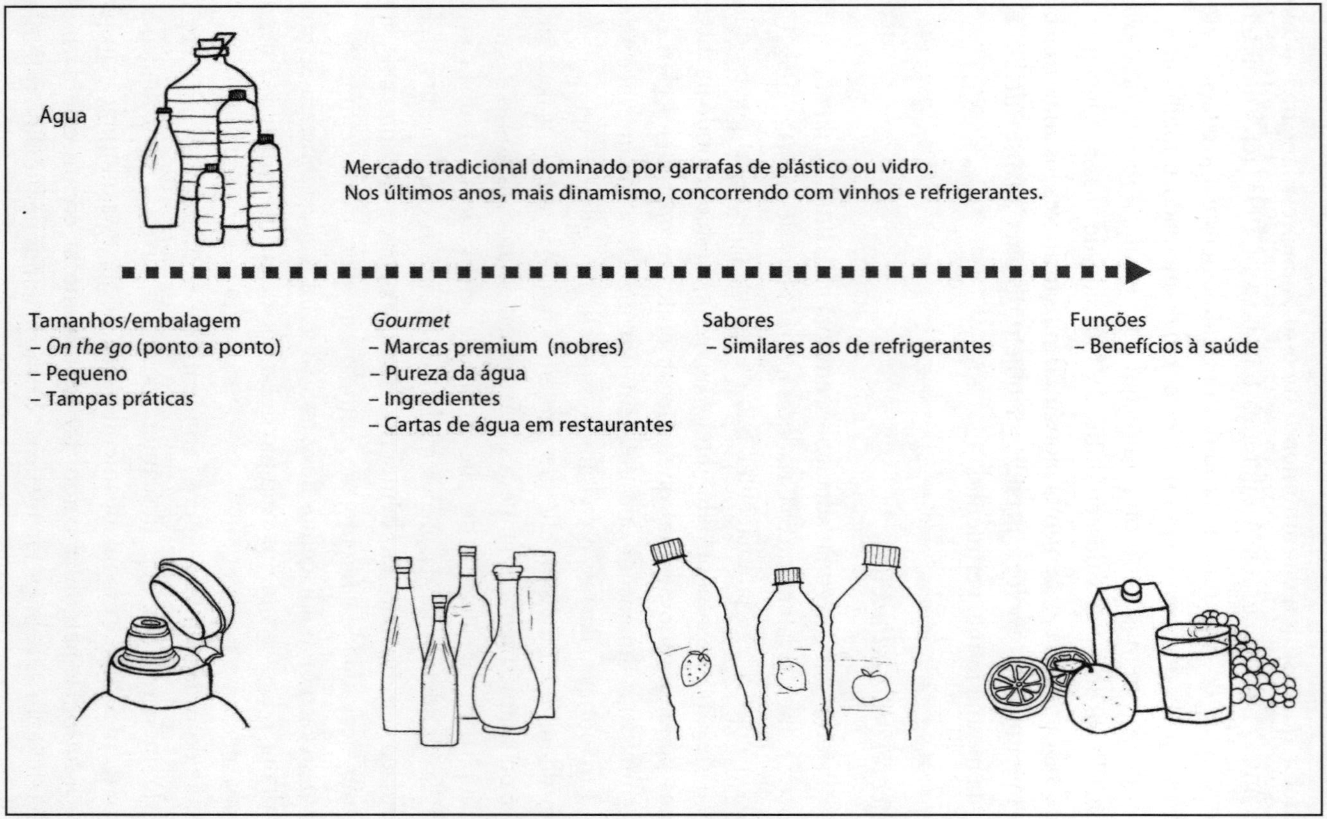

Consultas internas

Quando, em nossa experiência, fizemos uma consulta de inovação para uma empresa, a primeira coisa que aconselhamos ao cliente foi que ele se capacitasse para utilizar a informação interna a respeito de:

Pessoal interno

Em qualquer organização, diversas pessoas têm ideias e sugestões, mas, no caso das empresas relativamente não inovadoras ou daquelas que carecem de sistemas para direcionar as inovações, essas pessoas não têm ninguém para quem explicar tais ideias e sugestões. Esse capital intelectual latente dentro da organização é certamente a primeira fonte de inspiração para os Criadores que deve ser utilizada pelos Buscadores de informação. Evidentemente, é impossível entrevistar ou consultar todos os membros de uma grande organização. Os Buscadores devem elaborar uma lista resumida ou enviar, a cada departamento, um comunicado formal explicando os objetivos do projeto de inovação que a empresa está começando e o interesse da equipe de projeto em conhecer sugestões que devem ser levadas em conta ou ideias pertinentes que os outros membros da organização têm. Às vezes, é até necessário estabelecer técnicas qualitativas ou quantitativas para coletar essas informações, seja por questionário ou pela intranet da empresa. Esse procedimento deve ser acompanhado por entrevistas detalhadas com certas pessoas dotadas de habilidades específicas: determinada experiência mínima, forte compromisso com a empresa, atitude positiva e nível comprovado de criatividade.

Vendas, P&D e marketing

Esses três departamentos devem ser tratados separadamente. O pessoal de vendas, que tem contato diário com os clientes e distribuidores, possui um nível útil de conhecimento acerca do mercado. Não podemos esperar que solucionem os problemas de inovação, mas sua avaliação da situação da empresa e do mercado tende a ser realista e sensata. Para os profissionais de marketing, também é fundamental o conhecimento dos consumidores, das barreiras ao consumo e às motivações de compra, e das forças e fraquezas do portfólio corrente da empresa e do portfólio da concorrência. Por fim, os departamentos de P&D podem dar orientação a respeito das limitações técnicas dos produtos e serviços que desejamos inovar. Ainda podem oferecer uma descrição completa de nossos processos de manufatura, não só com o objetivo de obter um quadro das restrições à produção que se tem como empresa, mas também um diagrama detalhado dos processos de produção, outro estímulo muito útil nas reuniões de *brainstorming*.

Pesquisa de mercado

Quando as empresas começam a trabalhar na inovação, tendem a ter um impulso quase patológico de sair e formular perguntas ao cliente. Ignoram o fato de que na empresa há grande quantidade de informação estocada. Atualmente, temos mais informação do que conseguimos processar. A primeira coisa que os Buscadores de informação em uma equipe de inovação devem fazer é localizar todos os estudos anteriores de pesquisa de mercado e as bases de dados. Com esses estudos em mão, devem, então, selecionar os mais pertinentes, de acordo com os objetivos do projeto de inovação. Finalmente, devem analisá-los e elaborar um diagnóstico com suas principais conclusões.

Há três componentes básicos nessa análise, os quais devem estar presentes em todo diagnóstico de inovação. O primeiro é denominado dimensionamento do mercado. Significa mensurar, na área geográfica alvo, a evolução e o tamanho atual do mercado e cada uma de suas categorias e subcategorias, em termos de valor, unidades (se aplicável), clientes (se aplicável) e distribuidores (se aplicável). O mesmo deve ser feito com o preço médio de vendas, os custos de fabricação e a estrutura de margens do setor, desde os componentes do produto ou serviço até as margens do negócio, passando por distribuidores e alíquotas de imposto.

O segundo componente é a lista de *insights* que atuam como mobilizadores para nossos clientes e distribuidores. Muito foi escrito recentemente acerca de *insights* e quase todo autor possui a própria definição. Entendemos *insight* como a motivação que impulsiona o consumidor, pois é algo inato.[28] Os *insights* devem ser identificados por meio da pesquisa de mercado qualitativa. Na ausência desta, apesar de não recomendarmos esse método, os *insights* podem ser inferidos por meio do conhecimento dos clientes que os departamentos de vendas e marketing possuem. Independentemente da fonte, a lista de *insights* sobre os produtos e serviços correntes é um componente essencial de qualquer diagnóstico de inovação.

Visitas a clientes, distribuidores e provedores

Os provedores de informação e, possivelmente, outras funções A-F (principalmente, Criadores e Desenvolvedores) precisam dedicar algum tempo (de dois dias a uma semana pode ser suficiente) para "sair às ruas" e visitar clientes, fornecedores, distribuidores e pontos de venda a varejo. Howard Schultz, presidente da Starbucks, visita entre trinta a quarenta lojas Starbucks em todo o mundo, a cada semana. É muito difícil inovar algo que não conhecemos pessoalmente. Por exemplo, na Tesco, diversas inovações resultam de visitas frequentes a lojas de iguarias, de alimentos étnicos e escolas de culinária.

Tendências sociais

Nos últimos anos, nós, especialistas de marketing e inovação, dedicamos muita atenção à tecnologia e ao *design*, esquecendo, de certa maneira, a sociologia. Uma boa análise das tendências sociais (em que clientes são consumidores – mercado B2C) ou das tendências empresariais (em que as empresas estão envolvidas – mercado B2B) possui duas utilidades principais.

Primeiro, as tendências sociais são uma grande fonte de inspiração para os Criadores (C). As tendências sociais ajudam a explicar o comportamento de nossos clientes, independentemente dos produtos e serviços vendidos pela organização. O direcionamento de uma tendência social mediante a inovação é, em si, uma técnica criativa que gera ideias muito boas.

Segundo, as tendências sociais são como um passaporte para a aceitação de uma inovação no mercado. Diversas inovações – originais, interessantes, úteis aos clientes – fracassaram porque ignoraram as tendências sociais. Não levaram em consideração que sua proposição de valor não estava de acordo com as tendências sociais da época. Nesses casos, é raro que os consumidores adotem a inovação, pois teriam que nadar contra a maré de práticas, costumes e modas que eles mesmo adotaram. Do mesmo modo, uma inovação que reforça ou reafirma clientes de uma tendência social prevalecente terão maior chance de sucesso.

Isso se aplica principalmente àquilo que denominamos produtos das correntes predominantes, isto é, aqueles que visam os mercados de massa. Outro caso é aquele dos produtos que visam expressamente iniciar uma nova tendência ou moda. É algo que diversas empresas tentaram e em que poucas foram bem-sucedidas. O motivo é que os formadores de opinião (pessoas que iniciam modas, determinando o uso de itens dentro de um grupo social específico) são contrários a tendências impostas por grandes marcas. São eles, e não as marcas, que decidem o que está na moda. De modo geral, se o objetivo for persuadir os formadores de opinião, devemos observar seus sinais e movimentos.

Na esfera das tendências sociais, contudo, o que supomos ser uma tendência de longo prazo revela-se frequentemente tão efêmera quanto a vida de uma borboleta.

Todos os grupos sociais adotam tendências de duração variável. Isso também se aplica a crianças, donas de casa, executivos, esportistas e pessoas que gostam de viajar. Diversas empresas inovam compreendendo a tendência social, sem levar em conta quanto tempo ela está propensa a durar.

Em geral, falamos sobre quatro períodos de tempo para tendências sociais: macrotendências, tendências, modas e novidades. Podemos afirmar que cada uma se alimenta da anterior. Vários tipos de moda começam como novidades que duram talvez algumas semanas, mas que, devido a diversos fatores, acumulam ímpeto e se disseminam até ganhar seu atual *status*.

As tendências sociais emergem da moda que sobreviveu mais do que uma estação ou ano, transformando-se em algo mais estável e duradouro. Finalmente, uma macrotendência é uma tendência que manteve a popularidade por mais de cinco anos e torna-se uma das características de uma geração. Portanto, distinguimos o seguinte:

- **Macrotendências:** duram de cinco, no mínimo, a dez anos. É improvável que sobrevivam mais do que uma década, pois, a cada sete anos, ocorrem mudanças consideráveis nos objetivos de vida de uma geração.

  Um exemplo de macrotendência é a preocupação em relação ao meio ambiente. Alguns anos atrás, tratava-se algo restrito a grupos de ambientalistas e de indivíduos que se opunham às instituições, mas, aos poucos, começou a se disseminar para o restante da população, tornando-se uma preocupação comum entre as pessoas instruídas.
- **Tendências:** duram de um, no mínimo, até cinco anos, no máximo. Exemplo de uma tendência é o desaparecimento gradual da gravata entre executivos e gerentes. O *yuppie*, figura típica das décadas de 1980 e 1990, está sendo substituído por um novo tipo de profissional, mais casual, menos formal, mais independente, algo que está no caminho de se tornar uma macrotendência.

  Outro exemplo de tendência é a simplicidade voluntária. Atualmente em declínio devido à crise econômica, foi uma tendência que se disseminou entre diversos grupos de profissionais que, após completarem cinquenta anos, com um nível relativamente alto de renda, riqueza e algum dinheiro poupado, preferiram sacrificar parte da renda e do sucesso profissional, em troca de terem mais tempo para o lazer. Como tendência, a simplicidade voluntária foi popular entre 2003 e 2007, mas, agora, está desaparecendo.

- **Modas:** duram uma temporada, uma estação do ano no caso de calçados, e, no máximo, um ano, no caso de outros produtos e serviços. Um exemplo são as cores de roupa apreciadas durante certa estação do ano. Outros exemplos são as coisas colecionadas por crianças em idade escolar, em uma cidade ou região, ou a popularidade de certos atores e personagens gerada por programas de tevê ou filmes de sucesso.
- **Novidades:** duram até um mês; às vezes, apenas uma ou duas semanas. Com frequência, são ligadas a eventos esportivos, culturais, políticos ou midiáticos; por exemplo, quando o papa visita um país, gera um breve *boom* nas vendas de imagens, medalhinhas ou broches.

O Quadro 4.1 apresenta uma lista de exemplos de macrotendências, tendências, modas e novidades.

Quadro 4.1 – Exemplos de macrotendências, tendências, modas e novidades

Macrotendências

Compras *on-line*
Google e YouTube como buscadores de conteúdo
Piercings e tatuagens
Download de músicas na internet
Smartphones
Jornais e revistas digitais
Preocupação masculina com a aparência física (metrossexualidade)
Consciência ambiental
Produtos de baixo custo
Comidas e bebidas *light*
Alimentos prontos
Bungee jumping, kitesurf
The Beatles

Tendências

Jardinagem entre moradores de apartamento na cidade
Lojas de fábrica como local de compra de produtos a um preço menor
Jogos *on-line*, como Farmville, no Facebook
Cinema 3-D

Braceletes amarelos para financiar a luta contra o câncer

➤

Racionalização ecológica em compras
Conscientização a respeito do desperdício doméstico de energia e recursos (água, eletricidade, gás etc.)
Livros eletrônicos e, por exemplo, iPad e outros *tablets* eletrônicos
Rede social
Rede
Carros elétricos
Cubo mágico

Modas

Braceletes de borracha
Canções de sucesso da temporada
Filmes do ano (por exemplo, *Avatar*)
Balconing (saltar da varanda de hotéis em piscinas)
Livros e gravações de grande vendagem

Novidades

Movimentos políticos e sociais e protestos de curta duração
Notícias em revistas de celebridades
Dias mundiais em favor de causas (aids, fome etc.)
Certos festivais e concentrações públicas
Coleções de *designers* com edição limitada para o mercado de massa
Temporadas de liquidação
Aparições públicas de celebridades políticas, atores etc.
Notícias de grande impacto, com alcance global (por exemplo, os mineiros presos em uma mina no Chile)

Frequentemente, os críticos de análise de tendência sustentam que, quando uma tendência torna-se visível, em geral, é muito tarde. Eles se esquecem de que a intenção é identificar como essa tendência pode se manifestar no mercado. Por exemplo, se uma tendência, como a simplicidade voluntária, não foi explorada no mercado automobilístico, uma fábrica de carros pode decidir analisar a possibilidade de um veículo direcionado para pessoas adeptas dessa tendência.

Na realidade, o essencial é ter as ferramentas para identificar tendências rapidamente. E, assim, é útil que as empresas tenham observadores externos para identificar e rastrear tendências, modas e novidades emergentes.

Por exemplo, a DDB, uma agência de publicidade, oferece um serviço denominado SignBank, em que desenvolveu uma impressionante rede de "olheiros" de tendências espalhados por todo o mundo. Essas pessoas não são necessariamente funcionários de sua rede de agências de propaganda. Pelo contrário, a DDB também inclui em sua rede pessoas interessadas em participar da descoberta de tendências.

Diversos observadores buscam sinais de tendências nas cidades onde vivem: nas ruas, nas lojas, em todos os lugares. Qualquer novidade detectada, qualquer mudança social, moda, gosto ou tendência é adicionado ao SignBank. Se, por exemplo, um "olheiro" em Tóquio constatar que, entre certas pessoas, tornou-se "descolado" usar meias de pares diferentes, combinando cores e padrões diversos, ele adicionará essa informação no banco de dados, que pode ser acessado por todos os "olheiros", pela internet.

A observação "uma meia diferente em cada pé" será associada a diversas *tags* – classificação que permite à informação ser facilmente localizada ou surgir quando alguém procurar por algo referente à tendência.

Por exemplo, "uma meia diferente em cada pé" seria uma *tag* nas categorias de moda, tecidos, calçados, pé, cor, padrão. Assim, se um diretor de criação em San Francisco estiver procurando tendências ou ideias inspiradoras, ele buscará a palavra "tecidos" no SignBank e "uma meia diferente em cada pé" surgirá como resultado, entre diversas outras ocorrências semelhantes, classificadas com *tags* parecidas.

Esse é apenas um exemplo de como explorar as novas tecnologias. Os *blogs* e as re-des sociais são uma imensa fonte de possíveis parceiros externos ao se coletar informação ou ao se rastrear tendências. No restante deste capítulo, nós nos aprofundaremos nessas fontes de informação e no modo como podem ser utilizadas.

Classes sociais

Complementando a informação anterior, algo muitas vezes ignorado mas essencial para o sucesso das inovações comerciais de uma empresa é a descrição, a composição e a evolução das classes sociais na região ou no país alvo de uma inovação.

Habitualmente, as classes sociais evoluíam muito devagar, mas, hoje, os grandes movimentos de capital no mercado financeiro global, as novas políticas de empréstimo dos bancos, expansões e restrições das políticas monetárias dos bancos centrais e a formação e o colapso contínuo de bolhas econômicas provocam mudanças rápidas na composição das classes sociais.

No mundo ocidental, a consolidação da classe média, o desaparecimento da classe alta e o maior peso da população pobre têm tido um enorme impacto na estrutura da demanda. Os anos de crescimento econômico nos Estados Unidos e na Europa resultaram na emergência de uma classe rica, que consumiu muito graças ao crédito e à valorização dos imóveis. Ao mesmo tempo, aumentou a diferença entre eles e a população sem acesso ao crédito, que, com a crise, viu sua renda encolher consideravelmente. O resultado é que a demanda se polarizou nos extremos daqueles que buscam preços e dos que buscam qualidade. Cada vez mais, os grupos decidem o que comprar com base no preço ou na qualidade.

Esse é um exemplo simples de como a análise da classe social afeta as estratégias de inovação. Essa informação é essencial para os Facilitadores (F), no que diz respeito à escolha das ideias mais promissoras para desenvolvimento.

Tendências de mercado

Lidar com as tendências sociais e os caminhos da inovação passada são tendências de mercado. Estas consistem em uma lista de tópicos de tendências gerais, assim como as políticas de precificação, distribuição e comunicação no mercado-alvo da nossa inovação.

Por exemplo, se formos inovar em café, é importante identificar as tendências correntes em alimentos e bebidas, assim como as políticas comerciais que provocam maior impacto. O Quadro 4.2 expõe as tendências para esse exemplo:

Quadro 4.2 – Tendências no mercado de alimentos e bebidas

Geral

Preocupação com a obesidade.
Preocupação com a nutrição infantil.
Moda da dieta mediterrânea.
Ascensão das marcas registradas de distribuição.
Moda das linhas sazonais estendidas.

Vendas

Preponderância de máquinas automáticas de venda.
Compra e consumo pela internet.

Distribuição direta de produtos frescos, do produtor ao consumidor.
Redirecionamento do investimento da tevê para a internet.
Produtos embalados e de baixo custo.
Aumento de alimentos produzidos e consumidos localmente.

A compreensão dessas tendências pode ser fonte de inspiração para os Criadores. Devemos nos formular perguntas, examinar cada uma dessas tendências de mercado e observar se alguma delas é pertinente à nossa categoria.

Por exemplo, continuando com o exemplo do café, os criadores podem considerar as seguintes perguntas: faz sentido para os produtores de café, a exemplo do que é feito com o produto em grão, fornecer café diretamente para os consumidores? Podemos lançar cafés sazonais?

A busca por informação pode ser uma tarefa criativa em si mesma. Eis por que os Buscadores não informam, mas inspiram. Defendemos uma função ativa em favor da informação, dos dados e dos *insights*, que vai além da mera descrição e que, de certa forma, é parte do processo criativo.

Processo de compra

O processo de compra é uma das primeiras coisas que os estudantes de marketing aprendem e uma das primeiras de que se esquecem quando ingressam no mundo profissional. O processo de compra é definido como o conjunto de etapas cronológicas que um cliente adota até adquirir e utilizar um determinado produto ou serviço.

A Figura 4.5 descreve os estágios mais comuns de um processo de compra.

Figura 4.5 – Etapas do processo de compra

Reconhecimento da necessidade	→	Busca por informação	→	Avaliação das alternativas	→	Decisão de compra	→	Compra	→	Comportamento pós-compra

O processo de compra pelo cliente é de importância fundamental nos processos de inovação. Com muita frequência, a inovação é considerada uma modificação física do produto para venda ou a introdução de novas tecnologias. Nós nos esquecemos de que as vantagens competitivas também se manifestam no processo de compra. Na realidade, o processo de compra envolve diversas iniciativas tomadas pelos clientes. Essas iniciativas não se referem somente ao dinheiro desembolsado, mas também ao tempo gasto obtendo informação acerca das melhores escolhas e saindo para realizar a compra, ao risco de erro, às garantias do pós-venda etc.

Qualquer redução do esforço que possamos oferecer ao cliente em alguma dessas etapas pode ser considerada uma inovação, sem nenhuma necessidade de modificar o produto ou o serviço comercializado. A Exxon-Mobil continuamente atualiza e analisa as diversas etapas que os clientes realizam quando vão aos postos de gasolina. Da análise dos processos de compra, as inovações surgem continuamente, usando uma descrição detalhada do processo de compra como estímulo para a criatividade.

Rotas de inovação

O resultado da inovação precedente deve ser uma lista de rotas possíveis a seguir. Define-se rota de inovação como um caminho que os criadores podem seguir na geração de ideias.

Continuando com o exemplo do café, as rotas de inovação seriam:

- Alvo sênior.
- Vendas diretas pelos produtores.
- Latas como embalagem.
- Produtos sazonais.

Essas rotas não são inovações em si mesmas; em vez disso, indicam as áreas em relação às quais queremos que os criadores apresentem suas ideias. As técnicas de criatividade devem ser desenvolvidas com essas rotas em mente.

Como discutido no capítulo anterior, "direcionar" a criatividade não destrói seu potencial, mas sim aumenta a probabilidade de que os resultados sejam pertinentes.

Portanto, é fundamental que os Facilitadores (F) e os Ativadores (A) do processo de inovação decidam as possíveis rotas de inovação a seguir. Se uma empresa não tiver interesse em desenvolver canais diretos entre os consumidores e os produtores, será melhor evitar de antemão o desperdício dos esforços dos Criadores na busca por soluções ou ideias nessa linha de inovação.

Por outro lado, os Criadores devem ser informados a respeito das rotas de maior interesse estratégico ou de acordo com os objetivos gerais da empresa, para que possam concentrar sua iniciativa na geração de ideias pertinentes.

De B a D: soluções tecnológicas e de *design*

Os Desenvolvedores (D) são aqueles que terão de transformar os conceitos e as ideias em produtos e serviços reais, isto é, comercializáveis.

Evidentemente, uma grande quantidade de informação da seção anterior é útil na transformação de um conceito em um produto. Aspectos como tendências de mercado, tendências sociais e, em particular, categorias adjacentes são úteis para engenheiros e técnicos responsáveis pelo desenvolvimento de produtos.

Em geral, os Desenvolvedores requerem informação de natureza altamente técnica, isto é, relacionada a tecnologia, desenvolvimento e *design*. Assim, suas fontes de informação estão, em geral, no departamento de P&D, nos fornecedores externos ou nas feiras internacionais, onde podem encontrar ou adquirir a tecnologia necessária.

No entanto, há informação, não especificamente técnica, que pode ser muito útil. Estamos nos referindo a soluções tecnológicas e *design*.

Soluções tecnológicas

Uma das principais dificuldades enfrentadas pelos departamentos técnicos não é tanto a disponibilidade de tecnologia, e sim sua aplicação prática a determinado produto ou aperfeiçoamento. Por exemplo, ao desenvolver um serviço *on-line* de venda de seguros, o departamento de programação pode ter a linguagem de programação, o *software*, os programadores etc., mas não conhece a forma que deverá ter o site por meio do qual os clientes interagirão. Por seu lado, os departamentos de P&D que incorporam novas tecnologias em produtos existentes precisam saber como a tecnologia foi aplicada aos outros produtos. Suponhamos que uma fábrica de brinquedos esteja considerando incorporar tecnologia de GPS em relógios de pulso; seria útil, nesse caso, entender como os fabricantes de dispositivos de navegação marítima e aérea tornaram esses produtos agradáveis ao usuário.

Os Buscadores de informação, em seu relacionamento com os Desenvolvedores, não fornecem tecnologia, mas modos de usá-la: a maneira pela qual uma tecnologia específica foi adotada – com sucesso – em outras categorias de produtos e serviços.

Esse tipo de análise é semelhante àquele das categorias adjacentes, mas de natureza diversa. Em vez de rastrear a história ou a evolução de uma categoria próxima da nossa, examinamos aqui, para determinada tecnologia ou o incipiente desenvolvimento de um protótipo, como o fabricante de um produto, esteja ele ou não relacionado a nosso mercado, decidiu que o cliente deveria usar aquela tecnologia.

Por exemplo, quando a Exxon-Mobil desenvolveu o Speedpass, um grupo de pesquisadores investigou como a tecnologia de rádio foi aplicada a outros produtos e serviços, para que eles pudessem explorar as possibilidades de um serviço automático de pagamento, usando a mesma tecnologia, em postos de gasolina.

Outro exemplo é a tendência crescente, seguindo a liderança da Apple, de criar aparelhos digitais com controle por um único botão, menus muito simples e intuitivos e sem necessidade de um manual de usuário. Consideremos os carros, por exemplo, nos quais os menus dos instrumentos digitais, do GPS ao sistema de som, passando pela configuração do veículo, são inspirados nos menus de celulares mais recentes.

Há dois aspectos referentes à tecnologia: aquilo que vai dentro do produto ou serviço e aquilo que vai fora, que determina a usabilidade e a plasticidade. A forma da tecnologia diz respeito à última. E tem mais a ver com tendências sociais no uso da tecnologia do que com aspectos técnicos.

Projeto

Em grande medida, a mesma coisa acontece em relação ao projeto. Na transformação de ideias em produtos e, finalmente, na produção de protótipos, os desenvolvedores precisam do máximo de informação a respeito do que está acontecendo nesse exato momento em outras categorias de produtos e serviços, em termos de materiais, cores, formas, tamanhos e *design*.

Os Buscadores de informação não são *designers*, mas um relatório sucinto sobre tendências em *design* é fundamental para assegurar que um novo produto esteja numa posição vantajosa e que seja adotado por consumidores iniciais e formadores de opinião.

O Quadro 4.3 é um exemplo do tipo de informação que os Buscadores podem fornecer aos Desenvolvedores para o projeto de um novo *pen drive*.

Quadro 4.3 – Exemplos de itens referentes ao *design* de um *pen drive*

Formas modernas: arredondadas.
Proporções: mais simétrico do que alongado.
Tamanho: pequeno.
Cores: branco, claras.
Materiais: leves.
Acabamento: liso, fosco.
Complementos: reduzir ao mínimo; somente anel ou fivela, sem cordão.

De B para E: fórmulas de marketing

Para a execução ou implementação de uma inovação, isto é, seu lançamento no mercado, os Buscadores devem fornecer aos Executores três tipos de informação que ajudarão a definir a melhor abordagem de marketing.

Estratégias de marketing recentes e bem-sucedidas

Trata-se de um relatório sobre as estratégias de marketing seguidas em produtos e serviços recentemente lançados e que ou:

- se baseiam na mesma inovação tecnológica; ou
- visam os mesmos clientes, quer ou não tenham algo a ver com nosso produto ou serviço, categoria ou tecnologia; ou
- não têm nada a ver com nossos clientes ou tecnologia, mas representam estratégias inovadoras e bem-sucedidas.

Táticas de marketing recentes e bem-sucedidas

Nesse caso, o método é propor, para cada um dos 3 Ps da estratégia de marketing (preço, ponto e promoção), possíveis analogias entre o protótipo a ser lançado no mercado e os recentes lançamentos de sucesso.

A técnica é similar àquela que descrevemos na seção sobre possíveis rotas de categorias adjacentes (podemos inovar o café de acordo com as linhas de inovação das bebidas energéticas?), mas levada ao nível tático do composto de marketing. Fazemos um inventário das táticas interessantes e inovadoras com respeito a preços, canais e comunicação, e, depois, examinamos como podem ser aplicadas no projeto de lançamento de um produto que já foi desenvolvido.

Por exemplo, imaginemos que o novo produto é uma linha de bebidas à base de café, com sabores sazonais: café e menta, café e chocolate, café e canela, café e caramelo. Os Buscadores podem fornecer informações úteis sobre o tipo de táticas utilizadas com outros produtos, como fonte de inspiração no desenvolvimento da composição de marketing de um produto similar que lançou sabores.

Aprendendo com os erros

Há uma tendência natural de analisar os sucessos de marketing. No entanto, pouquíssimas publicações ou estudos procuram documentar por que certos produtos e serviços fracassaram. Contudo, as lições a ser aprendidas a partir dos erros alheios são sempre úteis. A fim de ajudar os Executores, os Buscadores devem produzir um relatório que examine as armadilhas e os erros cometidos por outros fabricantes em inovações similares.

No fim de 2010, a CNN divulgou uma lista dos maiores fracassos tecnológicos do ano.[29] É revelador perceber que algumas das empresas da lista também são as mais inovadoras. Isso demonstra que a inovação está associada a certo nível de risco e fracasso.

1. "Antennagate" do iPhone4.
2. TV 3-D.
3. Microsoft Kin.
4. Nexus One.
5. Privacidade do Facebook.
6. Google Buzz.
7. Hackers da Gawker Media .
8. Content Farms.
9. Relançamento do Digg.
10. iTunes Ping.

Técnicas e métodos para coletar informação

Para completar o que discutimos nas seções anteriores, introduziremos aqui três importantes áreas de busca relativamente recentes (monitoramento de rede, estudos etnográficos e geolocalização), que estão superando, de modo gradual, as técnicas mais qualitativas utilizadas até agora (entrevistas detalhadas e grupos de foco), que não nos preocupamos em analisar de forma detalhada, pois os leitores já devem estar familiarizados com elas.

Monitoramento de rede

Há poucos anos, acreditava-se que a comunidade de usuários da internet não era representativa dos consumidores *off-line*. O uso da internet ainda não era muito difundido e as conclusões baseadas nos usuários seriam tendenciosas ou pertinentes somente para certos segmentos da sociedade. Não é mais o caso. A internet cresceu e seu uso se disseminou tanto que, em diversos países, sua representatividade agora é aceita. Muitos dos segmentos tradicionais visados pelas empresas e marcas se comunicam pela internet.

Isso oferece a possibilidade de explorar blogs, fóruns e redes sociais como fontes de informação no processo de inovação. Não é necessário nem mesmo desenvolver novas ferramentas ou mecanismos de busca. As atuais ferramentas utilizadas pelos *webmasters* para descobrir o que as pessoas estão dizendo sobre produtos e serviços em *blogs*, fóruns e redes sociais permite-nos verificar e entender como as marcas podem dar aos clientes o que eles realmente querem.

A vantagem dos *blogs* e dos fóruns de opinião é que os usuários da internet expressam melhor – e mais abertamente – seus sentimentos e pensamentos sobre os produtos e serviços que consomem. Blogueiros e outros colaboradores de conteúdo *on-line* são, por si mesmos, ávidos por coisas que os impulsionam a escrever. Assim, quando visitamos um *blog*, estamos, em geral, lendo textos redigidos por consumidores especialistas, profundamente envolvidos, sensíveis e sinceros. Escrever é uma forma de expressão que revela atitudes e sentimentos subjacentes e, desse modo, *blogs*, fóruns e redes sociais são fonte de interesse específico para a detecção de *insights*.

Por exemplo, no início de maio de 2009, a StutHub, empresa de venda de ingressos *on-line*, utilizou a ferramenta Scout Labs para identificar um surto de sentimento negativo postado nos *blogs* após o atraso, devido à chuva, em um jogo de beisebol entre Yankees e Red Sox, ocasião em que centenas de torcedores foram informados de que o jogo fora cancelado. Inicialmente, a StutHub recusou-se a realizar o reembolso, mas, após detectar o bom-bardeio de críticas na internet, a empresa ofereceu descontos e créditos aos fãs decepcionados, e agora está repensando sua política referente ao mau tempo.

Partimos do pressuposto de que os leitores sabem a diferença entre um *blog*, um fórum e informações compartilhadas nas páginas pessoais dos membros de redes sociais. No entanto, como podemos filtrar e analisar essa imensa quantidade de informação encontrada na internet?

Atualmente, há diversas maneiras de fazer isso: um conjunto de ferramentas netnográficas para manter atualizadas as mudanças de opinião nas redes sociais, os respectivos efeitos sobre a imagem e o posicionamento das marcas, e a evolução das conversas em andamento.

Entre essas ferramentas, incluem-se:

- **Google Trends**: rastreia a frequência relativa com a qual os usuários digitaram uma pergunta literal. É um modo simples, rápido e barato de mensurar os interesses das pessoas e como evoluem ao longo do tempo. Indispensável, por exemplo, no monitoramento de novidades, modas, tendências e macrotendências.
- **Technorati**: um mecanismo de busca de *blogs*; de certa forma, o Google da blogoesfera. Permite que os pesquisadores localizem *blogs* que abordam assuntos específicos (por exemplo, dieta), determina a confiabilidade e a relevância de um *blog* e rastreia conversas em um *blog*.
- **Alertas** (no Google e noYahoo!, por exemplo): um sistema para programar o envio automático de mensagens para um endereço de *e-mail* cada vez que alguém posta na internet algo que contém algumas palavras ou frases predeterminadas. Por exemplo, se você quiser monitorar a expressão "vida simples", pode ajustar o Google Alerts para lhe enviar um *e-mail* sempre que uma nova informação aparecer na internet, seja em publicações, fóruns ou *blogs*, contendo a expressão "vida simples". Também pode ser gerenciado mediante suprimento de notícias. Os alertas nos possibilitam saber quem está dizendo o que, em tempo real.
- **Controle de reputação StepRep**: ferramenta para rastrear o que é dito na internet sobre pessoas, empresas ou marcas específicas. Permite criar um perfil da empresa ou marca e compartilhar coisas com outras empresas e marcas, assim como monitorar opiniões relevantes postadas em diversas redes, classificadas pelo símbolo correspondente aos sentimentos gerados (de muito negativo a muito positivo).
- **Social Mention**: pesquisa toda a internet em busca de sinais de força de uma marca (porcentagem de vezes que é mencionada), os sentimentos que ela desperta (quantidade de opiniões favoráveis e opiniões negativas), a influência daqueles que falam sobre a marca na rede e a probabilidade de que essas pessoas voltem a fazê-lo. Sua utilidade no processo de inovação é evidente: explora *insights* a respeito de marcas e produtos e, depois do lançamento de uma inovação, rastreia ativamente como ela está se saindo no mercado diante das rápidas mudanças e se mudanças são necessárias alterações na comunicação.
- **Scout Labs**: possibilita o monitoramento de *blogs*, redes sociais, artigos, *sites* etc., para opiniões positivas ou negativas, com um sistema avançado de avaliação do que é dito na internet. Diversas empresas já o empregam

para "ouvir" e "falar" com os clientes, fortalecer o relacionamento com os consumidores e, em última análise, inovar e agregar maior valor a produtos e serviços.

- Outras ferramentas operacionais: todos os dias, ferramentas novas e cada vez mais sofisticadas aparecem. A seguir, apresentamos algumas delas:
  - **www.wefeelfine.org.** Site que mostra mais de 2 mil sentimentos sendo expressos em todo o mundo, no momento da realização da consulta, divididos por gênero, faixa etária, país, data e condições climáticas.
  - **www.wordle.net.** Gera "nuvens de palavras" a partir do texto que você digita na internet. As nuvens dão mais importância às palavras que aparecem com mais frequência no texto de origem.
  - **http://twittersentiment.appspot.com/.** Revela as opiniões positivas e negativas postadas no Twitter relacionadas à palavra digitada em seu navegador.

No intervalo de tempo desde que este livro foi escrito até a sua publicação, novas ferramentas por certo terão aparecido. A mensagem é que essa tendência é irreversível. A exploração do mundo *on-line* da informação está crescendo e continuará a interferir no compartilhamento da informação *off-line*, com as duas se complementando mutuamente. Podemos ver evidências disso no surgimento de institutos de pesquisa de mercado que recorrem exclusivamente a *blogs* e redes sociais. Há gente realizando estudos muito detalhados a respeito de como obter valor a partir das redes sociais, e uma maneira é fornecer aos pesquisadores de mercado e aos gerentes de marketing as ferramentas para realizar pequenas pesquisas com usuários-alvo do Twitter, LinkedIn e Facebook, que dão opiniões tão rápida e prontamente quanto comentam a respeito do que estão fazendo. Isso é similar a pesquisas em grupo *on-line*, mas realizado em um ambiente de rede social, em tempo real.

Estudos etnográficos

Eis um modo muito bom de introduzir esse tópico:

> *Todos nós sabemos o que os clientes querem. Temos confiança de que entendemos o problema. Consideramos inúmeros relatórios de marketing. Realizamos os grupos de foco. Avaliamos esses grupos. Temos muitos dados. E daí? Não é suficiente. Os dados só indicam fatos. Se não formos a campo e dermos uma longa caminhada com as botas do cliente; se não nos preocuparmos em olhar para trás enquanto ele luta contra seu*

problema; e se pegarmos a palavra do cliente sem análise aprofundada, não podemos legitimamente denominar nossa estratégia de "centrada no cliente." Raramente os clientes sabem o que precisam. Assim, raramente podem contar para você. Assim, raramente uma grande inovação resulta da pesquisa de mercado com isenção de interesses. A solução? Aprender a ver. Levar a vida do cliente.[30]

Para o sociólogo Anthony Giddens, a etnografia é o estudo direto das pessoas, usando observação participante e entrevistas para aprender a respeito de comportamento social. A pesquisa etnográfica visa revelar os significados da realidade social do indivíduo mediante o envolvimento direto do pesquisador, que assume uma função ativa nas atividades diárias da pessoa estudada, observando o que acontece, registrando o que ela faz em tempo real e, se necessário, pedindo diretamente à pessoa estudada explicações e interpretações de suas decisões, ações e comportamentos. O resultado é uma descrição abrangente de hábitos, crenças, mitos, genealogias, história e linguagem.

A ideia é estudar o sujeito em seu *habitat* natural: em casa, nas compras, no trabalho ou no local de lazer, de acordo com os objetivos da pesquisa. Portanto, o pesquisador torna-se um "visitante ingênuo" no mundo do sujeito, que observa com atenção o consumidor em sua vida cotidiana. A objetividade não é a meta, pois a ênfase reside na perspectiva dos próprios consumidores e nos significados de seu comportamento.

As principais técnicas etnográficas são:

- **Observação direta, face a face**, também denominada observação participante. Pode ser realizada na casa do consumidor (visitas em domicílio), em lojas (deslocamentos do comprador) ou durante um dia inteiro, acompanhando um grupo de clientes que constituem uma amostra representativa da clientela de uma empresa (um dia em minha vida). Por exemplo, Vaughn Beals, presidente da Harley-Davidson, orientou sua equipe da alta administração a acompanhar ralis e passeios em massa feitos com motocicletas Harley-Davidson. Em uma dessas excursões, Willie Davidson, neto do fundador da empresa, constatou o fenômeno de customizar motocicletas, o que inspirou os projetos subsequentes da Harley-Davidson.
- **Gravação de vídeos e registros de atividades.** Pode ser realizada de duas maneiras: (1) filmando os clientes na realização de diversas tarefas relacionadas à compra, ao consumo ou ao uso dos produtos. Por exemplo, a Whirlpool, ciente de que os usuários de eletrodomésticos podem achar difícil expressar suas necessidades, realiza sessões de utilização, em que

três câmeras diferentes captam o que acontece de diversos ângulos. Em um desses vídeos, descobriram que os usuários tinham problemas para achar e substituir o filtro de água da geladeira.[31] Os *designers* usaram essa filmagem para refazer algumas peças das geladeiras. Em outro exemplo, para melhorar o *design* e a navegabilidade de um *site*, *webcams* filmam os usuários da internet em ação, para ver como eles navegam, seguindo o movimento de seus olhos e, ao mesmo tempo, gravando aonde vão e o que clicam em determinado momento. Essa informação, agregada quantitativamente, ajuda a visualizar como os usuários se deslocam nos *sites*, da mesma forma que, nas décadas de 1960 e 1970, os pesquisadores aprenderam a entender como os clientes se deslocavam nos supermercados. (2) A segunda possibilidade é fornecer câmeras de vídeo aos clientes ou aos consumidores cujas vidas e necessidades queremos entender, pedindo para que filmem aspectos de seu cotidiano. Por exemplo, nós, os autores, realizamos um estudo para a Nike em que o objetivo era compreender o mundo em desenvolvimento dos jovens. Demos câmeras para um grupo de jovens de diversas cidades e os resultados foram surpreendentes. Não só filmaram os lugares que frequentavam como também nos mostraram os quartos, o interior dos armários, os pôsteres nas paredes... partes íntimas e privadas da vida de um grupo de foco que teria encontrado dificuldade para verbalizar ou descrever essas coisas que foram gravadas e que possibilitou alcançar uma espécie de imersão nesse grupo-alvo, de profunda utilidade para o fabricante.

- **Gravação de áudio e registro de atividades.** Os novos gravadores digitais, com sua alta capacidade de armazenamento, solidez e fácil manuseio, oferecem uma nova ferramenta para os estudos etnográficos. O método é dar ao cliente ou ao consumidor um gravador e pedir que sempre o carreguem consigo e, em situações especificadas, gravem pensamentos e opiniões, assim como o que sentem e veem. Por exemplo, para identificar os serviços mais frequentemente solicitados de uma operadora de telefonia usando tecnologia GPRS, entregamos gravadores para um total de cinquenta usuários potenciais. Durante o movimento diário, eles expressavam necessidade de informação, o grau de urgência em obter essa informação e quanto estariam dispostos a pagar por ela. Em tempo real, em meio a congestionamentos, encontramos um nível muito baixo de sensibilidade ao preço a ser pago para receber informação sobre rotas alternativas, livres de trânsito. Usando técnicas tradicionais em grupos de foco nos quais nenhuma pessoa encontrava-se presa no trânsito e com pressa para chegar a um compromisso, os preços que elas teriam pago pelos mesmos serviços seriam muito menores. Ao registrar a necessidade em tempo real, obtivemos um quadro muito mais realista de sensibilidade aos valores a ser pagos em troca de serviços. A operadora de telefonia projetou seu novo serviço de conteúdo móvel com base nesse método etnográfico.

- **Diários do consumidor.** Outra maneira por meio da qual as pessoas em um estudo podem registrar em tempo real o que você deseja saber a respeito delas é por escrito. Os tradicionais estudos de hábitos e atitudes (U&A, na sigla em inglês) registram semanal ou mensalmente os atos de comprar e consumir em um questionário estruturado, típico dos estudos de pesquisa quantitativa. A tendenciosidade resultante da lembrança da quantia, frequência e marcas consumidas, como em relação a um refrigerante, é enorme. Por outro lado, na inovação, é cada vez mais importante entender como podemos gerar oportunidades de consumo a partir dos concorrentes de desejo e dos concorrentes de situação. Pode haver mais oportunidade para um fabricante de refrigerante em lançar uma inovação que "rouba" volume de consumo de café do que em lançar uma inovação que "rouba" volume de consumo de bebidas concorrentes. Se é difícil obter de alguém informação a respeito do consumo de um produto específico, imagine se, no mesmo estudo, também quisermos desvendar os hábitos de consumo relacionados a produtos concorrentes. A tendenciosidade cresce de modo exponencial. Teoricamente, isso pode ser corrigido, em grande parte, pelos estudos etnográficos. O método consiste em fazer a pessoa estudada manter uma espécie de diário de produtos consumidos, comprados ou serviços usados, de acordo com algumas categorias específicas, registrando isso no fim do dia ou em diversos momentos ao longo do dia. Não só a informação é mais confiável (é mais fácil se lembrar do que você fez durante o próprio dia) como também é usada para obter informação adicional sobre um momento específico recente (situação, local, horário, contexto social, razões de escolha do produto, razões de escolha da marca, compras ou produtos consumidos ao mesmo tempo etc.). Essa informação é muito difícil de se obter no uso de uma lembrança declarativa ou de uma técnica mnemônica. Os diários do consumidor, cadernos de anotações ou afins também podem ser usados para qualquer outro propósito. A ideia é que o cliente tenha a oportunidade de anotar em tempo real ou no fim do dia a informação de que precisamos.

Essas técnicas possuem diversas vantagens:

- **Primeira.** Permitem detectar os *insights* do consumidor e as imperfeições do mercado que os clientes provavelmente não expressariam em um grupo de foco ou em uma entrevista detalhada, pois, em muitos casos, desconhecem ou estão alheios a essa informação.

- **Segunda.** A qualidade da informação obtida de uma fita de vídeo ou da observação direta (uma imagem vale mais que mil palavras) é infinitamente maior do que a de uma descrição verbalizada daquilo que queremos estudar ou saber.
- **Terceira.** A fim de saber o que está passando pela mente dos consumidores ou clientes, é imperativo capacitá-los a expressar a si mesmos em tempo real o que se passa no momento em que têm o pensamento ou que vivenciam o sentimento. As técnicas tradicionais se baseiam na memória ou na verbalização dessa informação, de modo que o sujeito se concentre somente nos pontos mais óbvios, habituais ou inesquecíveis – omitindo diversas situações que podem constituir oportunidades –, ou destaque necessidades insatisfeitas para os inovadores.

No entanto, a etnografia tornou-se muito difundida recentemente, mas o uso e a aplicação por parte das empresas ainda não são muito frequentes. O tempo, o custo e as habilidades requeridos dos especialistas que conduzem essa técnica são altos, e, por isso, poucas empresas a estão aplicando.

Geolocalização

Atualmente, é rotina para as pessoas localizar num mapa, pela internet, a posição geográfica exata de todos os tipos de conteúdo (texto, foto, vídeo ou opinião). O Google Earth foi o pioneiro e deu o exemplo; desde então aplicativos e plataformas inovadores emergiram para expandir ainda mais as possibilidades da pesquisa qualitativa do consumidor.

Um bom exemplo dessa tendência é o Foursquare, rede social móvel, com mais de 2 milhões de usuários registrados, que compartilham sua localização e opiniões, sabem onde os contatos estão e leem seus comentários. O Foursquare oferece informação em tempo real a respeito dos lugares visitados ou frequentados em determinada cidade com base na localização geográfica do usuário. Os próprios usuários geram sua rede confiável de amigos. Os membros de uma rede recebem opiniões uns dos outros quando visitam determinado lugar. Isso facilita o monitoramento do comportamento do consumidor, obtendo-se informação quantitativa sobre o número e a frequência de visitas e informação qualitativa (comentários e recomendações). Atualmente, o Foursquare retém a adesão de 15 mil novos usuários por dia.

A geolocalização como ferramenta de marketing ainda é embrionária, mas sua simplicidade e poder, o advento de *smartphones* de baixo custo e a ligação dos mundos real e virtual mediante a criação de experiências e vínculos emocionais com marcas pressagiam um futuro brilhante para essa iniciativa como ferramenta etnográfica.

5
Criadores

O que é um Criador?

O Criador é o responsável por sugerir ideias no decorrer do processo de inovação. Suas ideias visam tornar-se inovações.

Há uma contradição interessante na função dos Criadores. Por um lado, são a base do processo de inovação. Antes de eles intervirem, temos objetivos claros, um processo a caminho e informação pertinente, valiosa e contínua. Mas, por enquanto, não há nada a desenvolver, nada a dar forma. Nada podemos entregar ao departamento de P&D ou de desenvolvimento de produto, para se transformar em algo real. Por outro lado, os Criadores produzem ideias.

Alguns afirmam que o mundo está cheio de ideias e que estas, em si, não têm muito valor. O que importa é a capacidade de torná-las vigorosas, valiosas e pertinentes. Os Criadores não devem simplesmente fornecer ideias; devem fornecer ideias plausíveis, que possa ser implementadas e agregar valor ao consumidor. E isso não é tão simples.

Não podemos dissociar a capacidade de gerar ideias de sua qualidade. A função dos Criadores não é só criar ideias, mas boas ideias. As técnicas e os métodos de trabalho que propomos aqui têm a ver tanto com a geração de ideias como com sua aplicabilidade.

Quem são os Criadores?

Uma queixa comum entre os gerentes é que sua organização carece de pessoas criativas. Não concordamos inteiramente com essa afirmação. A Toyota é um exemplo de como a criatividade disseminada pode estar presente em uma organização. A Toyota sustenta que, por ano, obtém ideias e sugestões de cerca de 70% de seus funcionários, muitas das quais são implementadas. Nas empresas, há muito mais criatividade latente do que, com frequência, se supõe. Antes de começarmos a contratar pessoas criativas ou adquirirmos a criatividade fora da empresa, devemos examinar com atenção se nossa organização realmente carece de pessoas criativas, ou se o problema é que colocamos muito freio e barreiras na criatividade dessas pessoas.

Em capítulo posterior, sobre como desenvolver uma cultura criativa, abordamos essa questão com mais detalhes, examinando os mitos que cercam a criatividade e a inovação nas organizações, e os principais fatores que inibem a criatividade dos recursos humanos.

Mas, por enquanto, suponhamos que a organização verdadeiramente careça de pessoas criativas. Nesse caso, temos três opções: (1) treinar pessoal interno em técnicas criativas; (2) recrutar novas pessoas com perfil criativo; ou (3) adquirir a criatividade de outras organizações.

A primeira opção, treinar pessoas para que se tornem criativas, é perfeitamente factível. A criatividade pode ser ensinada e desenvolvida. A Whirlpool Company quis se tornar uma empresa mais inovadora e escolheu 4 mil de seus funcionários para receber treinamento criativo. Eles tinham de realizar o trabalho habitual, mas com o objetivo de inovar. Foi um bom investimento, pois a Whirlpool descobriu diversos novos negócios, nos quais investiu com sucesso.

É verdade que, como nos esportes, nas artes ou em qualquer outra disciplina, haverá pessoas que são mais capazes e têm mais potencial inato do que outras, mas os níveis mínimos de criatividade requeridos para inovação podem ser encontrados em uma porcentagem muito alta da população e em praticamente todos os indivíduos com ensino superior. O que as pessoas precisam – além de um processo de inovação que defina claramente o escopo e a função da criatividade – são de ferramentas e técnicas corretas para geração de ideias. No capítulo anterior, recomendamos que os Buscadores produzissem partes de informação que pudessem se tornar um estímulo direto à criatividade. Nossa experiência demonstra que, entre as pessoas que são designadas a produzir ideias, não precisamos de uma grande quantidade de Criadores, desde que as técnicas e as ferramentas de que dispõem sejam eficazes. Boas técnicas de criatividade e ferramentas de geração de ideias tornam pessoas metódicas criativas. Neste capítulo, vamos listar, descrever e ilustrar algumas dessas ferramentas, e como utilizá-las.

A segunda possibilidade é trazer para a organização pessoas com um perfil verdadeiramente criativo. A Samsung adotou esse procedimento, organizando um grupo de risco permanente em cada uma de suas principais áreas de desenvolvimento de produto. Enquanto um grupo de pesquisadores criativos trabalha continuamente para aprimorar aparelhos de tevê, outro grupo trabalha continuamente para aprimorar celulares.

E o que é esse perfil criativo? Há muita discussão a respeito da natureza de uma pessoa criativa e diversos autores analisaram a estrutura da personalidade e a psicologia das mentes mais criativas da história. Conclusões e consensos que abordaremos na próxima seção foram retirados dessa questão.

A terceira possibilidade é adquirir criatividade fora da organização. Há muitos fornecedores e especialistas de criatividade que podemos utilizar de modo temporário em um processo criativo. Ao adquirir a criatividade fora da organização, deve haver muita clareza a respeito do que queremos do fornecedor: ideias ou a preparação e a liderança de uma sessão criativa? No primeiro caso, pagamos por ideias específicas, que podem se converter em valor. Isso acontece quando uma empresa contrata a IDEO, a empresa de *design* que conquistou inúmeros prêmios e ajudou a Apple a produzir alguns de seus melhores produtos. No segundo caso, pagamos para ter alguém que prepare e lidere sessões de criatividade que envolvam pessoas da organização. O primeiro caso é, evidentemente, a opção de maior custo, e o fornecedor deve se comprometer a dar ideias que possam ser adotadas no fluxo de projetos de inovação. No segundo caso, contratamos alguém para organizar parte da atividade criativa da empresa, uma das fases do projeto de inovação. Os gastos são muitos menores e não podemos ter a expectativa de que boas ideias necessariamente emergirão.

Digamos que, no primeiro caso, pagamos pelo resultado e, no segundo, pelo tempo. No primeiro caso, recomendamos que, como a função de Criadores (C) será desempenhada por um terceiro, este se envolva desde o início no processo de inovação, sendo contratado como um membro da equipe. Não é uma decisão fácil. A criatividade é a força motora da inovação e a decisão de colocar nas mãos de alguém de fora uma das principais atividades relacionadas à sobrevivência e ao crescimento da empresa não deve ser tomada levianamente. Que empresa devemos escolher? Que nível de confidencialidade devemos exigir? Queremos um contrato simples de terceirização ou devemos pensar em um acordo de longo prazo? Esses são os tipos de pergunta que precisamos levar em consideração ao adquirir consultoria de inovação ou especialistas em criatividade fora da organização.

A terceirização pode ser realizada de modo colaborativo, estabelecendo uma rede de agentes externos para a contínua geração de ideias.

A P&G ajudou a estabelecer diversas redes externas de inovadores, que trouxeram ideias as quais a empresa pôde desenvolver internamente. Essas redes incluem a NineSigma, que une empresas a cientistas de universidades, do governo e de laboratórios privados; a YourEncore Inc., que une cientistas e engenheiros aposentados a empresas; e a yet2.com Inc., um mercado on-line *de propriedade intelectual.*[32]

Não incluímos aqui a cocriação como uma fórmula de terceirização, porque preferimos considerá-la uma ferramenta da criatividade e, por isso, a abordaremos mais adiante, neste capítulo.

Perfil de pessoas criativas

Na seção anterior, afirmamos que, quando enfrentamos a ausência de pessoas criativas ou precisamos identificá-las na organização, temos de saber que tipo de perfil procurar. Como podemos descobrir se alguém tem o potencial para ser um criador no processo de inovação? Devemos examinar as características pessoais, as qualidades e os recursos mais comuns dos criadores, e sensações e sentimentos que vivenciam quando criam – desse modo podemos identificar uma pessoa criativa.

Características pessoais

De acordo com Gilda Waisburd,[33] as pessoas criativas são:

- Flexíveis (vão além do óbvio).
- Fluidas (geram muitas ideias para um problema).
- Elaboradoras (expandem a tarefa em detalhes).
- Tolerantes em relação à ambiguidade (enfrentam bem o conflito).
- Capazes de ver o todo (abordagem sistêmica).
- Inquiridoras (apresentam interesse por diversas disciplinas).
- Sensíveis aos interesses dos outros (entendem as necessidades de terceiros).
- Curiosas (interessadas em "brincar" com as coisas).
- Independentes (têm ideias próprias).
- Reflexivas (pensam sobre o que veem e ouvem).
- Orientadas pela ação (vão além do pensamento e da ideia, agem).
- Capazes de se concentrar (trabalham de modo consistente).

- Persistentes (não desistem com facilidade).
- Comprometidas (envolvem-se com as coisas).
- Bem-humoradas (são capazes de rir, utilizam o humor para colocar as coisas em perspectiva).

Qualidades pessoais

Barron, Gardner, Taylor, Stemberg, Torrance e Weisberg afirmam que as pessoas criativas apresentam as seguintes qualidades:

- Fluência verbal.
- QI alto.
- Imaginação.
- Capacidade de influenciar outras pessoas e o ambiente de alguém.
- Capacidade de assumir riscos.
- Interesse em definir devidamente o problema a ser solucionado.

Recursos comuns

- Uso de metáforas.
- Uso de imagens.
- Uso de lógica.
- Em geral, procuram o porquê nas coisas que observam.

Sentimento

Pessoas criativas são apaixonadas pelo que fazem e não desanimam facilmente diante de dificuldades. Exploram o próprio potencial e a própria energia, cientes de que seu tempo é finito. Para elas, a criatividade é uma experiência em que esquecem o passado e o futuro, submergindo num presente atemporal, que as coloca em um estado de autorrealização.

Manifestação

Podemos dizer que uma pessoa é criativa quando possui a capacidade de propor combinações e sínteses originais. A criatividade se manifesta na capacidade de associar e combinar ideias de novas formas. Também há criatividade em decompor uma área e enxergar seus componentes. Os franceses são bons em realizar distinções cartesianas. Isto é, são bons em análise e também em síntese.

Veremos que as principais técnicas e ferramentas da criatividade se baseiam nos recursos comuns das pessoas criativas e em algumas de suas qualidades.

Como a criatividade funciona

Antes de adentrarmos o conjunto de ferramentas e técnicas criativas geralmente utilizadas na inovação empresarial e de marketing, precisamos compreender como o pensamento criativo funciona, qual é sua lógica.

Há uma opinião predominante de que as ideias criativas acontecem mágica e acidentalmente. Farah Ramzan Gallant, presidente da maior agência de publicidade britânica, a AMV BBDO, afirmou:

> *Considero que as comunidades criativas sempre serão um pouco excêntricas, raras e incomuns, pois esse é o modo pelo qual as ideais criativas acontecem. Elas não aparecem porque você segue um conjunto de regras, e não aparecem porque você soluciona um problema logicamente. Você compreende de forma diagnóstica qual é o problema, você utiliza os dados e, então, dá um salto para criar uma ideia.*[34]

Concordamos que muitas ideias ocorrem espontaneamente tanto numa caminhada ou tomando banho quanto assistindo a um espetáculo artístico. No entanto, o pensamento criativo pode ser expandido seguindo fases conhecidas e definidas, as quais podem ser seguidas deliberadamente – é possível até decidir quanto tempo desejamos dedicar a cada uma.

Especificamente, a criatividade segue três fases: (1) escolha do foco, (2) deslocamento e (3) conexão (um método mais antigo falava sobre incubação, iluminação e implementação, os 3 Is).

(1) Escolha do foco

A criatividade é um tipo de pensamento indutivo. Começa com o específico, a fim de estabelecer regras gerais. Portanto, o primeiro passo na criatividade é definir um foco, algo em particular em que vamos nos concentrar. Um foco pode ser algo concreto e bem definido. Os focos tendem a ser problemas, objetivos ou coisas físicas.

Eis alguns exemplos:

FOCO NA FORMA DE DEFINIÇÃO DE UM PROBLEMA

- Motivação entre a equipe de vendas está baixa.
- Consumidores não gostam da maneira como os produtos são embalados.

- Está difícil atrair novos clientes.
- Estamos testemunhando uma queda contínua nos índices de venda.
- Não estamos indo bem na região Norte.

FOCO NA FORMA DE DEFINIÇÃO DE UM OBJETIVO

- Queremos ter maior presença no mercado de consumidores acima de sessenta anos.
- Queremos melhorar a qualidade do serviço sem custos maiores.
- Queremos ser capazes de inovar sem perturbar a cadeia produtiva.
- Queremos aumentar a participação de mercado em 10%.
- Queremos reduzir nosso portfólio de produtos sem perder vendas.

FOCO EM UM ITEM REAL

- Queremos tampa e rótulo novos e mais modernos
- Queremos aprimorar o sistema de freio hidráulico
- Queremos inovar na velocidade de inicialização de nossos computadores
- Queremos oferecer acesso mais rápido à internet em nossos hotéis

Definir o foco é muito importante. De fato, os Ativadores (A) e os Buscadores (B) já trabalharam para limitar focos potenciais sobre os quais se concentrar na produção de novas ideias. Como explicamos em livro anterior, *Marketing lateral*, o plano do processo de marketing é ideal para a escolha do foco. O processo de marketing segue as seguintes etapas.

FASES DO PROCESSO DE MARKETING

(1) Definição do mercado (mediante três dimensões: Necessidade – Clientes – Situações).

(2) Segmentação (critérios para segmentar o mercado atual e potencial).

(3) Alvo (qual(is) do(s) segmento(s) vamos visar).

(4) Posicionamento (atributos que constituem a vantagem competitiva diferencial).

(5) Produto.

(6) Benefício básico.

(7) Produto físico e seus componentes.

(8) Produto estendido.

(9) Preço.

(10) Canais de distribuição.

(11) Política promocional e de comunicação.

Pela natureza desse plano, se focalizarmos as primeiras fases do processo de marketing, a mudança ou a inovação resultante tenderá a ser mais radical ou disruptiva do que se nos concentrarmos nas últimas. Trata-se apenas de lógica: uma mudança ou modificação nas dimensões que definem nosso mercado significará um impacto maior do que se simplesmente modificarmos uma política de propaganda ou plano de precificação.

Naturalmente, esse plano de definir o foco durante uma sessão de criatividade não será válido se a inovação for meramente tecnológica. Nesse caso, o que recomendamos é subdividir em partes ou componentes a tecnologia que desejamos inovar, mediante planos que vão do mais geral e básico para o mais específico e acessório. De qualquer forma, devemos subdividir em partes sempre que quisermos gerar ideias. A segunda fase do processo criativo requer a realização de deslocamentos no foco; assim, quanto mais decompormos o que queremos mudar, maiores as possibilidades de mudança.

A escolha de um foco não necessariamente exclui os outros. Os focos não são mutuamente excludentes. Evidentemente, podemos trabalhar com focos diversos e múltiplos durante um processo de inovação, em particular nas sessões de criatividade. O conveniente é o foco sobre um aspecto específico, despender algum tempo realizando deslocamentos e, então, partir para um novo foco.

(2) Deslocamento

A segunda fase consiste em deslocar, também conhecida como provocar ou perturbar a lógica. Isso significa pegar o foco e propor algo ilógico em relação a ele. É aqui que diversas técnicas de criatividade, também denominadas distúrbios do pensamento lógico, entram em jogo. O deslocamento também é chamado provocação porque, na realidade, estamos propondo uma impossibilidade, um paradoxo. Provocamos deliberadamente com o intuito de estimular novas conexões, o que constitui a terceira fase do pensamento criativo.

Consideremos um exemplo. Peguemos como foco o preço do produto. Uma provocação ou deslocamento seria, por exemplo, propor o oposto: "em vez de cobrarmos nossos clientes, pagamos para eles".

Evidentemente, isso é um absurdo, um paradoxo, uma provocação, uma impossibilidade. Não é uma ideia. É apenas provocação. Aqui não há criatividade porque não conectamos (terceira fase), não completamos o processo, que consiste precisamente em encontrar um modo de a provocação nos inspirar em uma mudança da fixação de preço, que era o foco da mudança.

Assim, não devemos nos preocupar enquanto realizamos os deslocamentos. Ainda não estamos procurando a solução, mas gerando insumos, para que nosso cérebro se concentre em achar soluções que se tornem novas conexões, pois é aí que a criatividade real surge.

Na próxima seção, examinaremos em detalhes as diversas técnicas de criatividade aplicadas à inovação e veremos que, de fato, todas elas são sistemas estabelecidos e organizados de realização de deslocamentos ou provocações em relação a focos específicos. Alex Osborn foi um importante autor e pesquisador sobre criatividade. Osborn chegou à conclusão de que praticamente todas as técnicas e jogos criativos para gerar um deslocamento ou uma provocação se baseiam em sete operações.[35] Limitamos essas operações a seis, sob o acrônimo SECRET:[36]

- Substituir partes do foco.
- Eliminar partes do foco.
- Combinar elementos do foco com alguns outros.
- Reorganizar os elementos do foco.
- Exagerar aspectos ou qualidades do foco.
- Transpor elementos do foco.

O exemplo anterior, em que passamos da cobrança para o pagamento dos nossos clientes, não é mais que uma transposição de foco: o preço cobrado dos clientes. Qualquer uma dessas operações, aplicada a um foco específico, produz distúrbios no pensamento lógico e, portanto, deslocamentos ou provocações. Curiosamente, essas seis operações têm como base a matemática. Eliminar partes de um todo é como a subtração; combinar é como a adição (a quantidade de itens aumenta); substituir é subtrair e, em seguida, adicionar; exagerar é jogar com potências (um número elevado a outro); transpor é a operação de dividir um número por outro (o inverso do exagero). E, finalmente, reorganizar é mudar a ordem dos fatores.

(3) Conexão

A fase final é conectar por meio do movimento. Isso significa considerar o deslocamento ou o paradoxo e tentar decifrá-lo, encontrar uma explicação. Esse procedimento exigirá mudanças ou movimentos na provocação. Esse passo é importante porque há pessoas que acham que as conexões são feitas levando em conta a provocação e simplesmente encontrando um fundamento lógico para ela, o que raramente funciona, pois, nesse caso, o problema já estaria resolvido e não seria impossível. Precisamos de uma ação adicional, o que significa adotar novas ideais ou possibilidades, para que o paradoxo mostre algum sentido. Por exemplo, se tentarmos solucionar o paradoxo de pagar os clientes, uma solução possível seria conceder um empréstimo para a compra do produto no supermercado. Como vemos, o paradoxo foi parcialmente solucionado, mas também foi modificado. Introduzimos o elemento do crédito, para que a abordagem faça sentido. Graças a esse movimento (crédito ao consumidor), fizemos a conexão.

Esse modo de fazer conexões não é assim tão complexo. A mente humana, projetada para realizar analogias, incapaz de permanecer inativa diante de um absurdo, procurará, mesmo no estado onírico, modos de unir ideias desconexas. Eis por que a criatividade tem mais a ver com a arte de lidar com impossibilidades do que a capacidade de solucioná-las – capacidade universal da qual as mentes consideradas menos criativas e mais analíticas obtêm os melhores resultados. Eis por que afirmamos que criatividade e inovação são possíveis mesmo em organizações consideradas limitadas em criatividade e fortes em pensamento sistemático. Tudo que se requer é desafiar os principais técnicos e engenheiros com impossibilidades, provocações e paradoxos. No entanto, não um absurdo qualquer, mas particularmente aquele que resulte de uma redução apropriada de objetivos e escolha adequada de focos baseados em informação pertinente.

Nossa recomendação é trabalhar, a princípio, de maneira individual e isolada em relação às conexões, e, em seguida, todos partilharem as soluções, sejam elas completas ou parciais, que produziram ao conectar o deslocamento. Algumas técnicas propõem o contrário, isto é, tentar realizar as conexões como trabalho em equipe. Essas são técnicas de criatividade orientadas eminentemente para o grupo. De qualquer modo, o importante é que aqui apresentamos de maneira sequencial as três etapas da criatividade, e o modo mais eficiente, como veremos imediatamente a seguir, ao longo da enumeração das ferramentas que apresentamos, é escolher um foco, alocar determinado período (sem, por enquanto, tentar realizar conexões) para gerar uma boa quantidade de deslocamentos e, depois, considerar cada um desses deslocamentos e dedicar um tempo para solucioná-los.

Em outras palavras, a criatividade funciona da seguinte maneira:

Foco → Deslocamento → Conexão

No entanto, sua aplicação prática funciona desta forma:

Foco → Diversos deslocamentos sem tentar conexão → Conexões possíveis
Outro foco → Diversos deslocamentos sem tentar conexões → Conexões possíveis
Outro foco → Diversos deslocamentos sem tentar conexões → Conexões possíveis
E assim por diante

Demos esses detalhes sobre como a criatividade funciona por dois motivos.

(1) Em primeiro lugar, de modo que qualquer pessoa projete as próprias técnicas criativas, seja de modo individual ou em grupo. Na última seção deste capítulo, detalharemos diversas técnicas que foram testadas a fundo e que são completas em si mesmas. Todas foram projetadas por especialistas em criatividade, com base nos fundamentos descritos anteriormente. A vantagem é que não temos de fazer nada: somente colocá-las em prática. A desvantagem é que elas são projetadas para situações específicas. Sustentamos que cada uma das seis funções A-F deve interagir livremente com as outras. Os Criadores (C) não existem somente para produzir ideias para os Desenvolvedores (D) – embora essa seja a parte mais importante de seu trabalho –, mas também para produzir ideias necessárias para os Executores (E), e até para os Buscadores (B), em cada uma de suas atividades. Ao longo do processo de inovação, e em qualquer ponto dele, há necessidades constantes por novas ideias. Com uma boa compreensão de como a criatividade funciona em seus componentes mais essenciais, podemos projetar jogos criativos ou sessões de criatividade para solucionar algum problema em relação a alguma das outras funções A-F.

(2) Em segundo lugar, porque este livro é mais orientado para a inovação empresarial e comercial do que para a inovação técnica, tecnológica ou científica. Com o que explicamos aqui, seria relativamente simples "inventar" ou projetar novas ferramentas para cada disciplina ou tipo de inovação requerido.

Métodos para gerar ideias

Há diversas técnicas e métodos para gerar ideias, tanto nos processos criativos em geral como naqueles diretamente relacionados com o âmbito da inovação. Aqueles que apresentamos aqui são considerados os mais efetivos, mais comprovados e mais concentrados na inovação empresarial.

Os métodos são: sinética, lista de atributos, estratégia do oceano azul, análise morfológica, marketing lateral, análise de cenários, redefinição do valor ao cliente, visitas e viagens,e cocriação.[37]

Para cada um deles, abordamos os seguintes pontos: o que é; como aplicar a técnica; um exemplo completo; em que situações é mais recomendável; estudos de caso das inovações obtidas com essa técnica ou empresas que a adotaram; e, enfim, um comentário sobre a fórmula criativa subjacente à ferramenta. Após abordar esses diversos métodos, enumeramos as técnicas de busca de informação utilizadas pelos Buscadores no capítulo anterior que sejam mais úteis para cada técnica criativa.

Sinética

1. O que é?

Sinética é um método de solução de problema que estimula os processos de pensamento de que o sujeito nem sempre está plenamente consciente. O método foi desenvolvido por George M. Prince e William J. Gordon e, desde então, continuou a ser aperfeiçoado, desenvolvido e utilizado. A sinética considera um processo na forma de uma metáfora, para tornar o familiar estranho, e vice-versa. Embora tenha diversas aplicações, aqui descrevemos a essência do método em termos de inovação empresarial.

2. Como se aplica?

(1) A ideia básica é definir o problema ou a área que queremos inovar, especificando alguns de seus elementos. Então, pensamos em (2) situações análogas, dispositivos, fenômenos naturais ou qualquer coisa que se relacione com um ou mais dos elementos do problema. (3) Em seguida, descrevemos esses fenômenos e (4) procuramos possíveis conexões com os elementos de nosso problema.

Consideremos um exemplo: (1) precisamos desenvolver políticas e ações para que as equipes de vendas tornem-se mais proativas e proponham ideias para aumentar as vendas. (2) Assim, enumeramos os diversos elementos do problema: (a) todos os vendedores devem participar; (b) não devemos forçá-

-los; a contribuição deles precisa ser livre e voluntária; (c) as ideias de todos os vendedores são iguais em valor. (d) Essa atividade não deve tomar muito tempo deles.

Então, (2) procuramos analogias para alguns dos elementos que constituem o problema. Por exemplo, (a) "Todos os vendedores devem participar" está associado com democracia. (3) Agora, descreveremos um fenômeno análogo. Como uma democracia funciona? Há partidos políticos e candidatos, e as pessoas votam colocando sua escolha na urna. (4) Finalmente, procuramos maneiras de conectar as duas ideias: democracia e participação ativa dos vendedores. Por exemplo, podemos estabelecer um tipo de sistema partidário, isto é, grupos de trabalho que ajam em equipes e, em seguida, apresentem suas ideias para os outros grupos, como candidatos em eleições; por fim, pode haver uma urna em que os vendedores depositam as cédulas com as ideias nas quais desejam votar.

Para cada elemento do problema, diversas analogias podem ser formuladas. Todas as conexões são listadas no fim e a melhor é selecionada, com o objetivo de produzir um projeto final único, que fornece uma solução para o problema.

3. Para quais situações é mais recomendável?

A sinética funciona particularmente bem para a solução de problemas, o aprimoramento de processos e a geração de novas invenções ou projetos.

4. Estudos de caso

A sinética é utilizada desde a década de 1960 em diversas organizações, desde empresas privadas até corporações, passando por instituições públicas. Por exemplo, a Nokia utiliza a técnica derivada da sinética no projeto de celulares para países como Índia e China. Uma das características desses países é que há usuários de classe baixa, com menos educação do que o usuário padrão, para quem os celulares normalmente são projetados. A Nokia levou as coisas ao extremo e perguntou qual deveria ser a aparência de um celular projetado para uma pessoa iletrada. A empresa listou as características e limitações de uma pessoa iletrada e, a partir disso, as ideias para esse celular começaram a emergir. O resultado? Um menu de ícones que permite que pessoas completamente iletradas naveguem no celular, compreendendo intuitivamente as opções e os recursos do aparelho.

Um exemplo famoso: a Nasa quis projetar um traje espacial hermeticamente fechado. Os pesquisadores participantes não ficaram sabendo disso. Eles foram orientados a pensar em "fechar" alguma coisa. As ideias surgiram, tais como zíperes, ninhos de pássaro, botões, cola etc. À medida que o processo avançou, mais informações foram reveladas, como a de que a invenção seria utilizada para fechar um artigo de vestuário. Finalmente, os participantes tiveram muitas ideais a respeito de fechar um traje espacial.

5. Sobre que fundamento lógico-criativo se baseia?

Sem dúvida, é um sistema baseado na combinação e na divisão do problema em partes, por meio da formulação de analogias.

Estratégia do oceano azul

1. O que é?

Oceano azul é uma estratégia idealizada por W. Cham Kim e Renée Mauborgne, autores que buscam acabar com a crença de que a concorrência é algo composto de diferenciação ou custo, para mostrar que esses dois fatores não são incompatíveis se a pessoa pensar em termos de como redefinir o setor em que está concorrendo, criando assim novos oceanos (novos setores ou mercados) livres de concorrência. Seu objetivo é se afastar dos mercados fragmentados e hiperdisputados, saturados de concorrentes (denominados oceanos vermelhos, em referência ao sangue deixado na brutal luta entre os concorrentes), a fim de criar novos espaços em que a concorrência é irrelevante; em resumo, monopólios temporários.

2. Como se aplica?

A estratégia do oceano azul é descrita em um extenso livro, com riqueza de detalhes a respeito de sua implementação. Aqui focalizamos o básico, com o risco implícito presente em qualquer simplificação.

A técnica principal de criar oceanos azuis é desenvolver uma "tela de estratégia" que inclua os principais fatores de concorrência, investimento e entrega de valor para os clientes de um determinado setor. Em seguida, cada fator é analisado, e a decisão de como agir é tomada com base em uma destas quatro ações (o arcabouço das quatro ações): reduzir (que fatores devem ser reduzidos bem abaixo do padrão do setor?), eliminar (que fatores, admitidos pelo setor como certos, devem ser eliminados?), elevar (que fatores devem ser elevados bem acima do padrão do setor?) e criar (que fatores devem ser criados porque o setor nunca os ofereceu?).

Com base nessas ações, redefinimos completamente a estratégia competitiva, o valor entregue ao cliente e os custos, os quais podem atrair não só clientes potenciais, que previamente não estavam envolvidos em nosso setor, como também clientes não potenciais, que rejeitam por completo os produtos e os serviços do setor, e aqueles que nem mesmo os consideravam.

O exemplo mais famoso da estratégia do oceano azul é o Cirque du Soleil. Os fatores definidores do tradicional setor do circo eram: preços dos ingressos, astros circenses, espetáculos com animais, vendas nos corredores, vários picadeiros, diversão e humor, suspense e perigo, e picadeiro único.

A figura seguinte mostra como se colocavam os circos regionais menores:[38]

Figura 5.1 – Estratégia do oceano azul (fatores de circos concorrentes)

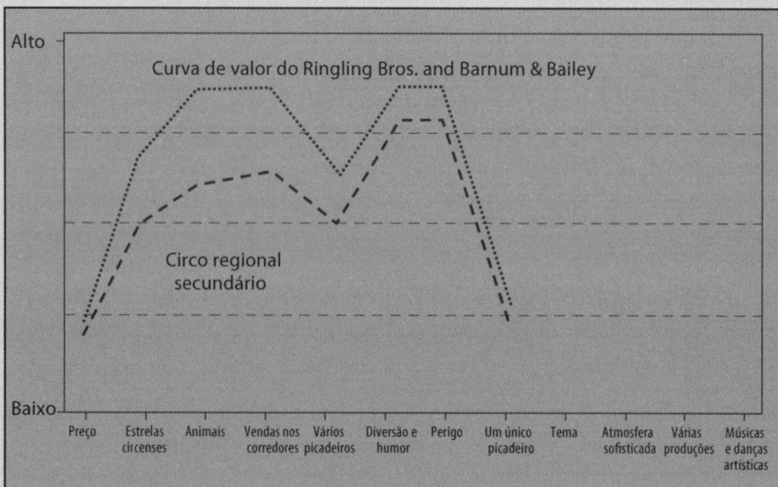

As quatro ações relacionadas a cada um dos fatores foram:

Figura 5.2 – Estratégia do oceano azul

Eliminar Estrelas circenses Animais Vendas nos corredores Vários picadeiros	**Elevar** Picadeiro único
Reduzir Diversão e humor Perigo	**Criar** Um único tema Atmosfera sofisticada Várias produções Músicas e danças artísticas

Como resultado, a nova curva que deu origem a um novo setor de circo, um oceano azul, está expressa na figura a seguir:

Figura 5.3 – Estratégia do oceano azul (fatores de circos concorrentes)

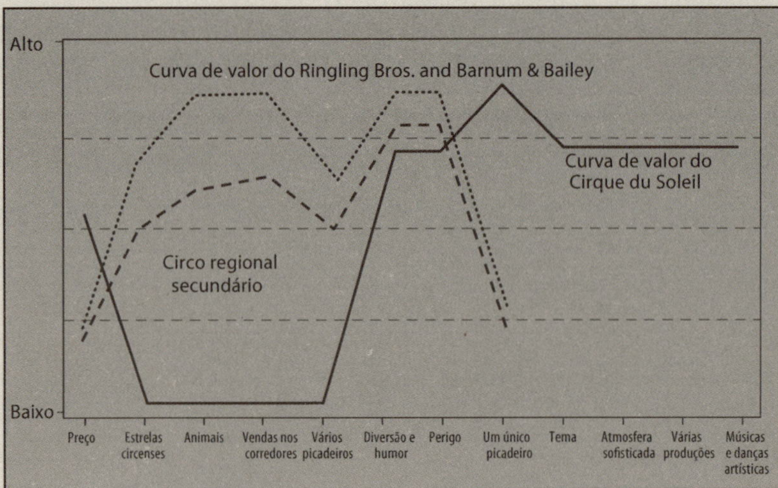

3. Para quais situações é mais recomendável?

A estratégia do oceano azul, como meio de inovação, é ideal para o desenvolvimento de novos mercados (novos clientes, novas necessidades ou novas situações) e para a inovação do modelo de negócios. Procura produzir inovações disruptivas, em vez de marginais ou táticas.

4. Estudos de caso

O livro contém diversos casos em que a técnica é aplicada diretamente ou, no mínimo, o resultado de uma estratégia pode ser expresso em termos de ferramenta. O exemplo mais notável, além do Cirque du Soleil, é o da Southwest Airlines, que deu ênfase bem acima do padrão do setor no serviço agradável, na velocidade do avião, na frequência das partidas ponto a ponto e nas baixas tarifas. Tudo isso à custa de cortar bem abaixo do padrão do setor as refeições feitas a bordo, as salas de espera, a variedade de classes e tarifas e as conexões em aeroportos centrais.

Em suas palestras, Renée Mauborgne também apresenta o caso do Wii como exemplo de redefinição do setor de videogames, em que se eliminou todos os fios e se abriu caminho para o exercício físico, atraindo, assim, grande quantidade de usuários mais velhos.

5. Sobre que fundamento lógico-criativo se baseia?

Observemos que, de acordo com nossos termos de como a criatividade funciona, a estratégia do oceano azul focaliza os fatores básicos que definem um setor. Em consequência, o resultado será eminentemente estratégico. A inovação será profunda, resultando em um novo mercado ou um novo modelo de negócios, exatamente porque os fatores definidores básicos de um mercado é que são deslocados.

Ao deslocar ou provocar, utilizamos as quatro ações pertencentes ao nosso grupo de seis: eliminar, elevar, reduzir ou incorporar novos fatores (o que nada mais é que uma maneira de combinação).

A conexão resulta da análise de diversas opções e do exame de quais serão mais úteis para o cliente e mais lucrativas para a empresa, e podem atrair o maior número de clientes potenciais e não potenciais.

Análise morfológica

1. O que é?

A análise morfológica é um método analítico-combinatório criado por Fritz Zwicky, astrônomo do California Institute of Technology. Seu objetivo é solucionar problemas por meio do exame de suas partes componentes.[39]

2. Como se aplica?

As etapas são as seguintes: (1) escolher um problema para solucionar, e (2) analisar que atributos o constituem (isso deve se referir às partes físicas, aos processos, às atividades ou à estética). Ao decidir se incluímos ou não um atributo, podemos nos perguntar se esse é pertinente ou não. (3) Então, listamos as diversas opções para cada atributo. (4) Em seguida, fazemos todas as combinações possíveis, definindo, em cada caso, uma alternativa para cada atributo (eliminando aqueles que não fazem sentido). Por fim, analisamos todas as combinações e testamos suas possibilidades criativas. O processo pode ser aleatório ou progredir de modo ordenado e sistemático, até esgotarmos as combinações possíveis.

Consideremos um exemplo. Suponhamos que desejemos fabricar um lápis de melhor qualidade. Na etapa (1), definimos um objetivo. A etapa (2) é de análise dos atributos componentes: tamanho, ponta, tipo de material, tipo de grafite, cor, acessórios e preço. Agora, na etapa (3), listamos as opções para cada atributo.

Figura 5.4 – Exemplo de atributos morfológicos

Tamanho	Ponta	Material	Grafite	Cor	Acessórios	Preço
Grande	Grossa	Madeira	Ajustável	Preto	Borracha	Alto
Médio	Fina	Plástico	Não ajustável	Colorido	Grafite sobressalente	Médio
Pequeno					Apontador	Baixo

Então, começamos a fazer combinações:

Figura 5.5 – Exemplo de combinações de atributos morfológicos

Tamanho	Ponta	Material	Grafite	Cor	Acessórios	Preço
(Grande)	Grossa	(Madeira)	Ajustável	(Preto)	(Borracha)	Alto
Médio	(Fina)	Plástico	(Não ajustável)	Colorido	Grafite sobressalente	Médio
Pequeno					(Apontador)	(Baixo)

A etapa (4) é para avaliar o que foi mencionado acima: qual seria a aparência de um lápis grande, de preço baixo, feito de madeira, com ponta fina, grafite sobressalente não ajustável, borracha e apontador?

E isso é feito eliminando sistematicamente escolhas impossíveis (por exemplo, pontas fina e grossa ao mesmo tempo). Consideramos as diversas opções, as avaliamos, as aperfeiçoamos, pensamos a respeito de onde nos levam e, a partir disso, mantemos as melhores alternativas até constatarmos se levam a algum tipo de inovação.

3. Para quais situações é mais recomendável?

A análise morfológica é a técnica ideal para inovar o projeto de um serviço ou produto físico. Também é boa para inovações em logística, processos industriais e aprimoramento de qualidade. É adequada para inovações marginais, extensões de linha de produtos, melhoria incremental e localização de nichos em determinada categoria. Leva, em geral, a uma inovação mais tática do que estratégica, embora dependa do problema abordado. Se considerássemos, por exemplo, elementos estratégicos da empresa, o resultado levaria a inovações mais radicais. No entanto, como sua metodologia se baseia nos atributos existentes e não introduz novas possibilidades além do pensamento ou da prática convencional, tende a levar a inovações menos radicais.

4. Estudos de caso

As mudanças nos recursos que a Olympia continuamente apresenta no mercado das câmeras digitais refletem uma análise detalhada das diversas combinações de recursos que definem seu produto.[40]

5. Sobre que fundamento lógico-criativo se baseia?

Podemos perceber que o foco dessa técnica está na definição do problema, dividindo o foco e, depois, fazendo combinações a partir de diversas possibilidades. Basicamente, é um método combinatório. A conexão é feita com base no pensamento acerca de que possibilidades cada nova combinação produz. É uma abordagem muito abrangente, no sentido de que procura checar e avaliar a quantidade máxima (se não todas) de combinações possíveis. Ou seja, gera, a partir de um diagrama único, uma quantidade muito alta de desconexões ou provocações.

Marketing lateral em nível de mercado (I): deslocamento

1. O que é?

É um método desenvolvido pelos autores deste livro. Consiste em deslocar para as dimensões do mercado (necessidade, situação e cliente) o produto ou serviço que queremos inovar, algo outrora considerado impossível.

2. Como se aplica?

O modo de aplicação é muito simples. (1) Primeiro, consideramos o produto ou o serviço que queremos inovar. (2) Identificamos a quantidade de categorias adjacentes com as quais partilhamos alguma das três dimensões (necessidade, situação ou cliente). (3) Consideramos o produto ou o serviço de uma dessas categorias adjacentes e elaboramos um inventário dos clientes-alvo e das necessidades que ele satisfaz. (4) Em seguida, trocamos o produto ou o serviço adjacente por aquele que desejamos inovar. (5) Quando atribuímos ao nosso produto ou serviço as dimensões do produto adjacente, produzimos diversas provocações e procuramos solucioná-las (6), uma por uma.

Eis um exemplo.

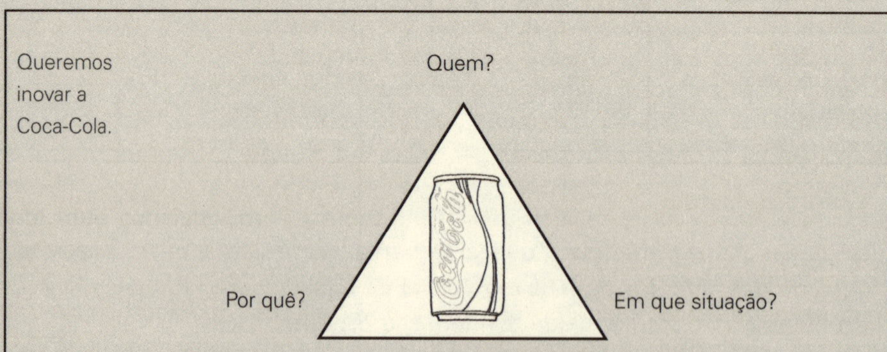

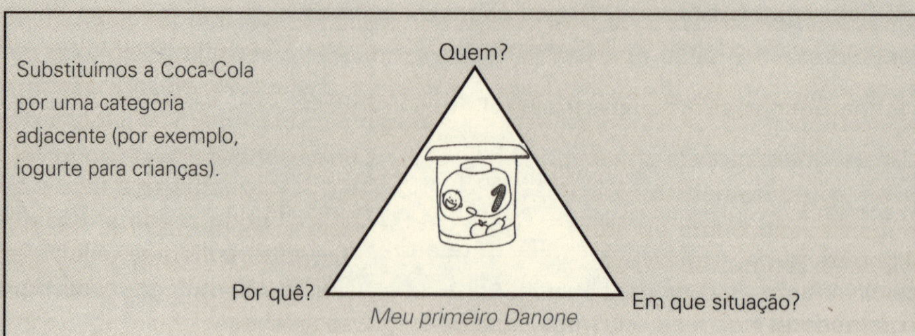

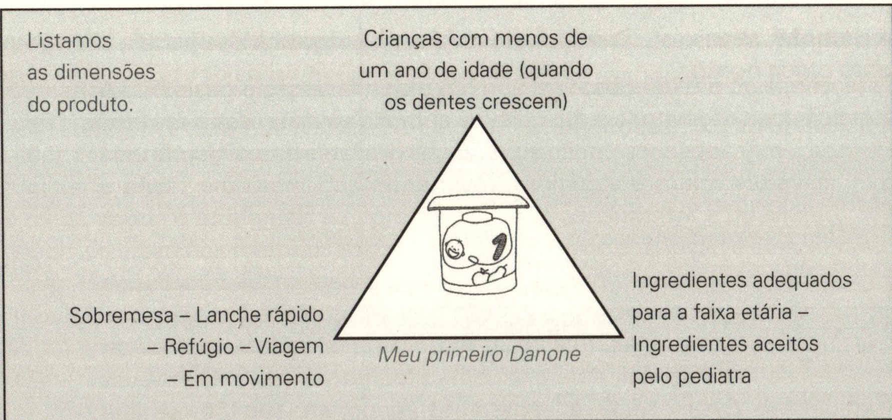

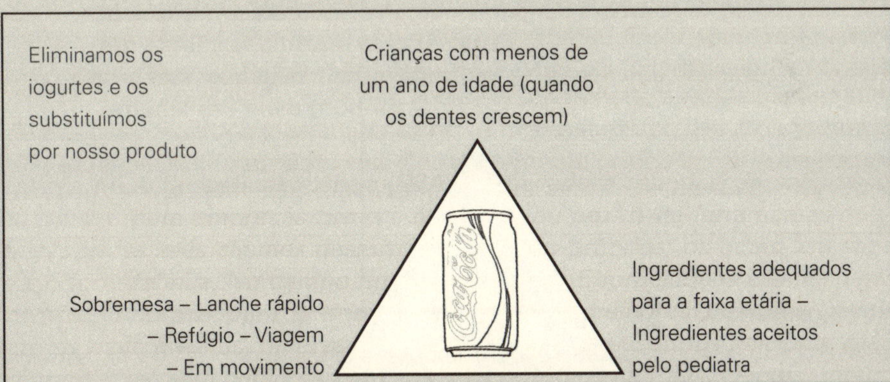

A última imagem expõe algumas provocações interessantes. Enfim, consideramos cada provocação e tentamos achar soluções ou novos conceitos. Por exemplo, um refrigerante com fórmula para crianças, com todos os ingredientes aceitos pelos pediatras. Assim, os pais não se sentem mal com o fato de os filhos beberem refrigerante.

3. Para quais situações é mais recomendável?

O marketing lateral é a técnica desenvolvida para ser utilizada em inovações disruptivas, por buscar oportunidades além dos mercados, como meio de criar novas categorias e procurar reduzir de modo incremental as chances de canibalização do atual portfólio.

4. Estudos de caso

Esse método foi utilizado pela Nestlé em diversas ocasiões. Uma das inovações que resultaram disso foi uma bebida à base de cacau em pó para crianças, mas para ser consumida antes de dormir em vez de no café da manhã, denominada Good Night Nesquick.

5. Sobre que fundamento lógico-criativo se baseia?

Essa técnica é uma simples mas eficaz aplicação da técnica de substituição mediante a tarefa de analogias ocultas. Substituímos um produto ou serviço por outro, causando assim provocações.

Marketing lateral em nível de mercado (II): analogias

1. O que é?

Como explicamos no capítulo sobre Buscadores, a análise da rota de inovação das categorias adjacentes é de grande utilidade como técnica criativa. Nesse caso, faremos analogias com as rotas de inovação de outros produtos, perguntando-nos se seria possível seguir tais rotas com o produto ou o serviço que vendemos.

2. Como se aplica?

(1) Escolhemos características do produto. (2) Procuramos por categorias adjacentes que correspondam a alguma dessas características. (3) Chamamos os Buscadores para documentar as rotas de inovação nos últimos anos. (4) Verificamos se essas rotas são transferíveis para nossa categoria.

A Nestlé utilizou essa metodologia. Para inovar em café, a empresa considerou o chá como categoria adjacente. Entre as inovações recentes nessa categoria de bebida, as propriedades benéficas à saúde foram consideradas uma categoria em expansão. Então, algumas funcionalidades importantes do chá foram examinadas nos diferentes tipos de planta de café. O café-verde foi selecionado como ideal, devido aos antioxidantes que possui, os quais são muito saudáveis e retardam o envelhecimento das células.

De acordo com essa metodologia, um novo café foi lançado com sucesso: o Green Coffee.

3. Para quais situações é mais recomendável?

Essa técnica é ideal para localizar rotas de inovação com o objetivo de desenvolver seu portfólio e diferenciá-lo do da concorrência. Pode levar a inovações tanto marginais quanto disruptivas.

4. Empresas que aplicam isso.

Nestlé, como já vimos.

5. Sobre que fundamento lógico-criativo se baseia?

Esse tipo de marketing lateral envolve simplesmente o uso de analogias; um meio muito eficiente, simples e rápido de realizar combinações pertinentes.

Marketing lateral em nível de mercado (III): comparações

1. O que é?

Aqui a ideia é fazer analogias diretas com qualquer elemento de outros produtos e serviços que os buscadores selecionaram como paradigma de inspiração.

2. Como se aplica?

Simplesmente nos perguntamos que recursos os outros produtos ou serviços possuem que os nossos não têm. As respostas obtidas são utilizadas como provocações, que então tentamos conectar.

3. Para quais situações é mais recomendável?

Quase as mesmas que para a técnica de deslocamento, mas introduzindo soluções possíveis em nível de produto, consistindo em inovações verticais ou marginais puras para ampliar o portfólio existente.

4. Estudos de caso

Aplicando essa técnica, o laboratório farmacêutico Novartis perguntou-se: considerando as conferências empresariais, de quais de suas características as conferências médicas careciam? Percebeu que as conferências empresariais muitas vezes lidam com assuntos que abrangem todos os setores, tais como inovação, recursos humanos, políticas e estratégias. Decidiu mudar as conferências médicas que patrocinava e organizava, e estas passaram de conferências de especialistas para conferências que abrangiam todas as áreas de *expertise*, entre elas áreas não médicas mas de interesse do setor de saúde, tais como situação econômica, gestão de pessoal, como envolver mais o paciente, como gerar novas ideias etc. A Novartis constatou que o médico também é um administrador e, desse modo, possui necessidades de treinamento que abrangem todas as áreas de *expertise*. Denominou a iniciativa de conferência Novartis Excellence Forum ➤

[Fórum de Excelência Novartis], que foi um grande sucesso com os médicos, os principais prescribentes dos produtos da empresa.

5. Sobre que fundamento lógico-criativo se baseia?

Essa técnica se baseia simplesmente na força e no poder das comparações.

Lista de atributos

1. O que é?

É um tipo especial de análise morfológica que focaliza somente os atributos ou as características do produto ou serviço que você deseja mudar.

2. Como se aplica?

(1) Listamos as características do produto ou serviço; (2) aumentamos ou diminuímos a quantidade; (3) verificamos qual é a aparência do produto resultante e se pode interessar algum dos clientes potenciais ou incrementar o volume ou a taxa de consumo dos atuais produtos.

Por exemplo, imagine que você quer lançar um novo tipo de salada. Após listar as qualidades e características do produto, você brinca com a intensidade de suas propriedades: uma salada muito, muito suave, facilmente digerível e simples de comer; bastante rica em proteínas, mas pobre em sódio, sais e fósforo. Você testa diversas possibilidades até obter algumas com potencial para se tornar um novo conceito.

3. Para quais situações é mais recomendável?

Essa técnica é basicamente idealizada com três objetivos em mente: revisão do produto, extensões de linha de produtos e reposicionamento.

4. Estudos de caso

Quase todas as extensões de linhas de produto e serviço foram realizadas, direta ou implicitamente, usando essa técnica. Por exemplo, refrigerantes sem açúcar e cafeína, produtos enriquecidos com vitaminas, e semelhantes, que modificam as características do produto ou serviço. Também é utilizada para definir estratégias de posicionamento em mercados cujos produtos são relativamente indiferenciados.

5. Sobre que fundamento lógico criativo se baseia?

Os mesmos da análise morfológica, exceto aquele que focaliza a modificação ascendente ou descendente como técnica de deslocamento.

Análise de cenário

1. O que é?

O método do cenário, em vez de procurar algo tão improvável quanto saber ou prever o futuro, baseia-se na suposição contrária: o reconhecimento de que é impossível adivinhar o que vai ocorrer. Mesmo sem saber o que acontecerá, a análise de cenário nos permite antecipar as possíveis consequências em qualquer cenário dado e a respeito de cada uma das decisões que tomamos.

2. Como se aplica?[41]

(1) Decida a pergunta a ser respondida na análise: quanto mais detalhada a pergunta, melhor servirá para moldar um cenário. Então, (2) liste os fatores de influência: escreva uma lista com o máximo de fatores que você é capaz de propor, os quais podem afetar sua empresa em lugar e tempo previamente estabelecidos. Esses fatores podem ser setoriais, políticos, econômicos, tecnológicos etc. (3) Incertezas básicas: divida os fatores de influência em duas colunas: uma para as principais e a outra para as secundárias, previsíveis. Isso nos deixa com diversos condicionantes imprevisíveis. (4) Escolha de incertezas: entre os condicionantes, escolha dois que você considera os mais decisivos na criação dos cenários. (5) Identificação de extremos: adicione esses dois fatores em um diagrama XY simples, indicando em seus extremos como essa incerteza pode variar. Por exemplo, a situação econômica: em uma extremidade (– ∞), escreva "excelente, *boom*..."; e, na outra (+ ∞), escreva: "ruim, queda..." (6) Defina os cenários: em geral, você constrói de dois a quatro cenários, mas é possível ter mais se o problema for complexo e depender de diversos fatores de influência decisivos. Em cada quadrante, posicione os impactos potenciais resultantes da situação. Por exemplo, se estivermos no quadrante associado com a má situação econômica, nossa empresa se concentrará em produtos baratos, a menos que visemos uma classe de clientes ricos. (7) Escolha o cenário mais plausível e defina uma estratégia para esse cenário.

Além disso, você pode incluir como fatores do cenário as probabilidades de influenciar ou criar um cenário favorável. Os cenários futuros também são, em geral, classificados em seções distintas.

Consideremos um exemplo. (1) Vamos decidir a política de inovação para os próximos anos. (2) Escolhemos os seguintes fatores de influência: nível previsto de inovação entre a concorrência, no curto prazo, mudando as condições econômicas, o aumento previsto de vendas na categoria, a probabilidade de inovação tecnológica e a possibilidade de entrada de concorrência da China. (3) e (4) Além de todos esses fatores, consideremos o mais crítico: a evolução da economia e a possibilidade de concorrência da China. (5) Desenvolvemos uma matriz de possibilidades do que pode ocorrer e (6) definimos os cenários:

Figura 5.6 – Evolução da economia

Probabilidade de concorrência chinesa		Negativo	Positivo
	Alto	**Concorrência de preços intensa**	**Possibilidade de crescimento com pequena variação do portfólio**
	Baixo	**Reduz um pouco as margens**	**Facilidade para a inovação**

(7) Finalmente, determinamos que não podemos influenciar esses fatores (evolução da economia e o ingresso de um concorrente da China). Assim, seguimos adiante para considerar o cenário mais plausível. A probabilidade de que a economia não melhorará é alta e temos evidência de empresas chinesas ingressando no setor. Isso impõe no cenário uma intensa concorrência de preços. A partir daí, começamos a projetar a estratégia, usando, se necessário, outras técnicas criativas.

3. Para quais situações é mais recomendável?

Para se concentrar em problemas complexos, identificar focos de inovação e definir estratégias e inovação empresarial.

4. Estudos de caso

A análise de cenário é muito utilizada nos âmbitos militar, político e econômico. Em empresas, é aplicada como modo de definir estratégias empresariais. Na inovação, pode ser empregada para definir as estratégias de inovação a seguir, com base na possível evolução (cenários) de mercado e dos movimentos estratégicos dos concorrentes.

5. Sobre que fundamento lógico-criativo se baseia?

Baseia-se na técnica de continuamente se perguntar: "E se?". Ou seja, baseia-se no questionamento.

Visitas e viagens

1. O que é?

Consiste simplesmente em visitar lugares, relacionados ou não com nossos produtos ou serviços, com a ideia de que aquilo que vemos pode servir de inspiração e estimular a geração de novas provocações. No caso de lugares relacionados com nosso setor, as visitas normalmente são realizadas em lojas ou locais onde os clientes compram, consomem ou usam produtos e serviços. Em certos casos, os clientes são entrevistados, por meio de questionário estruturado, a respeito dos problemas que encontram como usuários, suas necessidades, aspirações e desejos em relação a novos produtos. Esse método é difícil e de implementação onerosa, pois devemos encontrar clientes viáveis, e é necessária uma boa preparação, a fim de obtermos resultados relevantes.

Nos lugares não relacionados com nosso setor, o método consiste em visitar outros países, para observar como os clientes se relacionam com a categoria do produto ou outras categorias adjacentes.

2. Como se aplica?

No caso de visitas ao cliente, (1) você define uma amostra de consumidores; (2) visita-os e os observa usando ou comprando o produto ou serviço; (3) toma notas a respeito do que fazem, com atenção especial para o uso impróprio de um potencial do produto ou para uma falha em tirar proveito desse potencial; (4) você os entrevista acerca dos problemas e das necessidades. (5) Toda essas informações são examinadas posteriormente, em uma sessão de criatividade interna, como estímulo para gerar ideias.

No caso de viagens, (1) você define o que quer inovar ou a respeito de que deseja produzir ideias. (2) Pensa a respeito dos lugares que podem inspirá-lo. (3) Escolhe os mais promissores. (4) Viaja para esses lugares, registrando ou anotando as coisas que vê e chamam sua atenção. (5) Todas essas informações são utilizadas como provocações e apresentadas ao grupo como meio de gerar ideias.

3. Para quais situações é mais recomendável?

Dada sua natureza aleatória, essa técnica produz resultados imprevisíveis, em todos os níveis, dos mais táticos aos mais estratégicos. O impacto dessa técnica sobre a inovação depende mais do foco escolhido para criar provocações do que da própria técnica.

4. Estudos de caso

A Starbucks Co. utiliza essa técnica. Michelle Gass, vice-presidente sênior de gerenciamento de categoria, levou sua equipe até Paris, Düsseldorf e Londres, para visitar lojas da Starbucks e de outros restaurantes, a fim de obter uma percepção mais apurada da cultura, do comportamento e da moda locais. "Você volta cheio de ideias e modos diferentes de pensar acerca das coisas, algo bem diferente do que teria se lesse a respeito em uma revista ou *e-mail*", afirma Gass.[42]

5. Sobre que fundamento lógico-criativo se baseia?

É uma mistura de aleatoriedade e combinação de ideias.

Cocriação

1. O que é?

A cocriação é uma técnica de inovação muito recente, que consiste em aproximar clientes ou consumidores dos processos criativos.

2. Como se aplica?

Em geral, isso é feito com as novas tecnologias, em particular a internet, criando espaços em que as pessoas possam propor, avaliar ou melhorar as ideias, ou a empresa possa pedir às pessoas que deem opiniões ou façam avaliações a respeito de ideias que a organização deseja desenvolver. Em geral, a cocriação visa consumidores e clientes bastante envolvidos com a marca ou categoria, e a empresa concede a esses consumidores ferramentas *on-line* (e *off-line*) para expressar ideias e ajudar a orientar os *designers* no desenvolvimento de protótipos. A cocriação também pode ser realizada por meio de sessões de trabalho face a face, semelhante a reuniões de grupo direcionadas, para as quais pessoas de fora da organização são convidadas.

3. Para quais situações é mais recomendável?

A cocriação é especialmente útil nos mercados B2B e de serviços, em que o contato direto com os clientes é essencial e a inovação requer certo grau de coordenação entre os inovadores e os clientes visados. A cocriação também é eficaz em mercados altamente dinâmicos e muito variáveis, expostos a moda e mudanças nas preferências do consumidor e do cliente.

Um dos métodos mais predominantes de cocriação é denominado análise do usuário-líder, desenvolvido por Eric von Hipel. Baseia-se no princípio de que, se você trabalhar com clientes inovadores, eles acabarão propondo ideias inovadoras de produto. A técnica envolve reunir usuários ou clientes de serviços ou produtos particularmente inovadores de uma empresa, solicitando que indiquem problemas e soluções. O desafio principal é identificar esses clientes e convencê-los a participar dessas sessões. A 3M, em particular, aprecia essa técnica.

Uma variação dessa abordagem é convidar clientes e usuários para projetar um novo produto:

> *A Bush Boake Allen (BBA), fornecedora mundial de sabores especiais para empresas como a Nestlé, criou um* kit *de ferramentas que permite a seus clientes desenvolver sabores próprios, os quais, em seguida, ela fabrica. No campo dos materiais, a GE fornece aos clientes ferramentas* on-line *para o desenvolvimento de melhores produtos plásticos. Em* softwares, *diversas empresas deixam os usuários adicionar módulos de projeto personalizado aos seus produtos padrão e, depois, comercializam o melhor desses componentes.*[43]

A cocriação também pode ser aplicada em comitês ou painéis consultivos de clientes, nos quais a empresa mantém contato regular com uma amostra fixa de clientes selecionados, de quem coleta continuamente informações sobre novas ideias e possibilidades. Uma variação é a "comunidade de entusiastas", na qual a amostra é constituída de clientes ou usuários escolhidos por seu nível de envolvimento com o produto da empresa.

Muitas vezes, a cocriação ocorre em um estágio beta, quando a empresa escolhe alguns clientes fiéis para testar o produto e fornecer ideias para melhorá-lo.

4. Estudos de caso

Na Harley-Davidson, a cocriação ocorre com clientes aficionados por motocicletas, os quais pedem para trabalhar ao lado dos *designers*. Isso também acontece na Lego, com crianças que apresentam as próprias ideias.

Também há cocriação em ideias publicitárias. A Doritos ignorou sua agência de publicidade e convidou os amantes de seus petiscos a apresentar ideias para campanhas publicitárias, com prêmios para as melhores inspirações. A Starbucks passou anos solicitando novas ideias aos clientes e explorando aquelas que os eleitores *on-line* queriam ver no menu da Starbucks.

5. Sobre que fundamento lógico-criativo se baseia?

Simplesmente na rede, como tipo específico de trabalho colaborativo, aplicado aos clientes, em vez de em empresas especializadas em criatividade, inovação ou *design*.

Redefinindo o valor para o cliente

1. O que é?

Modificar o valor que os clientes obtêm de produtos e serviços. Cada transação consiste em dois elementos: as iniciativas do cliente (o preço pago, o tempo gasto informando-se e fazendo a compra, o risco associado à decisão...) e o produto ou serviço que ele recebe em troca. O valor é a relação daquilo que o cliente obtém dividido por suas iniciativas. Podemos aumentar o valor ao cliente de duas maneiras: (1) dando mais (qualidade ou quantidade) pelo mesmo preço, ou (2) oferecendo o mesmo produto por menos iniciativa total, facilitando um ou mais dos elementos que constituem a soma.

2. Como se aplica?

Sua aplicação é muito simples. (1) Analisamos o valor ao cliente: o que entregamos? Quais são as iniciativas que ele precisa tomar? (2) Depois que tomamos conhecimento disso, experimentamos opções para aumentar, reduzir ou eliminar essas iniciativas, a fim de verificar se há aumento final no valor para os clientes. (3) Depois de encontrarmos uma nova combinação, a próxima etapa é conectar e desenvolver a ideia, para transformar a última combinação em um novo produto, serviço ou modelo de negócios.

Por exemplo, se eliminarmos os serviços pós-vendas, que são muito onerosos, e, em vez disso, nos oferecermos para trocar um produto danificado ou defeituoso por um novo, o cliente recebe mais valor sem nenhum grande custo extra para nós, desde que a qualidade do produto seja suficientemente elevada.

3. Para quais situações é mais recomendável?

Esse é um método que funciona especialmente bem quando o objetivo é desenvolver um mercado para atrair clientes potenciais ou redefinir as regras de um setor.

4. Estudos de caso

O caso mais exemplar e ilustrativo do uso dessa técnica é a Ikea, que reformulou completamente o valor de seus produtos para o consumidor trocando a montagem para o cliente por preços muito menores.

5. Sobre que fundamento lógico-criativo se baseia?

Utiliza técnicas de divisão de problema e de mudanças nos fatores que abrangem o valor entregue ao cliente.

Que métodos de busca de informação são mais úteis para essa técnica?

Explicamos nos capítulos anteriores que a busca de informação deve estar diretamente ligada com cada técnica criativa que será aplicada ou com as necessidades específicas de Desenvolvedores (D) e Executores (E). Aqui, veremos quais métodos de busca de informação alimentam melhor cada uma das técnicas que explicamos.

Tabela 5.1 – Técnicas de busca de informação mais adequadas para cada técnica criativa

	Sinética	**Oceano azul**	**Análise morfológica**	**Marketing lateral**	**Lista de atributos**	**Construção de cenários**	**Visitas**	**Cocriação**	**Redefinição do valor ao cliente**	***Brainstorming***
Revisão da inovação		X	X	X	X	X				X
Análise de categorias adjacentes		X		X			X			X
Consultas internas	X	X	X		X	X				
Tendência social/ Classe social		X		X		X	X			
Tendências de mercado		X		X	X	X				X
Processo de compra			X		X				X	X

	Sinética	Oceano azul	Análise morfológica	Marketing lateral	Lista de atributos	Construção de cenários	Visitas	Cocriação	Redefinição do valor ao cliente	*Brainstorming*
Rotas de inovação		X	X		X					X
Soluções tecnológicas	X		X	X		X				X
Design	X	X	X		X		X	X		
Táticas e estratégias bem-sucedidas/ Aprendendo com os erros				X	X	X				
Monitoramento de rede					X			X		
Etnografia		X		X	X			X	X	X
Geolocalização					X			X		

Quando dizemos "alimentar uma técnica criativa", significa que, a fim de ser bem-sucedida, qualquer sessão criativa que tenha o propósito de sugerir conceitos para desenvolvimento ou resolução de problemas colocados pelos executores, deve ser bem preparada e organizada. As sessões de criatividade não são encontros sociais informais e desorganizados. Para uma sessão de criatividade produzir resultados positivos e ser eficaz, é necessária muita preparação. Podemos dizer que, para cada minuto de geração de ideias em uma sessão de criatividade, precisamos de cerca de três minutos de preparação, no mínimo.

Em uma sessão de criatividade, o foco deve ser bem definido e cada um dos estímulos a que os participantes serão expostos deve ser planejado e preparado antecipadamente. As boas sessões de criatividade são as que alcançam uma improvisação bem planejada.

Avaliação das técnicas criativas e dos métodos de busca de informação

Diante de tantos métodos, muitos gerentes se sentem perdidos. Embora tenhamos procurado, nas páginas anteriores, estabelecer as situações em que eles funcionam melhor, vocês ainda podem querer saber: quais são os métodos mais utilizados nas empresas? Quais se mostraram mais úteis? Muitas vezes, a mera menção de uma inovação descoberta usando uma técnica específica faz sua popularidade disparar, embora não muitas empresas a considerem útil. Bob Cooper e Scott Edgett realizaram um estudo interessante, ao pesquisar 160 empresas que utilizaram alguns métodos descritos neste livro.[44]

As principais conclusões encontram-se resumidas na figura abaixo. Para cada método, comparamos dois fatores: quão difundido seu uso está entre as empresas e como as empresas classificam cada técnica, de acordo com a eficácia verificada.

Figura 5.7 – Matriz de efetividade e uso das técnicas de criatividade e busca de informação

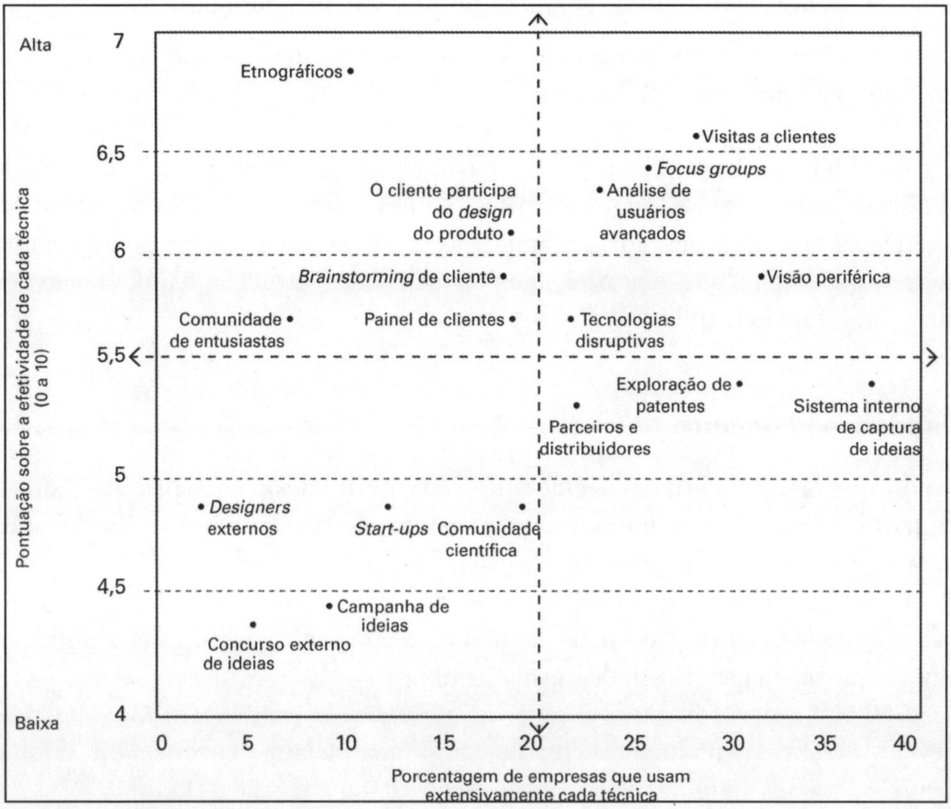

Fonte: *Cooper-Edgett Ideation Study*

Podemos constatar que há duas categorias preferidas:

A. Mais eficazes e difundidas

- Visitas ao cliente.
- Visão periférica ou análise de tendência.

- Grupos de foco.
- Adoção de tecnologias disruptivas na categoria.
- Análise do usuário-líder.

B. Mais eficazes, porém menos difundidas

- Etnografia.
- Comitê consultivo de clientes, comunidade de entusiastas.
- Mecanismos para facilitar as contribuições dos clientes ao projeto do produto.

As outras categorias, embora classificadas em um nível hierárquico inferior, não devem ser preteridas. Sua posição hierárquica inferior pode resultar da falta de experiência ou habilidade em sua aplicação ou da falta de adequação ao setor da empresa que avaliou a técnica. Qualquer técnica para gerar ideias é útil. O segredo é saber como e quando utilizá-la.

Da ideia ao conceito

Depois que vimos as diversas técnicas de geração de ideias, os Criadores (com os Desenvolvedores) devem transformar em conceitos as melhores ideias de novos produtos e serviços ou de novos modelos de negócio.

O conceito é mais desenvolvido e definido do que uma ideia. Não é a "materialização" completa da ideia, mas contém elementos e ingredientes que justificam plenamente investigar em seu desenvolvimento.

Aplicado a novos produtos e serviços, um conceito consiste em uma descrição breve, mas suficientemente explícita, de como uma ideia se converterá em valor ao cliente e por que capturará o interesse do cliente e sua intenção de compra.

Não há um modo único de expressar conceitos, mas muitos; cada empresa possui o próprio. Este que apresentamos é um exemplo que pessoalmente consideramos útil e que também pode ser testado nos consumidores, no caso de os Facilitadores (F) exigirem isso antes de aprovar novos itens de investimento.

Recomendamos descrever um conceito nos seguintes termos: nome, imagens que descreve, o *insight* a que recorre, o benefício básico que abrange, o benefício final visado, o motivo pelo qual as pessoas comprariam, a tendência social em que está enquadrado, a fonte empresarial que alimenta e uma avaliação subjetiva da facilidade de desenvolvimento e potencial de mercado. Examinaremos cada termo em detalhes e com um exemplo ilustrativo, sob a suposição de que decidimos lançar um cereal especial para ser consumido com iogurte.

Nome conceitual

Consiste em um nome curto, que, de certo modo, descreve o produto ou serviço que vamos lançar. É algo muito diferente da marca ou submarca. A intenção aqui não é propor uma marca registrada sugestiva. Isso é para depois. Trata-se apenas de uma descrição que destaca o seguinte: "o que vendemos", "para quem", "que necessidade satisfaz" e "em que situações será comprado ou consumido".

No exemplo presente, um nome conceitual seria "cereal para iogurte". Podemos perceber que esse nome não inclui nem para quem é, nem que necessidade atende; em vez disso, enfocamos a situação de consumo (para ir com iogurte, em vez de leite). Fazemos isso porque é o aspecto mais distintivo do conceito. Em outros casos, pode ser melhor destacar o mercado-alvo ou a necessidade atendida: "cereal para pessoas de idade", "cereal para esportistas", "cereal digestivo" ou "cereal antienvelhecimento". Em outros casos, o nome conceitual pode incluir apenas a característica ou o atributo diferencial: por exemplo, "cereal vermelho", "cereal de tamanho gigante" ou "cereal sem açúcar".

Imagens que ilustram o conceito

Uma imagem vale mais que mil palavras. Assim, um modo de ter todas as pessoas conectadas com o processo de inovação, partilhando a mesma visão da ideia que vão desenvolver, é usar fotos ou imagens que, de certa maneira, ilustrem estilo, cor, consumidor-alvo e sensação que o produto ou serviço deve ter.

No caso de "cereal para iogurte", por exemplo, há imagens que ajudariam a descrever o conceito:

Como podemos constatar, as imagens já nos dão diversos indícios a respeito dos aspectos que ainda não descrevemos: ao vê-las, é relativamente fácil antecipar quais devem ser os ingredientes, o *design*, a embalagem, as cores etc. As imagens nos mostram que o produto é basicamente direcionado às mulheres preocupadas com a saúde, que gostam de iogurte e, em geral, o consomem com frutas ou outros acompanhamentos; basicamente, pessoas saudáveis, que gostam de alimentos naturais em quantidades pequenas. As imagens fornecem diversas informações que, com frequência, são difíceis de expressar e comunicar, mas essenciais para "submergir" os Desenvolvedores na ideia e na oportunidade que desejamos captar.

É importante que Criadores, Buscadores e Desenvolvedores dediquem um tempo para selecionar e, com a concordância de todos, eliminar imagens. É até mesmo proveitoso compartilhar as imagens descartadas – uma colagem de imagens em dois grupos:

- Primeiro grupo: "Essa foto não seria para nosso conceito."
- Segundo grupo: "Essa imagem seria para nosso conceito."

É um exercício bastante útil para alinhar diversas pessoas no que, em última análise, queremos ver quando a ideia tornar-se um produto ou serviço real.

Fonte de volume

A identificação da fonte de volume é básica para a inovação. Significa responder às seguintes perguntas: depois que o produto estiver no mercado e, supondo que ganhe um determinado nível de aceitação, de quem o volume será "roubado"? Que outros produtos as pessoas vão parar de consumir em favor de nossa inovação? Isso é o que denominamos "itens substitutos".

A resposta, sem dúvida, é uma previsão, uma suposição e uma avaliação subjetiva a respeito de qual será nossa referência competitiva. Aqui estão algumas das conclusões mais típicas:

a) O produto ou serviço frutificará de modo incremental; isto é, não esperamos claramente "roubar" vendas de nenhuma outra categoria; em vez disso, o desejo é a geração de um aumento líquido no mercado ou aumento no gasto do cliente.
b) O produto vai tirar volume dos concorrentes diretos e, possivelmente, também de alguns de nossos produtos; nesse exemplo, consideramos que o cereal para

iogurte tirará volume dos cereais padrão, que atualmente são consumidos com leite ou sucos.

b1. Tirará volume dos concorrentes adjacentes, isto é, das categorias afins com as quais concorre indiretamente. Por exemplo, cereal para iogurte pode roubar volume de nozes e frutas que os consumidores adicionam a seu iogurte.

b2. Tirará volume de concorrentes distantes, interferindo na parcela de gastos dos consumidores. Por exemplo, consideramos que as vendas do cereal para iogurte levará à redução de vendas de outros produtos do supermercado, desde cosméticos até produtos de limpeza.

Localizar a referência competitiva serve a diversos propósitos: ajuda a enquadrar o desenvolvimento comercial subsequente (tipos de cliente, canal e distribuidor, localização no ponto de venda, referências de preço etc.). Também permite que os Facilitadores (F) avaliem o impacto sobre a conta operacional, visto que uma inovação cuja referência competitiva está em nosso portfólio causará redução no volume de vendas desses produtos, um efeito conhecido como "canibalização".

Insight

O próximo ponto na definição de um conceito é o *insight*, entendido como a motivação principal para o cliente em relação ao novo conceito, aos pensamentos íntimos, aos sentimentos e à necessidade latente satisfeita. Por exemplo, no caso do cereal para iogurte, pode ser: "Quero dar ao meu iogurte um toque especial, saudável".

O *insight* vai além da necessidade. É, na realidade, o ponto "forte" a partir do qual convencemos o consumidor, algo que está acontecendo em seu interior e ele não sabe como expressar. O *insight* deve ser validado pela pesquisa, mas vimos como é difícil acessar os *insights* do cliente, quanto mais quantificá-los. Portanto, não falamos de validação quantitativa, mas qualitativa. Nesse sentido, os Buscadores, empregando a técnica explicada no Capítulo 4, devem confirmar que o *insight* a que estão recorrendo existe realmente em um grau pertinente entre clientes e consumidores.

Benefício básico

O benefício básico é uma abordagem consciente em relação ao *insight*. É a verbalização da necessidade atendida pelo produto. Como é algo que o cliente ou o consumidor deve expressar, o benefício básico deve ser formulado na primeira pessoa, como se fosse o cliente que estivesse articulando o motivo pelo qual ele escolheu esse produto ou serviço.

Por exemplo, no caso do iogurte, pode ser: "Esse produto me permite adicionar um toque de sabor ao iogurte, uma combinação que também proporciona todas as virtudes do cereal".

O benefício básico é a essência, o cerne de uma inovação. Os Desenvolvedores não podem nem devem perder de vista o benefício básico, conforme avançam no processo de inovação. Podemos considerar que precisamos chegar ao benefício básico de um modo diferente daquele originalmente planejado. Isso acontece com muita frequência no desenvolvimento de uma inovação. No entanto, o que não podemos fazer sob nenhuma circunstância é distorcer, reduzir ou alterar de maneira significativa o benefício básico do produto ou serviço que pretendemos lançar.

Se formos obrigados a modificar isso, os membros da equipe do processo de inovação também devem aprovar a mudança. A modificação ou alteração do benefício básico, mesmo que devido a requisitos ou limitações técnicas, não é algo que os Desenvolvedores podem fazer por conta própria.

Reason why

O *reason why* (também conhecido como "argumento racional de venda") caracteriza-se pelas razões objetivas por que o cliente ou consumidor concederá a credibilidade proposta. O *insight*, de fato, é algo latente, interno – uma motivação. No entanto, o que ativa esse *insight* é algo real, objetivo e também verificável.

Por exemplo, no caso do cereal para iogurte, um *reason why* pode ser: "Essa mistura é possível porque a textura do novo cereal combina bem com o iogurte, o que não é o caso dos cereais consumidos com leite ou suco, os quais apresentam uma textura muito mais firme".

O *reason why* deve ser algo demonstrável. Se o consumidor ou cliente não conseguir verificar por si mesmo, devido à falta de meios ou capacidade, deveremos oferecer a prova e a garantia de que é verdade. Se necessário, podemos recorrer a aprovação, selos de aprovação ou recomendação de terceiros (laboratórios, médicos, órgãos independentes, certificados de qualidade etc.), ou demonstrações no ponto de venda e promoção.

Não deve haver espaço para dúvida no *reason why*. Nada pode ser incompleto. Temos de lembrar que a credibilidade total do benefício básico depende desse fator e, portanto, do *insight* ao qual vamos recorrer. Um *reason why* fraco ou questionável não acessa o *insight* e, por isso, reduz nossas chances de mobilizar o cliente ou o consumidor como pretendemos. Em relação ao desenvolvimento, se não acharmos que temos motivos ou argumentos sólidos ou fundamentos lógicos suficientemente convincentes, será melhor revisar todo o conceito. Talvez tenhamos criado expectativas grandes demais e, no momento da verdade, somos incapazes de assegurar ao cliente o que pensávamos que poderíamos entregar.

É então que diversos novos produtos e serviços fracassam. Encontramos um benefício básico e um *insight* tão poderosos que não queremos abrir mão deles, mesmo quando, de fato, não somos capazes de assegurar que seremos realmente capazes de satisfazê-los. No marketing e, em especial, nos novos produtos, não há nada pior do que descobrir que o produto ou serviço é incapaz de cumprir sua promessa. Podemos enganar um cliente, mas apenas uma vez. Depois disso, você o perde para sempre.

Benefício final

O benefício final é a necessidade derradeira da pirâmide de necessidades, para a qual a novidade que desenvolvemos é dirigida. Digamos que é o benefício derradeiro que o cliente planeja e procura satisfazer, não só com nossa categoria ou nosso setor, mas com outros produtos e investimentos.

Por exemplo, no caso do "cereal para iogurte", o benefício final pode ser: "Eu quero ser saudável".

Percebemos que esse é um benefício muito genérico, que requer não só alimentação saudável, como também exercícios, um estilo de vida com baixo nível de estresse etc.

O benefício final ajuda a enquadrar o produto ou serviço em um esboço geral das necessidades do cliente e, portanto, entender como se relaciona com outros aspectos de sua vida.

Tendência social em que está enquadrado

No Capítulo 4, enfatizamos a importância de enquadrar uma inovação dentro de uma tendência social específica e o modo como a análise de tendências pode servir de estímulo direto nas sessões de criatividade.

Definir a tendência social que combina com o conceito e o condiciona nos dá garantia adicional de que o que executamos faz sentido no mundo real e nas correntes maiores que movem os interesses das pessoas e atraem a atenção da mídia.

Por exemplo, no caso do "cereal para iogurte", podem ser tendências sociais que confirmam que o conceito proposto possui potencial e é compatível com o consumo corrente ou com as tendências de mercado:

- Atualmente, o iogurte é o paradigma da alimentação saudável, com um sabor único e natural.
- Socialmente, há uma crença disseminada de que as qualidades saudáveis dos cereais (um alimento com alto valor nutricional, vitaminais e minerais) proporcionam um complemento equilibrado para os benefícios do iogurte. Hoje, os cereais em flocos são uma macrotendência disseminada.
- Entre a população, há preocupação com a saúde.

Na figura 5.8, encontra-se um conceito completo, que inclui tudo que falamos a respeito dele.

Figura 5.8.

Cereais para iogurte
❑ **Fonte de volume**: consideramos que o cereal para iogurte tirará volume dos cereais padrão, que atualmente são consumidos com leite ou sucos.
❑ ***Insight***: "Quero dar ao meu iogurte um toque especial, saudável".
❑ **Benefício básico**: esse produto me permite adicionar um toque de sabor ao iogurte, uma combinação que também proporciona todas as virtudes do cereal.
❑ ***Reason why***: isso é possível porque a textura do novo cereal combina bem com o iogurte, o que não é o caso dos cereais consumidos com leite ou suco, que apresentam uma textura muito mais consistente.
❑ **Benefício final**: "Eu quero ser saudável".
❑ **Tendência social**: • Atualmente, o iogurte é o paradigma da alimentação saudável, com um sabor único e natural. • Socialmente, há uma crença disseminada de que as qualidades saudáveis dos cereais (um alimento com alto valor nutricional, vitaminais e minerais) proporcionam um complemento equilibrado para os benefícios do iogurte. Hoje, os cereais em flocos são uma macrotendência disseminada. • Entre a população, há preocupação com a saúde.

Um resultado como esse, adicionado às imagens, pode ser utilizado em um teste conceitual, tanto qualitativa como quantitativamente.

Uma descrição como a mencionada anteriormente também é aplicável ou adaptável de imediato a outros tipos de inovação, tais como um novo modelo de negócios, uma nova tecnologia, um processo de atualização etc. É apenas questão de coletar a informação essencial, que inclui qual é a contribuição e o que desejamos alcançar com a mudança ou a inovação proposta.

Avaliação subjetiva

Ao formular o conceito – embora examinemos esse ponto com mais detalhes no capítulo sobre os Facilitadores (F) –, é útil incluir alguma informação a respeito da facilidade ou dificuldade que prevemos encontrar no desenvolvimento do produto e do potencial empresarial que consideramos.

Essa informação ajuda a escolher entre diversos conceitos que consideramos relevantes, à medida que avançamos no processo de inovação. (Figura 5.9.)

Figura 5.9 – Matriz para avaliação de novos conceitos

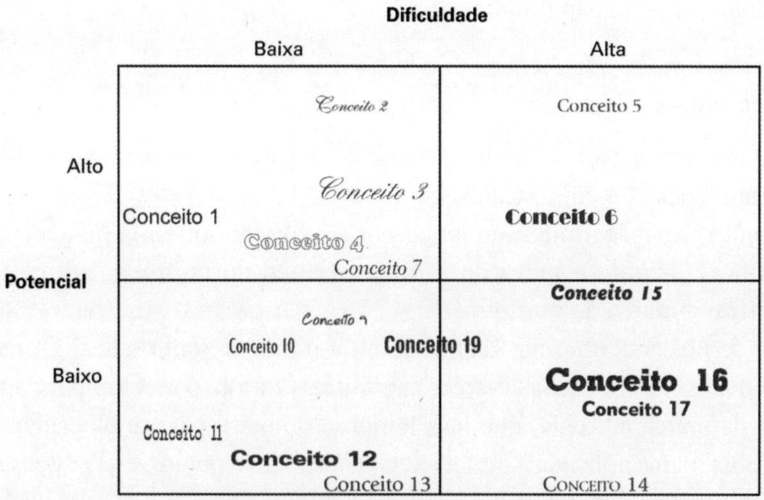

O quadro superior esquerdo indica conceitos facilmente desenvolvidos e de alto potencial. Consideraremos esses em primeiro lugar.

O quadro superior direito inclui projetos de alto potencial e alta dificuldade. Nesse caso, a recomendação seria revisar o conceito, a fim de simplificar seu desenvolvimento, e, quando não for possível, realizar a melhor sintonia fina cabível em relação aos gastos de manufatura e marketing, para evitar tomar uma má decisão financeira.

O quadrante inferior esquerdo expõe conceitos de baixo potencial e baixa dificuldade. Recomendamos usá-los estrategicamente e disseminá-los ao longo do tempo, como meio de bloquear a concorrência. O quadrante inferior direito corresponde aos conceitos que devem ser abandonados: vemos baixo potencial e alta dificuldade no desenvolvimento.

De preferência, no processo de inovação, as empresas devem desenvolver grande quantidade de conceitos alternativos, para que possam escolher qual desenvolver. A análise combinada dificuldade-potencial é ferramenta fundamental na decisão de onde investir os recursos. Veremos isso com mais detalhes no Capítulo 8.

Depois de elaborar uma matriz como a apresentada antes, os Desenvolvedores e os Facilitadores, com base em critérios econômicos e financeiros, devem selecionar uma quantidade limitada de conceitos para continuar o desenvolvimento. No Capítulo 8, examinaremos diversos métodos para avaliar os conceitos. Ao mesmo tempo, e como base para tomar essa decisão, as várias limitações que os Desenvolvedores enfrentarão no desenvolvimento desses conceitos deverá ser revisada. No entanto, isso diz respeito ao próximo capítulo.

Decisão de marca

Sabendo que o conceito é atraente, a próxima etapa é escolher a marca sob a qual a inovação será lançada e comercializada.

As opções são as seguintes: ou lançamos a inovação sob uma marca existente ou sob uma nova. Quando a inovação é uma extensão do portfólio, normalmente faz sentido utilizar a marca do portfólio.

Mas e se nos encontrarmos diante de uma inovação semirradical ou radical? Há uma tendência geral de usar as marcas existentes. O motivo é claro: para aproveitar a lembrança da marca corrente, que leva tempo e dinheiro para se obter. Por exemplo, Yamaha é uma marca aplicada a motocicletas e também a pianos, e as pessoas assimilam isso sem nenhum problema. É verdade que cada modelo de piano ou motocicleta possui uma marca concreta, expressa por meio de números e letras. No entanto, essa marca não é conhecida por muitos clientes, e raramente é utilizada por eles. As pessoas tendem a dizer somente: "Meu piano é Yamaha" ou "Minha moto é Yamaha".

No entanto, as marcas têm limites. Se quisermos que sejam utilizadas para muitos produtos, poderão perder força ou podem gerar confusão em nosso posicionamento. Para Al Ries e Jack Trout, um produto ou serviço em determinada categoria deve ter a própria marca, em especial quando a inovação é radical, pois então teremos a chance de nomear a categoria com nossa marca registrada: um iPhone já é mais do que uma marca; é um tipo de celular. Nesse caso, iPhone é a marca e a Apple, a fabricante. Ou, podemos dizer, a marca de fabricante. Apple também é uma marca. No caso do iPhone, a Apple funciona como uma supramarca. Usar marcas e supramarcas (marca de fabricante) é uma estratégia eficiente para novos produtos e serviços: Actimel, da Danone; Nespresso, da Nestlé; iPhone, da Apple etc.

Esse método possibilita aproveitar a lembrança e a popularidade da marca "mãe", e podemos criar um novo nome ou marca para a inovação a ser lançada.

Todas essas decisões dizem respeito ao diretor de tecnologia da informação, ao presidente da empresa, e aos departamentos de marketing e comunicação. O uso das marcas existentes afeta a comunicação do portfólio corrente e as políticas de promoção, e pode mudar o posicionamento atual das marcas. Assim, essa questão deve ser adequadamente coordenada na organização.

6
Desenvolvedores

O que é um Desenvolvedor?

Desenvolvedores são pessoas cujo trabalho é transformar a ideia em invenção, isto é, converter a ideia em algo real, que possa ser comercializado.

Seria tanto uma perda de tempo quanto impossível tentar abarcar tudo que é feito nos novos produtos ou nos departamentos de P&D. Em primeiro lugar, este não é um livro sobre engenharia e *design*. É uma obra sobre inovação, basicamente inovação em marketing, na qual apresentamos um modelo para projetar e organizar os processos de inovação. As diversas tarefas que um departamento técnico deve realizar na transformação de uma ideia em uma invenção ou em um novo serviço são quase tão variadas quanto a quantidade de produtos no mercado. Qualquer coisa que pudéssemos oferecer a respeito do desenvolvimento técnico de, por exemplo, bicicletas seria incompleto ou inválido para o desenvolvimento de uma motocicleta, que é muito diferente de um eletrodoméstico, ou de um produto de consumo ou de um cosmético, que não são nada parecidos com um salão de beleza ou com os serviços de distribuição de energia.

Já existem livros sobre engenharia e processos que lidam com essas questões, agrupados por setores ou tipos de tecnologia. Aqui focalizamos os aspectos básicos que caracterizam o trabalho de um desenvolvedor em relação às outras funções pertinentes ao processo de inovação. Vamos nos concentrar nos principais desafios transversais, isto é, aqueles comuns a qualquer setor ou tipo de produto. Enfatizaremos especialmente a dimensão de marketing, algo que o desenvolvimento técnico nunca deve perder de vista, e explicaremos em detalhes as diversas técnicas e métodos que proporcionam *insight* sobre a maneira pela qual o mercado entende e avalia os produtos e serviços resultantes do departamento técnico de uma empresa.

Também queremos esclarecer que, de nosso ponto de vista, a função de um Desenvolvedor não é somente técnica. Tão importante quanto o desenvolvimento técnico de uma ideia é seu departamento de marketing. A função seguinte, Executores (E), focaliza a execução, entendida como a implementação do conceito total. Os Executores são responsáveis por colocar as coisas em movimento, uma função em que há pouco espaço para novas ideias e planos e muito espaço para a ação.

Tradicionalmente, em virtude da *expertise* e de habilidades técnicas, a tarefa do desenvolvimento do conceito foi responsabilidade dos departamentos de P&D. Os engenheiros e os técnicos são aqueles no comando da tecnologia e que podem, efetivamente, converter as ideias propostas em realidade.

Concordamos com o papel predominante e fundamental dos departamentos de P&D e de *design*, e que a função dos Desenvolvedores deve ser desempenhada principalmente por pessoal com capacidade técnica. O pessoal de vendas, marketing e propaganda não sabe como desenvolver planos técnicos e protótipos, ou como organizar a produção em massa e a logística. No entanto, propomos que os Desenvolvedores também devem incluir alguns membros do marketing e das vendas.

Um artigo muito interessante intitulado "Master of Value and Possibility: Optimizing the Marketing and Research & Development Relationship" [Mestre do valor e possibilidade: otimizando o relacionamento entre marketing e pesquisa e desenvolvimento],[45] baseado na pesquisa a respeito da compreensão da visão administrativa do relacionamento entre as duas áreas (marketing e P&D) durante o processo de inovação, oferece conclusões reveladoras, que respaldam e confirmam a adequação de trabalhar com as funções que postulamos aqui (A-F), a fim de assegurar a colaboração entre especialistas pertencentes aos diversos departamentos e áreas da empresa.

Os departamentos de P&D focalizam principalmente as novas soluções tecnológicas, as inovações mais disruptivas, as possibilidades tecnológicas que a inovação é capaz de criar, mas não estão em contato permanente com o cliente e, muitas vezes, suas propostas não necessariamente refletem ou atendem as necessidades e preocupações do cliente.

Por seu lado, os departamentos de marketing concentram-se basicamente nas inovações marginais, em extensões de portfólio, em assegurar que as inovações reflitam as necessidades do cliente, mas eles não são especialistas técnicos e não têm consciência das diversas possibilidades oferecidas pela tecnologia, e, portanto, não percebem inovações capazes de gerar valor, mas que são muito evidentes e, frequentemente, não disruptivas do ponto de vista tecnológico.

De fato, as duas áreas são complementares. Assim, o modo interessante e útil de proceder, como proposto aqui, é ter o pessoal de P&D ajudando os Criadores a definir os conceitos, e os especialistas em marketing envolvidos no desenvolvimento da inovação. Os primeiros ajudarão a assegurar que não perderemos as oportunidades em que a *expertise* tecnológica possa contribuir para a geração de ideias; os segundos, garantirão que qualquer ideia vinda do departamento de P&D será avaliada do ponto de vista das necessidades do cliente.

Parte da solução é identificar como as funções dos Desenvolvedores e dos profissionais de marketing diferem. Os Desenvolvedores devem ser mestres da arte do possível. Os profissionais de marketing devem ser mestres da arte do valor, articulando aquilo que as pessoas pagarão. Saber o que é possível não nos revela o que é de valor, e vice-versa. É na combinação dessas duas questões que encontramos a parceria correta entre marketing e desenvolvimento. Esses profissionais devem colaborar verdadeiramente para transformar "possibilidades valiosas", ou soluções, em novos produtos ou serviços bem-sucedidos. Os dois requerem arte e ciência, e ambos requerem um do outro assegurar a oferta certa para a demanda disponível ou potencialmente disponível. Esses focos distintos – valor e soluções – exigem conjuntos de ferramentas, e habilidades diferentes e resultam em prioridades um tanto diferentes. Alguém pode descobrir muitas coisas que são possíveis, que podem ter pouco ou nenhum valor, mas ninguém deve esperar desenvolver os melhores produtos ou serviços se ainda não descobriu as necessidades de maior valor do cliente relativas à concorrência.

De fato, a General Electric solucionou essa questão criando unidades de trabalho em que pessoas com esses dois perfis trabalham. O pessoal de marketing é incentivado a adquirir certa *expertise* em tecnologia, e o pessoal de P&D, a dedicar algum tempo para compreender o consumidor ou cliente. As duas partes devem aprender algo do jargão técnico do outro, isto é, uma espécie de multilinguismo empresarial essencial para a comunicação entre eles. Por exemplo, a House of Quality é uma organização em que os profissionais de marketing mencionam as vontades do consumidor a respeito de um automóvel e o grupo de P&D transforma isso em potência e outros enunciados técnicos.[46]

Em nosso modelo A-F, abordamos esse problema, solucionando-o mediante a designação de pessoas de um perfil ou de outro, bem como outros funcionários da empresa, para cada uma das funções e, especialmente, assegurando que, nos pontos de interação, a função principal em um estágio trabalhe em conjunto com a função principal do estágio seguinte. Por exemplo, é uma boa coisa, como explicado neste capítulo, ter Criadores e Desenvolvedores colaborando em conceitos que emergem das ideias, da mesma forma, Desenvolvedores e Executores devem trabalhar juntos na ampla esquematização do plano de negócios para o protótipo sob desenvolvimento.

Em todo caso, a natureza interativa das seis funções estimula todos a estarem permanentemente envolvidos no trabalho e nos sucessos, avanços e conquistas dos outros, fazendo com que as barreiras tradicionais entre os departamentos sejam vencidas e eliminadas: P&D desenvolve e o marketing lança no mercado (típico das empresas de tecnologia), ou o marketing propõe uma ideia e P&D desenvolve (típico de empresas de bens de consumo).

No entanto, não devemos depender somente desses dois departamentos. Os Desenvolvedores podem, se necessário, incluir profissionais variados, desde especialistas de mercado até engenheiros, passando por pessoal de compras, logística, produção, vendas e *design*.

Para esclarecer se essas pessoas devem pertencer à empresa ou se as funções podem ser contratadas fora, os leitores devem voltar ao Capítulo 3, em que explicamos todas as formas de cooperação, e ao Capítulo 5, em que abordamos o conceito de cocriação.

Contribuição dos Desenvolvedores para a definição do conceito

Os Desenvolvedores não são "carregadores de piano", sobrecarregados com uma ideia brilhante e de pouca exequibilidade. No Capítulo 5, deixamos muito claro que os Criadores não devem propor ideias somente, mas sim produzir ideias pertinentes, exequíveis e de valor. Não podemos entregar ao Desenvolvedor uma ideia impossível, com a responsabilidade de torná-la viável, pois a única coisa que conseguiremos será criar conflitos, desestimular as pessoas e perder dinheiro, além de arruinar o processo de inovação.

Esse é o motivo por que existem diversas funções que se situam a meio caminho entre os Criadores e os Desenvolvedores, uma tarefa que devem realizar juntos antes de passar para o desenvolvimento de protótipos, modelos e planos de produção. Referimo-nos ao seu papel em afetar o projeto do conceito.

Limitações que os Desenvolvedores conhecem

As limitações que os Desenvolvedores são capazes de identificar na definição de conceitos de novos produtos e serviços têm a ver com as próprias limitações empresariais, e podem classificar-se em quatro grupos que respondem a essas perguntas-chave:

a) Temos a tecnologia que esse conceito requer e a dominamos?

b) Podemos fabricá-lo?

c) Podemos comercializá-lo e sabemos como fazê-lo?

d) Temos os recursos para desenvolver essa inovação?

Se o conceito for reprovado nesse questionário, só haverá três soluções possíveis: (1) abandonar o conceito, (2) mantê-lo como está (certificando-se antecipadamente de que não entre em conflito com os planos gerais ou a missão da empresa) e começar a procurar fornecedores, parceiros etc., e (3) procurar modificar o conceito, a fim de que consiga passar pelo questionário.

Limitações tecnológicas

A primeira pergunta que surge no desenvolvimento de uma inovação é: temos a tecnologia? Em caso afirmativo, estamos em uma posição vantajosa. Possuir a capacidade tecnológica para viabilizar uma ideia representa meio caminho andado. Se a resposta for negativa, "não temos a tecnologia para desenvolver o conceito", então os Desenvolvedores e os Buscadores devem trabalhar juntos para encontrar possíveis Fornecedores externos da tecnologia necessária. Esse tende a ser um processo longo, difícil e custoso. Assim, os benefícios de uma inovação que requer tecnologia adquirida fora da empresa devem ser suficientemente atraentes. Antes de continuar com esse processo de inovação, devemos pensar duas vezes. Talvez seja o caso de parar e revisar o projeto.

Limitações de produção

Nesse caso, temos uma tecnologia específica, mas não a capacidade de produção ou as instalações para fabricar a inovação. Isto é, nossas linhas de produção não podem executar o produto ou nossa estrutura não consegue prestar o serviço. Essa limitação pode ser superada, mas, de novo, as implicações são importantes. Nesse caso, há somente duas alternativas bastante óbvias: terceirizar ou investir em novas instalações. Terceirizar envolve partilhar a margem de lucro e afeta diretamente o retorno do investimento esperado e a lucratividade do projeto, representando dificuldades adicionais que aumentam o risco envolvido no projeto. Investir em novas instalações ou linhas de produção significa investir tempo e recursos, e, sobretudo, requer alcançar um volume mínimo de vendas.

Limitações de marketing

Nesse caso, nos perguntamos se temos as habilidades e a *expertise* para comercializar o produto ou serviço. Aparentemente é contraditório o fato de conseguirmos fabricar um produto e, depois, descobrirmos que não podemos vendê-lo ou distribuí-lo, mas isso muitas vezes acontece com fabricantes de componentes e matérias-primas. Uma empresa de borracha, especializada em pneus, por exemplo, pode ter a tecnologia e a capacidade de fabricar utensílios de cozinha com base nas qualidades da borracha. No entanto, por ser tão especializada no setor automotivo, não possui rede de vendas, nem *expertise* em marketing para ingressar no mercado de produtos para o lar. Nesse caso, podemos nos perguntar se devemos seguir adiante ou estabelecer parcerias com terceiros para distribuir o que fabricamos. Evidentemente, quase sempre há uma solução para algo que conseguimos produzir, mas não sabemos como vender. No entanto, estrategicamente, a empresa deve se perguntar se a diversificação é algo que faz parte de seus planos.

Limitações financeiras

Por fim, os recursos financeiros. Qualquer inovação possui custos e investimentos associados (ver Capítulo 8). Além do retorno do investimento, uma inovação com potencial de gerar muito dinheiro, mas que, em virtude do investimento necessário, compromete toda a empresa, tende a ser descartada. Essa circunstância é o principal fator limitador para as pequenas e médias empresas em relação à inovação. Essas empresas detectam mais oportunidades do que podem financiar; seu poder financeiro não é o de uma multinacional, e elas abandonam muitos de seus projetos de inovação porque estes envolvem demasiado risco.

Conservação do conceito

Tendo selecionado um ou mais conceitos para transformar em produtos ou serviços com potencial de mercado, os Desenvolvedores ainda enfrentam diversos desafios, mas, sem dúvida, o principal é o risco de perder a essência e o potencial do conceito, à medida que este avança para algo real e comercializável.

O mundo das ideias dificilmente conhece limitações e você pode pedir o "impossível": "iogurte para emagrecimento" ou uma "apólice de seguro de vida que assegure o futuro de seus filhos e netos". Por outro lado, o mundo dos produtos e serviços reais é rico em limitações e restrições. Um criador diria: "Bem-vindo ao mundo das possibilidades e oportunidades". Um desenvolvedor responderia: "Bem--vindo ao mundo real das limitações".

E talvez deva ser assim. A tensão entre ambos impulsiona o potencial inovador de uma empresa. Quem não ousa sonhar não progride, e quem não "tem os pés no chão" entra em colapso. As duas posições são necessárias no processo de inovação.

O desafio é saber como combiná-las. Os Desenvolvedores devem ter plena consciência de que não "alicerçar" uma ideia envolve o risco de diluir seu potencial, obscurecendo sua essência, clareza e brilho. Há inúmeros produtos e serviços criados com o potencial de preencher uma necessidade específica, que, no momento da verdade, guardam pouca semelhança com o projeto inicial ou deixam de cumprir sua promessa.

Como explicamos antes neste capítulo, quanto mais realista, apropriada e exequível a ideia, menos pressão haverá sobre os Desenvolvedores. Além disso, o desempenho real e eficaz das soluções técnicas propostas pelos Desenvolvedores deve ser acompanhado por uma avaliação do grau em que os benefícios e *insights* básicos da ideia foram mantidos.

Por esse motivo, os Desenvolvedores devem ser inteiramente abertos e honestos acerca de sua capacidade de dar respostas àquilo que é expresso nos conceitos.

Em todo caso, o modelo A-F proposto neste livro ajuda a evitar a diluição do conceito conforme ele se torna um produto ou serviço real. Por quê? Porque, em vez de funcionar de forma linear, as diferentes funções se relacionam continuamente em todas as direções. Ativadores, Buscadores, Criadores, Executores e Facilitadores acompanham o conceito à medida que ele evolui e se torna um produto, cooperando, quando as dificuldades emergem, com novas ideias, informações, pesquisa ou recursos adicionais, para ajudar a superar as limitações impostas pela realidade.

Como avançar passo a passo no desenvolvimento

Como já mencionado, o mundo das ideias custa relativamente pouco dinheiro para uma empresa. É no momento em que os Desenvolvedores assumem o controle do processo que a questão do custo começa a ficar séria.

Uma das máximas da inovação é o gerenciamento apropriado de erros e fracassos: falhar logo, de forma rápida e barata. Inovar significa gerenciar os erros envolvidos na atividade de inovação.

A maneira pela qual os Desenvolvedores podem avançar, enquanto os Facilitadores adotam novas despesas e itens de investimento, confiantes de que o dinheiro não está sendo jogado fora, é usando a "factibilização": um produto ou serviço que, ao longo do tempo, vai de um menor custo para um maior. De fato, como T. Davila, M. J. Epstein e R. Shelton demonstram tão bem, enquanto um projeto de inovação avança ao longo do tempo, a capacidade de influenciar o resultado final diminui e o investimento aumenta. Os dois fatores elevam o risco da inovação à medida que o tempo passa. (Figura 6.1.)

Figura 6.1 – Investimento e evolução do risco ao longo do processo de inovação

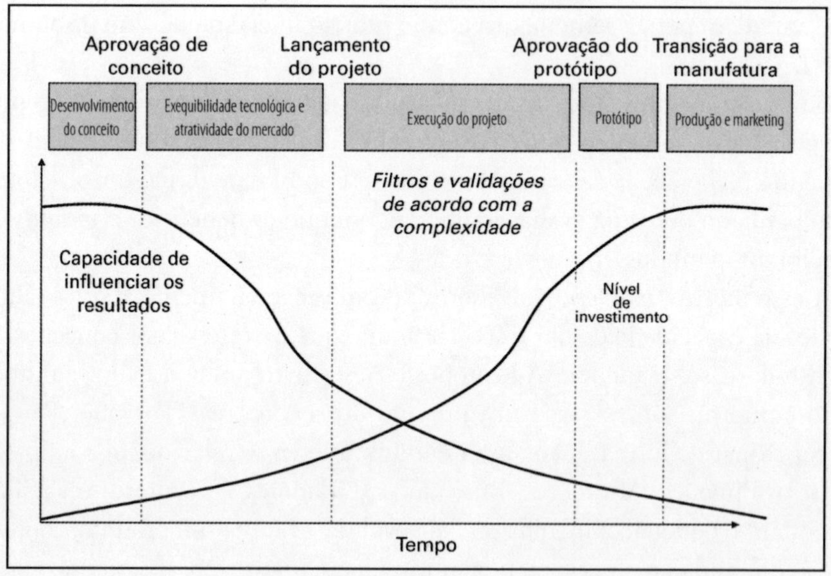

O caminho para especificar a ideia do menor custo para o maior é:

Conceito → Desenhos e planos → Modelo → Protótipo → Teste de manufatura → Produto acabado

O processo começa com desenhos e planos, que ainda correspondem a um custo baixo. O modelo é uma reprodução (não necessariamente na escala) em que não se utilizam os materiais com os quais o produto será fabricado. O protótipo é uma reprodução em escala natural; se possível, feita com os materiais previstos. O teste de manufatura corresponde aos primeiros produtos que saem da linha de produção, depois que esta foi instalada. O produto acabado é o que obtemos quando a produção está totalmente operacional. A diferença entre o produto acabado e o teste de manufatura é que o primeiro incorpora a curva de aprendizagem da produção para fixar a escala e representar o item real assim que a produção alcança o ritmo previsto.

Em termos de custos, um desenho requer menos investimento do que um modelo, que, por sua vez, é mais barato do que um protótipo, o qual custa menos do que os primeiros testes de manufatura, que envolvem menos investimento do que o produto, que, por fim, será fabricado.

O mesmo vale para os serviços. Nesse caso, a sequência para controle adicional de custos e investimentos é:

Conceito → Configuração do serviço → Demonstrativo do serviço → Prova real → Serviço instalado

A configuração do serviço inclui a lista de resultados práticos, a sequência de serviços ao cliente, o protocolo e como proceder em caso de imprevistos. A demonstração é um teste, que presta o serviço sob condições imaginárias e controladas. O teste real corresponde à primeira prestação do serviço após seu lançamento. O serviço estabelecido é o que oferecemos numa base contínua e não exclusiva.

Soluções para o compromisso entre os recursos básicos

No desenvolvimento de um produto, as incertezas tendem a surgir quase como para avaliar seus diferentes recursos, características ou qualidades. Há um método que foi empregado durante anos e que, não obstante, é pouco conhecido e utilizado nas empresas. Referimo-nos à análise conjugada. Sua reduzida penetração no mundo empresarial deve-se ao fato de que sua aplicação é complexa e, embora não seja muito onerosa, também não é barata.

A análise conjugada é o tipo de análise multivariável e possui diversas aplicações, pois quantifica o compromisso entre os diversos fatores ou atributos. Por exemplo, quanto a mais podemos cobrar por esse produto se reduzirmos seu peso em alguns gramas? Ou: o cliente escolherá o produto se este pesar mais alguns gramas e, como compensação, oferecer mais recursos?

A análise conjugada consiste em apresentar a uma amostra representativa de clientes alguns projetos alternativos em que os fatores básicos do projeto são variados.

Os clientes são incentivados a ordenar suas preferências. Por exemplo, eles preferem o produto mais pesado, com mais recursos, do que o mais leve, com menos recursos? Uma das maiores aplicações da análise conjugada foi seu uso no desenvolvimento dos hotéis Courtyard, quando ajudou a avaliar as preferências dos consumidores em relação ao acréscimo de piscina, aparelhos de tevê pequenos ou grandes etc.

O preço, os recursos e outros são exemplos de fatores ou atributos. O peso e a quantidade de recursos são níveis ou valores diferentes que esses atributos podem assumir e estão dentro de uma gama de possibilidades que levamos em consideração no desenvolvimento do produto. O mesmo princípio se aplica aos serviços. Há certa limitação em relação à quantidade de atributos e níveis que podem ser incluídos em uma análise conjugada. Recentemente, porém, aplicativos se tornaram disponíveis para entrevistas realizadas por computador, em que é possível incluir uma quantidade bastante grande de atributos e fatores.

A seguir, apresentamos resultados de uma análise conjugada realizada por uma operadora de celulares ao projetar a variedade de aparelhos para seus clientes. A empresa quis avaliar a importância de diversos fatores, com o objetivo de elaborar um plano de acordo com as preferências de seus clientes (Figura 6.2):[47]

Figura 6.2 – Exemplo de análise conjugada para o projeto de produtos de uma operadora de telefonia celular

A análise conjugada foi criada para:

- Conhecer a sensibilidade de cada um dos fatores da oferta de valor.
- Analisar diversos cenários a partir dos testados no questionário.

Fatores	Níveis a ser testados
Preço do pacote	50, 75 e 100 dólares
Marca	Motorola, Nokia, Siemens
Peso	50 g, 75 g, 100 g
Tamanho	Pequeno, médio, grande
Abertura	Sim, não
Tela digital	Sim, não

Nesse exemplo, a maioria dos fatores está relacionada ao *design* e aos recursos do celular, mas também inclui algumas variáveis de marketing, como preço do pacote. Isso foi feito porque se utilizou a ferramenta para três propósitos:

- Configuração do plano (para os Desenvolvedores)
- Configuração da oferta comercial ideal (para entrega aos Executores)
- Estimativa da demanda para cada uma das configurações possíveis (para os Facilitadores)

Uma análise conjugada, bem pensada, projetada e administrada, pode ser muito proveitosa.[48] A figura a seguir mostra alguns dos resultados dessa análise conjugada. Por exemplo, apresenta o primeiro indicador que essa técnica fornece: a importância dos fatores em uma escala de 100. Com base no *feedback* total do cliente, podemos calcular o peso relativo dos fatores que afetam o projeto.

Figura 6.3 – Exemplo de análise conjugada (peso ou importância dos fatores de acordo com as respostas de clientes)

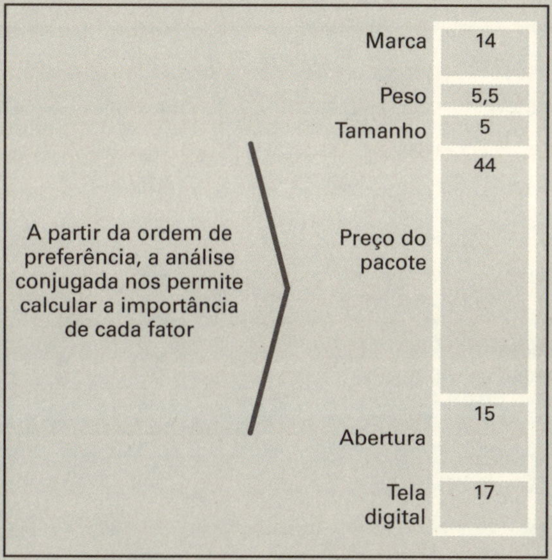

Outro resultado que pode advir da análise conjugada é a atribuição de prioridades das diversas configurações, estimando a proporção de clientes que escolheriam uma opção específica. Se, além disso, o projeto da análise conjugada incluir atributos e níveis dos principais concorrentes, poderá até estimar (para os Facilitadores avaliarem o potencial de cada configuração) como muitos clientes prefeririam nossos projetos em relação aos que a concorrência correntemente colocou no mercado. O modo de operacionalizar essa análise é converter a utilidade que a análise conjugada propôs em um modelo simples, que possa ser expresso em uma planilha e permita testar diversas configurações e, depois, verificar a porcentagem de entrevistados que preferem cada uma.

Figura 6.4 – Exemplo de análise conjugada (estimativa de participação de mercado para diversas alternativas de projeto)

Preço do pacote	50 dólares	60 dólares	65 dólares
Marca	Motorola	Siemens	Nokia
Peso	75 g	75 g	50 g
Tamanho	Pequeno	Pequeno	Pequeno
Abertura	Não	Não	Não
Tela digital	Sim	Sim	Sim
Participação estimada	25%	35%	40%

Verificações ou controles de qualidade

Nos dois casos, produtos e serviços, enquanto o Desenvolvedor progride, diversos fatores devem ser verificados repetidas vezes, sem receio de ser entediante ou excessivamente cauteloso e conservador. Ativadores, Buscadores, Criadores, Desenvolvedores e Facilitadores devem se envolver nesse estágio, pois é fundamental para o processo de inovação.

Do desenho ao produto acabado, entre cada etapa, as seguintes verificações devem ser consideradas:

a) Relativas ao uso: funciona bem? É seguro para o uso ou o consumo? Corresponde às expectativas ou cumpre suas promessas?

b) Relativas à qualidade: o produto foi bem projetado? Será tão durável quanto previsto? Esse projeto pode ser fabricado com todos os seus recursos?

c) Relativas ao conceito: estamos preservando o benefício básico? O *reason why* está suficientemente claro para o cliente no projeto? Estamos mobilizando o *insight* do cliente que procuramos com o produto que desenvolvemos? Examinamos as dificuldades e o potencial do conceito depois que o desenvolvemos?

A virtude do Desenvolvedor: paciência

A inovação, assim como a criatividade, a exemplo do que Picasso e muitos outros pintores afirmaram, é 1% inspiração e 99% transpiração; em outras palavras: suor. As ideias não se transformam em realidade de modo simples e fácil. É uma tarefa que demanda tenacidade e enfrenta limitações, dificuldades e obstáculos que surgem inevitavelmente. É o momento em que diversas empresas jogam a toalha. Elas carecem de paciência, tempo, flexibilidade na programação ou recursos para avançar de modo lento, mas seguro. Os autores assistiram a diversas empresas que, não conseguindo proceder dessa maneira, acabaram lançando produtos e serviços para os quais não estavam prontos e que, sem a possibilidade de serem aperfeiçoados após surgirem no mercado, fracassaram tremendamente.

Testes

Uma maneira de avançar do conceito para o produto acabado de modo seguro é realizar testes periódicos. Há empresas que testam seus novos produtos de um modo ou de outro, enquanto outras, muito mais do que imaginamos, não testam os novos produtos e serviços de modo algum. Algumas agem dessa forma por ignorância; outras, devido à falta de hábito; e a maioria, por causa dos custos envolvidos no teste. É um erro básico, pois o fracasso é mais caro do que o teste. Além disso, há uma grande variedade de métodos de teste, tanto qualitativos como quantitativos, de escopo e custo diferentes e variados. Veja a seguir:

Conceito →	Desenhos e planos →	Modelo →	Protótipo →	Teste de manufatura →	Produto acabado
	Teste de conceito		Teste de produto	Teste de uso domiciliar	Teste de área/mercado

Esses métodos são úteis para os Desenvolvedores moldarem gradualmente o produto, à medida que avançam no plano de materialização e produção. Também são fundamentais para os Facilitadores na avaliação do potencial comercial ou de mercado do produto, testando-o para assegurar que este atenda os requisitos mínimos para o lançamento. Prosseguindo, explicaremos em que consistem essas metodologias, como são administradas e de que forma contribuem para melhorar o desenvolvimento da inovação.

Teste de conceito

Geralmente, o teste de conceito é realizado quando queremos validar um novo conceito, para medir o potencial no mercado e em que grau ele condiz com a marca. Ao mesmo tempo, usamos o teste de conceito para validar os recursos que o cliente valoriza ao máximo, e aqueles nos quais o cliente não está interessado. Assim, podemos focalizar de forma adequada as iniciativas da fase de desenvolvimento. Um testes de conceito é conduzido mediante entrevistas pessoais (recentemente, porém, testes pela internet estão sendo realizados). Nos teste de conceito, o consumidor não utiliza, toca ou testa o produto; ele somente avalia a ideia. Em certas ocasiões, a informação a respeito do preço é dada ao entrevistado, mas isso geralmente é feito após a avaliação do conceito, a fim de evitar que a informação do preço influencie a percepção do conceito. O entrevistado também é questionado sobre a compreensão do conceito (este é apresentado em um papel, às vezes com um projeto gráfico e uma breve descrição por escrito), a respeito do que gosta e não gosta, dos aspectos que geram atração ou rejeição, da adequação com a marca (no caso de uma marca existente estar sendo usada), da embalagem (se existir), do nome do produto e dos elementos que modificaria.

Teste de produto

Um teste de produto é realizado quando já temos um protótipo ou algumas unidades já produzidas que podem ser testadas. A entrevista ocorre em cenários especiais em que o produto será testado (ou usado). Às vezes, antes do teste, o conceito é explicado nos mesmos termos que os do teste de conceito, e os mesmos tipos de avaliação e pergunta são feitos. Depois do teste de produto, o entrevistado é questionado a respeito da intenção de compra, de até que ponto ele considera estar diante de algo único ou distinto em relação ao que já existe no mercado, e da correspondência do que foi testado com a descrição do conceito feita antes do teste. Após esse procedimento, geralmente passamos para as opiniões acerca de recursos físicos e características. Assim, podemos aprimorar o desenvolvimento. Isso consiste em uma avaliação do sabor se for um produto de consumo. Procuramos identificar o que está faltando ou o que está errado, simpatias e antipatias, que aspectos precisam ser aprimorados e, finalmente, avaliar se faz sentido avançar no processo de inovação (ver Capítulo 8). Além disso, após o uso ou teste do produto, simplificamos as informações sobre preço para que possamos avaliar os valores mínimo e máximo que podemos cobrar.

Todas essas informações são fundamentais para os Desenvolvedores, que seguirão fazendo mudanças e ajustes antes da produção industrial definitiva. Em alguns casos, após o teste do produto, certa quantidade dele é dada ao entrevistado, para que este possa continuar utilizando-o em casa. Isso é o que denominamos teste de uso domiciliar.

Teste de uso domiciliar

Nesse caso, os consumidores levam consigo uma ou mais amostras dos produtos testados (se for um serviço, é dado a eles a oportunidade de utilizá-lo). Tem-se interesse em detectar os possíveis problemas que o cliente encontra em seu ambiente natural, sem um entrevistador e longe de um cenário de entrevista. Depois de alguns dias, geralmente uma ou duas semanas, a pessoa volta a ser entrevistada, após o uso ou consumo estendido. A segunda entrevista é realizada pessoalmente ou por telefone, e as perguntas sobre simpatia, conformidade com a marca, intenção de compra e aspectos a serem aprimorados são repetidas. Deseja-se saber se houve alguma mudança após o uso ou consumo estendido, em comparação com o primeiro julgamento. Além desse objetivo, também se coleta informações sobre a situação de uso ou consumo: que membros da família usaram/consumiram? Onde? Por quê? Que atividades eram realizadas durante o consumo? Todas essas informações são fundamentais para os Desenvolvedores, e também para os Executores, se, finalmente, a inovação for lançada.

Teste de área e teste de mercado

São os modos mais desenvolvidos de testar uma inovação. Como nesses dois casos é necessário certo grau de execução, falaremos sobre ambos no próximo capítulo.

7
Executores

Quem são os Executores?

Os Executores são os indivíduos encarregados da implementação prática e eficaz de uma inovação. Em outras palavras, os Executores desempenham uma função proeminente em tudo que diz respeito à implementação.

Execução: um fator decisivo no sucesso

Independentemente da importância das funções anteriores, com certeza é na fase de implementação ou execução que encontramos alguns dos principais obstáculos e fatores básicos relativos ao desempenho insatisfatório em inovação por parte das empresas.[49]

Viajy Govindarajan e Chris Trimble, importantes especialistas em inovação e autores de diversos livros, dedicaram todo um volume somente ao tema da execução da inovação. Esta é a opinião deles a respeito do papel da fase de execução:[50]

> *Comparamos a inovação à uma escalada ao Mount Rainier. A maioria dos alpinistas concentra sua energia e entusiasmo em alcançar o cume, deixando poucos recursos para a parte menos fascinante e mais perigosa da expedição: a descida. Da mesma forma, as empresas dedicam energia somente para alcançar o cume da inovação, isto é, identificando, desenvolvendo e se comprometendo com a ideia brilhante. "Alcançar o cume pode parecer a realização de um sonho, mas não é suficiente. Após o cume, vem o outro lado da inovação: os desafios além da ideia. A execução. Como o Mount Rainier, é o outro lado da aventura que é realmente mais difícil." Em resumo: há muita ênfase nas ideias, e não o suficiente na execução.*[51]

Ou, nas palavras de Theodore Levitt:

> *Uma ideia poderosa pode ficar sem utilidade em uma empresa durante anos, não porque seus méritos não são reconhecidos, mas porque ninguém assumiu a responsabilidade de convertê-la de palavras em ação.*[52]

Eis outro depoimento para respaldar essa tese:

> *Na maioria dos casos, o problema é que as organizações investem em iniciativas de ideação criativa, tais como eventos de* brainstorming, *gerenciamento de ideias, campanhas de ideias etc., mas não investem na implementação das ideais mais criativas que resultam dessas iniciativas.*[53]

De fato, frequentemente, as empresas chegam à fase de execução com os recursos e o entusiasmo depauperados, tomando decisões inadequadas sobre quem está mais bem posicionado para executar o lançamento de uma inovação.

Neste capítulo, não falaremos a respeito de como realizar o plano de lançamento de um novo produto ou serviço, pois já existe uma ampla literatura a respeito desse assunto. Em vez disso, dedicaremos nossa atenção às chaves da execução bem-sucedida: quem deve executar, quais ferramentas e estratégias de execução abrangem todos os setores e que fatores considerar depois que a execução está a caminho.

Seleção dos Executores

Quem é o indivíduo mais adequado para ser um Executor?

Essa é uma pergunta que raramente obtém a atenção merecida. Entre as empresas, há uma tendência de designar os lançamentos de novos produtos ou serviços numa base de "melhor compatibilidade": para o departamento com o portfólio mais parecido ou, na falta deste, para alguém que possui a base de clientes mais semelhante.

Isto é, as empresas decidem a partir das afinidades ou semelhanças entre a inovação e os produtos ou clientes existentes, embora, como logo veremos, esse não seja necessariamente o melhor critério.

Eis as opções realmente disponíveis para uma empresa no lançamento de um novo produto:

Figura 7.1 – Árvore de decisão para definir onde executar a inovação

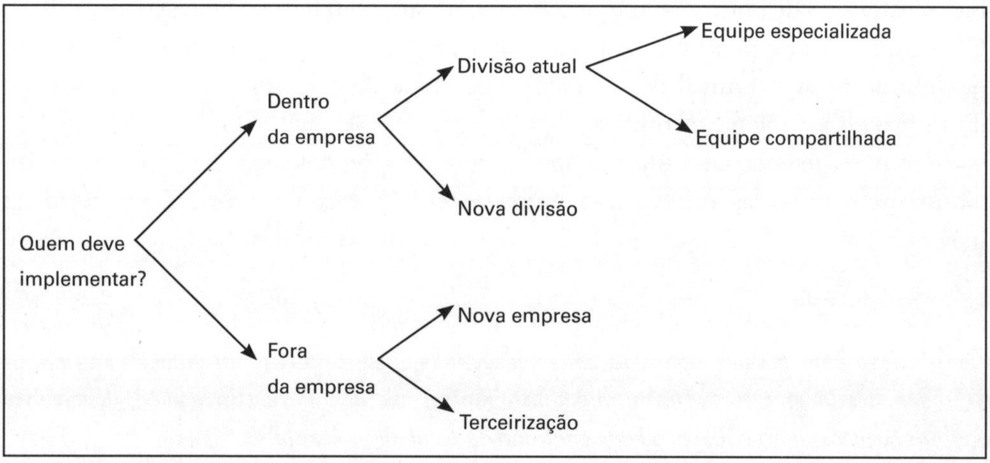

É possível perceber que temos muito mais opções do que apenas usar uma das divisões atuais para executar uma inovação.

Dentro ou fora da empresa?

A primeira grande pergunta é: executar dentro ou fora da empresa? Evidentemente, criar uma nova empresa com o propósito exclusivo de implementar um lançamento seria muito oneroso – despesas que poderão ser divididas se executarmos o processo dentro da estrutura atual.

Da mesma forma, ter outra organização na execução significa dividir uma porcentagem das possíveis margens brutas e benefícios totais, além do envolvimento em algum tipo de compromisso de médio a longo prazo, pois, sem ter assegurado uma participação nos futuros lucros, dificilmente se pode esperar que a outra parte faça o grande esforço requerido a fim de encaminhar uma inovação para o mercado.

Os custos associados são um dos principais argumentos contra a execução fora da empresa. O mundo empresarial anda na base do relógio de curto prazo. Diversos executivos se postam para obter imensos incentivos financeiros se forem bem-sucedidos no incremento dos lucros da empresa ou dos valores partilhados. Por outro lado, constituir uma nova empresa, com uma nova marca registrada, estrutura de pessoal etc. é um empreendimento tão arriscado quanto complicado.

Por esses dois motivos, raramente as empresas consideram com seriedade a possibilidade de executar do nada um novo projeto empresarial.

Evidentemente, essa afirmação se aplica a inovações de certa magnitude; não inclui extensões de portfólio ou inovações marginais, com baixas vendas incrementais. Criar uma nova empresa é uma opção a considerar nos seguintes tipos de inovação: modelo de negócios, nível de mercado (nova base de clientes), produto ou serviço disruptivo ou tecnologia disruptiva.

Com respeito a esse último tipo, a inovação tecnológica disruptiva, Clayton Christensen, uma das principais autoridades em inovação, enxerga a execução da inovação por meio de um novo projeto empresarial como uma das chaves para o sucesso:

> *Com poucas exceções, os únicos casos em que empresas importantes consolidaram com sucesso uma posição oportuna em uma tecnologia disruptiva foram aqueles em que os gerentes das empresas constituíram uma organização autônoma encarregada de desenvolver um negócio novo e independente em torno da tecnologia disruptiva.*[54]

No entanto, há um motivo ainda mais poderoso para avaliar a opção de constituir uma empresa independente para executar uma inovação. Se examinarmos a estatística a respeito da sobrevivência das empresas, constataremos que a lucratividade de curto prazo não é necessariamente o critério mais apropriado.

O motivo é que, gostemos disso ou não, as empresas estão condenadas, mais cedo ou mais tarde, a desaparecer. A obsolescência é algo que raramente pode ser evitado. O motivo é simples. O ambiente está mudando num ritmo que as rígidas estruturas corporativas nem sempre podem acompanhar. Estudos empíricos recentes revelam que apenas uma em cada dez empresas é capaz de manter o crescimento a longo prazo ou gerar lucros de forma contínua:

- Chris Zook e James Allen, em seu estudo *Profit from the Core*, analisaram 1.854 empresas e constataram que somente 13% delas foram capazes de obter crescimento constante em um período de mais de dez anos.[55]
- Em *Good to Great*, Jim Collins verificou que, em uma amostra de 1.435 empresas, somente 9% delas foram capazes de sustentar o crescimento por dez anos consecutivos, em um período de trinta anos.[56]

- Richard Foster e Sarah Kaplan, em seu estudo *Creative Destruction*, analisaram uma amostra de 1.008 empresas, e descobriram que, após 35 anos, a taxa de sobrevivência era de apenas 16%.[57]

Esse último dado é respaldado pelo fato de que há uma única empresa na história da Bolsa de Valores de Nova York que conseguiu permanecer no índice Dow Jones por mais de 150 anos. Essa empresa é a General Electric. O motivo é simples: a GE não é uma única empresa, mas um conglomerado. Como os negócios de longo prazo estão condenados a desaparecer, o modo de sobreviver não é ser um negócio único, e sim um agregado de negócios independentes. Portanto, quando as mudanças ambientais fazem uma empresa do grupo GE entrar em declínio, este se desfaz desse negócio, a fim de investir em setores em expansão. A General Electric ocupa uma posição elevada no *ranking* das empresas inovadoras. Se, em consideração ao corte de custos, a GE desenvolvesse suas inovações dentro de uma organização única, hoje ela provavelmente não existiria. Se qualquer um de seus negócios afundasse, traria o restante consigo. Apesar de ser mais oneroso constituir uma nova empresa para empreender a inovação, é a melhor política para assegurar a sobrevivência de longo prazo.

Isso também é aplicável às pequenas e médias empresas. Como essas empresas muitas vezes carecem de recursos financeiros, elas tendem a implementar as inovações dentro de suas organizações. O resultado é que, quando o negócio principal enfrenta dificuldades, geram-se perdas tão grandes que, dado seu peso relativo, a empresa toda é arrastada para o colapso, inclusive o novo projeto. Talvez o projeto tivesse sobrevivido se a empresa houvesse constituído uma organização autônoma para implementá-lo.

Portanto, a decisão de executar dentro ou fora da empresa também deve se basear na sustentabilidade, na sobrevivência de longo prazo, e não somente na lucratividade de curto prazo ou na economia de custos.

Se decidirmos finalmente ir para fora do negócio corrente, não necessariamente significará que temos de constituir uma nova empresa. Podemos subcontratar ou terceirizar a execução mediante uma parceria com outra organização.

A história da inovação é repleta de exemplos de empresas que decidiram que era melhor não executar dentro de sua organização corrente, mesmo em uma nova empresa constituída, mas mediante empreendimentos conjuntos. Consideremos o caso do Nestea, um projeto que uma corporação do tamanho e do poder financeiro da Nestlé poderia ter implementado por conta própria, mas, como todos sabem, ela terceirizou o projeto, em parceria com a Coca-Cola. Outro exemplo é Sunil B. Mittal, presidente da Bharti Tele-Ventures Ltd., empresa de telecomunicações indiana, cujo radical modelo de negócios, que terceiriza tudo exceto gerenciamento de marketing e clientes, cobra dois centavos de dólar por minuto nas chamadas e ganha um milhão de clientes por mês.[58]

O Walmart faz algo parecido com propostas a partir da Walmart Innovation Network [rede de inovação do Walmart]. Apesar de fomentar certos projetos, a empresa não é obrigada a distribuir as inovações resultantes através das próprias lojas. Quando há interesse em fazer isso, ela contata os compradores apropriados e organiza campanhas promocionais para venda e distribuição da inovação.

A decisão quanto a executar ou não dentro da empresa não se relaciona com a decisão relativa à marca registrada. Não há nada que nos impeça de terceirizar a execução sob uma de nossas marcas correntes.

A seguir, encontra-se um resumo a respeito dos principais fatores a considerar na decisão de lançar uma inovação dentro da organização atual ou fora dela:

1. Nível disruptivo da inovação. Quanto mais disruptiva, mais aconselhável é executar a inovação com uma nova empresa.
2. Trajetória de longo prazo prevista para a inovação. Quanto mais longa a trajetória prevista, mais fácil é executar a inovação em uma nova empresa.
3. Obstáculos internos. Em qualquer organização, há uma resistência natural à mudança. A estrutura e a cultura empresariais podem ser um obstáculo na execução da inovação. Quanto maiores os obstáculos internos, maior a necessidade de executar a inovação fora da empresa.
4. Redução de custos. Quanto maiores os gastos, mais sentido faz executar a inovação dentro da empresa.
5. Recursos. De quanto menos recursos você dispõe, melhor o motivo para executar a inovação dentro da empresa.

É importante considerar que delegar a execução para uma nova empresa não implica uma evidente ruptura com a empresa atual. Em seu livro, *10 Rules for Strategic Innovators*, Govindarajan e Trimble forneceram um conjunto de recomendações sobre como a nova empresa responsável por uma inovação pode aproveitar os ativos da organização controladora.

De acordo com os autores, constituir empresas disruptivas ou pioneiras significa esquecer, apropriar-se e aprender: esquecer aquelas verdades indiscutíveis mantidas na empresa controladora; apropriar-se de todos ativos úteis da empresa controladora; e, finalmente, aprender rapidamente do mercado e dos resultados precoces à medida que a execução prossegue.

Portanto, o que apresentamos aqui como uma decisão dicotômica (executar dentro ou fora da organização) pode e deve ser abordado de maneira muito mais linear, examinando todas as partes da empresa que não se envolverão na execução, mesmo que elas proponham a ideia original ou estejam financiando o projeto.

Equipe especializada ou equipe compartilhada?

Supondo que optamos por executar a inovação dentro da empresa, devemos então decidir se atribuímos ou não a responsabilidade para a equipe dedicada especificamente a essa tarefa.

Embora as consequências dessa decisão sejam modestas em comparação com o caso anterior, a opção ainda apresenta diversas implicações, positivas e negativas.

As equipes especializadas significam custos maiores em termos de recursos humanos, mas apresentam a vantagem de os Executores estarem totalmente concentrados e livres de outras responsabilidades e, portanto, aptos a se concentrar em tempo integral na inovação. Além disso, a mensagem enviada para a organização é de que a empresa está sinceramente interessada e comprometida com o projeto. Se você espera que a inovação adquira um volume significativo e planeja inovações marginais para ampliar o mercado, nós recomendamos agrupar equipes especializadas em uma nova divisão criada para o propósito (ver a seção "Estendendo o lançamento", neste capítulo). Colocar equipes especializadas em uma divisão específica também possui a vantagem de facilitar a atribuição de custos e dar uma visão mais clara, desde o início, dos lucros auferidos a partir do projeto.

Uma equipe compartilhada, em comparação, significa que os Executores da inovação também são responsáveis por outros produtos e serviços. Eles terão de adicionar o novo produto ou serviço ao portfólio que gerenciam, ou administrar um novo processo, ou aprimorar as tarefas de que estão encarregados. É um modo mais barato de agir, mas devemos tomar cuidado para que a execução não fracasse, porque os recursos humanos estão no limite.

Opção de execuções unificadas

No entanto, há uma terceira opção, que é unificar diversas inovações na mesma equipe de Executores, as quais serão realizadas simultaneamente. Se houver um estágio em que diversos processos de inovação possam ser conduzidos ao mesmo tempo, será durante a execução.

Não deve haver problema para dois processos de inovação independentes compartilhar os Executores. O diretor de inovação, responsável por supervisionar todos os processos de inovação da empresa, com sua visão abrangente da atividade de inovação, é a pessoa certa para determinar que se possam executar inovações pelos mesmos departamentos ou equipes. De fato, de vez em quando, acontece de as ideias executadas em conjunto revelarem mais potencial do que quando executadas por conta própria.

> *Antes de avaliar as ideias geradas em uma campanha de promoção da criatividade [...] o primeiro passo deve ser combinar ideias afins, que tenderiam a ser implementadas juntas.*[59]

Perfil do executor da inovação

Podemos escolher as pessoas que desejamos como Executoras de uma inovação antes de começar o processo ou quando este avançou o suficiente para dar uma melhor ideia a respeito das pessoas mais indicadas para o trabalho. Podemos pedir à equipe-líder do processo apresentar uma lista de pessoas que "mergulharão" no projeto e na ideia subjacente, para que tenhamos certeza de que a execução estará nas mãos de indivíduos motivados, que realmente acreditam no projeto. Esse é o procedimento na IBM, por exemplo. Depois que uma oportunidade é detectada, a administração seleciona um líder do projeto, cujo trabalho é levar a ideia da estaca zero à execução, assegurando um excelente retorno financeiro.[60]

Há uma tendência geral de atribuir a executivos bem-sucedidos a função de Executores da inovação. Como eles demonstraram qualidade no gerenciamento de certos negócios, também são considerados apropriados para executar um lançamento. Há, contudo, uma escola de pensamento antagônica, que sustenta que não é obrigatoriamente assim. O argumento é que gerenciar um negócio em andamento não é a mesma coisa que conduzir um projeto que começa quase do zero (como no caso de um novo modelo de negócios, por exemplo). As habilidades que você precisa para gerenciar um negócio existente são muito diferentes daquelas requeridas para assumir um novo projeto. Aqueles que defendem esse ponto de vista afirmam que é melhor colocar no comando de uma inovação um executivo que já implementou outras inovações, mesmo que essa pessoa não possua um currículo satisfatório. A execução de uma inovação, em especial quando é disruptiva ou envolve um negócio novo ou independente, cria novas situações em um ambiente estranho, que requer reflexos aguçados; você precisa ser rápido e criativo para encontrar soluções, habilidades muito diferentes daquelas necessárias no gerenciamento empresarial diário, em que fatores como controle ou eficiência são mais importantes. Portanto, os critérios para selecionar candidatos são de uma ordem inteiramente diferente: você quer um Executor que já liderou inovações, alguém que está habituado a reagir a mudanças súbitas nas circunstâncias. A experiência em inovação é uma aposta melhor do que o sucesso comprovado em obter lucros.

Insumos básicos e recursos de uma execução ideal

Insumos básicos

Em relação ao momento de execução, há tantas frentes a cobrir, tantas coisas com as quais lidar e tantas tarefas a coordenar, que é fácil perder o foco quando trabalhamos com os componentes básicos da inovação, suas forças, as vantagens que precisamos realçar.

Há um modo de evitar esse tipo de dispersão: compilar uma lista de insumos básicos e guardá-la para o momento da execução. Enquanto cada função se envolve no processo de inovação, essa lista fornecerá insumos, fatores de risco e oportunidades pertinentes para a execução. Devemos assegurar que todos esses insumos estejam registrados e, quando avançarmos para a execução, que os Executores os tenham em mente. Os Ativadores salientarão os requisitos que a inovação deve satisfazer; os Buscadores, as constatações básicas de sua pesquisa a respeito do cliente-alvo, o fundamento da oportunidade de negócio; os Criadores, os aspectos atraentes do conceito; os Desenvolvedores, vantagens e desvantagens tecnológicas da inovação e as limitações tecnológicas que podem afetar a execução; os Facilitadores, os riscos identificados na fase de avaliação e os fatores que acabam levando à aprovação do projeto.

Por exemplo, eis como os Desenvolvedores, trabalhando a partir da perspectiva técnica, podem especificar seus insumos mais relevantes para os Executores:

- Problemas técnicos encontrados durante o desenvolvimento.
- Soluções alternativas consideradas.
- Solução técnica final e por que é a melhor alternativa.
- Tecnologias inovadoras incorporadas na inovação.

A execução significa a implementação das ideias. Assim, os Executores precisam de uma síntese das ideias básicas que as outras funções abordaram ao longo do processo.

Equação de valor

A *raison d'être* de qualquer inovação é sua capacidade de criar valor para o cliente. Há uma equação muito simples, que reflete o valor que um cliente busca ao fazer uma compra:

Figura 7.2 – Equação de valor do cliente

$$\text{Valor de uma compra} = \frac{\text{O que o consumidor recebe}}{\text{Os custos que ele assume}}$$

Como vimos no Capítulo 4, o principal esforço do cliente é o preço que ele paga, o desembolso. No entanto, esse não é o único esforço. A lista também inclui: o tempo gasto escolhendo o artigo; o tempo gasto na aquisição (deslocar-se até a loja, encontrar o item, esperar para pagar no caixa...); o risco, real ou inferido, de fazer a escolha errada; as garantias do pós-venda etc.

Com relação ao momento da execução, é importante expressar na equação antes citada a proposição de valor da inovação, isto é, como a inovação cria valor para o cliente? Isso pode ser feito com o aumento do valor do numerador (oferecendo maior qualidade, mais recursos, tamanho maior, melhor *design* etc.) ou com a redução dos esforços do cliente sem mudar o que ele obtém. Todas as inovações devem resultar em maior valor relativo referente às opções substitutas disponíveis. A pertinência dessa equação para a execução é como um meio de simplificar e destacar o valor inerente da inovação e, portanto, seu objetivo último. Às vezes, as principais vantagens de uma inovação se perdem na execução: limitações de propaganda, uma campanha equivocada, obstáculos no ponto de venda, comerciantes que não enfatizam suficientemente as forças da inovação etc. No marketing, a proposição exclusiva de vendas (USP, na sigla em inglês) refere-se aos principais pontos de venda, às vantagens básicas que oferecemos aos consumidores. Na inovação, precisamos de outro termo:

valor exclusivo de inovação (UVI, na sigla em inglês), o fator na equação que aumenta o valor para o cliente. Na execução, todos os esforços devem visar a comunicação do valor único de inovação.

Características de execução eficaz

As empresas devem, mediante a análise das inovações bem-sucedidas, tanto suas como as da concorrência, estabelecer um registro de suas características comuns. Naturalmente, essas características variam de setor para setor e de um tipo de cliente para outro. No entanto, no final, a empresa deve ter uma lista de verificação que funcione como um guia para a estratégia de execução.

A seguir, estão listadas algumas características comuns das inovações bem-sucedidas:[61]

Simplicidade. A Southwest Airlines, por exemplo, enfatiza uma mensagem clara: "A companhia aérea de mais baixo custo". Bill Clinton adotou a mesma abordagem com seu *slogan* de campanha: "É a economia, estúpido". Como diz o ditado: "Não invente, faça o feijão com arroz".

Surpresa. Uma inovação deve chamar a atenção do cliente para quebrar sua inércia e fazê-lo mudar suas preferências. O único modo de conseguir isso é propor algo inesperado. A capacidade de surpreender está diretamente relacionada com as emoções. Uma execução, obviamente se a natureza do produto permitir, é mais eficaz quando apela para as emoções do que para os argumentos racionais. Quase todas as pessoas com idade suficiente para se lembrar daquele ano podem recordar exatamente onde e com quem estavam no dia em que o homem pisou na Lua. O nível de lembrança é alto porque o evento causou um grande impacto emocional.

Especificidade. Quanto mais específico o estímulo, melhor a lembrança. É como a mente humana funciona. Eis por que é difícil se lembrar de teorias abstratas, enquanto é fácil se lembrar de sua aplicação prática.

Credibilidade. Todas as inovações de marketing introduzem algum tipo de novidade, uma mudança ou melhoria. A execução deve assegurar, por meio de comunicação, dos distribuidores ou do próprio produto, que a proposição de valor seja confiável, dando ao cliente as garantias e evidências necessárias.

Histórias. A comunicação de uma inovação é muito eficaz quando somos capazes de elaborar uma história. Em seu livro *All Marketers Are Liars*, Seth Godin explica que os profissionais de marketing devem ser capazes de contar uma história, que pode não ser verdadeira, mas tampouco é falsa. É parecido com o jogo entre o escritor e o leitor. O escritor narra a história que sabemos que não aconteceu, mas que poderia ter acontecido. É plausível.

O plano de marketing

Basicamente, consistiria em dois elementos: o plano de marketing e o processo de marketing. Não é intenção deste livro explicar o que é um plano de marketing; há muita literatura sobre o assunto e compreendemos que inúmeros leitores já estão bastante familiarizados com ele. Somente como lembrete:

Elementos do processo de marketing

(1) Definição de mercado (nas três dimensões: necessidade – clientes – situações).

(2) Segmentação (critérios para segmentar o mercado atual e potencial).

(3) Mercado-alvo (que segmento(s) vamos visar como alvo).

(4) Posicionamento (atributos que constituem vantagem competitiva diferencial).

(5) Os 4 Ps.

- Produto (benefício básico, produto físico e seus recursos, produto estendido).
- Preço.
- Distribuição e estratégia de vendas. Canais de distribuição.
- Plano de propaganda e comunicação (propaganda, relações-públicas, plano de mídia social, plano de promoções etc.).

Recomendamos o desenvolvimento do plano de marketing referente aos 4 Ps e do orçamento, e a obtenção de reações a esse plano.

Um método útil para dimensionar os elementos dos 4 Ps, como investimento em propaganda (em dinheiro ou em pontos de audiência bruta – GRPs, na sigla em inglês), inclui o uso de modelos estatísticos baseados em dados históricos. Os métodos, tais como séries temporais ou regressão múltipla, permitem avaliar o impacto sobre as vendas em relação ao maior investimento em propaganda ou com a inclusão de uma promoção ou presente para reforçar o teste. Esses modelos não são exatos nem devem ser considerados a "bola de cristal" de um vidente. No entanto, sem ser exatos, são muito indicativos e servem para orientar as iniciativas em relação ao lançamento de uma inovação.

Elementos do plano de marketing (*Marketing Management*,[62] Philip Kotler©)

I. **Resumo executivo.** Um resumo do plano proposto para uma análise rápida pela administração.
II. **Análise da atual situação de mercado.** Dados relevantes sobre mercado, produto, concorrência, distribuição e macroambiente.
III. **Análise de ameaças e oportunidades.** Identifica, mediante ameaças, oportunidades, pontos positivos e negativos, os problemas básicos diante do plano de lançamento.
IV. **Objetivos.** Define os objetivos que o plano procura alcançar em relação ao volume de vendas, participação de mercado e lucros.
V. **Estratégias de marketing.** Diretrizes de marketing a serem utilizadas para alcançar os objetivos.
VI. **Programa de ação.** Responde perguntas como: o que será feito? Quem fará? Quando será feito? Quanto custará?
VII. **Conta do resultado prevista.** Fixa os resultados esperados do plano. A estimativa pode ser para um prazo de um, três e/ou cinco anos.
VIII. **Monitoramento.** Indica como o plano será monitorado.

Esse documento deve ser acompanhado por uma explicação detalhada do processo de marketing, incluindo, como vimos no Capítulo 5, os elementos a seguir.

Pré-implementação

A pré-implementação é um conjunto de ações e ferramentas que são projetadas para testar a adequação de algumas das decisões relacionadas à execução e para ajudar a determinar o melhor composto do investimento em marketing. As principais ferramentas de pré-implementação são: experimentação e testes de produto, de área e de mercado.

As empresas utilizam, com frequência, as ferramentas de pré-implementação nos lançamentos de produtos e serviços, mas raramente em outras inovações, como inovação de processo ou do modelo de negócios, embora essas ferramentas também servissem bem para minimizar os erros na execução.

Experimentação e teste de produto

Uma maneira de pré-implementar com grande grau de sucesso é permitir que um grupo de clientes experimente e teste o produto ou serviço em situações reais.

Por exemplo, em 1997, quando a ExxonMobil lançou seu Speedpass – sistema para pagamento na bomba de gasolina que utiliza um dispositivo de radiofrequência instalado no carro do cliente –, decidiu oferecer o dispositivo e o serviço gratuitamente a um grupo de consumidores. Como resultado do aprendizado a partir desse primeiro grupo de usuários, a empresa realizou as melhorias correspondentes antes de executar o lançamento. Os resultados foram impressionantes: poucos meses após o lançamento, mais de 1 milhão de clientes tinham contratado o Speedpass, dobrando a quantidade de vezes que as pessoas paravam para abastecer.

Isso é algo que o Google também faz regularmente. Antes da execução final de uma inovação, a empresa realiza um teste de produto por meio de um painel de usuários. A fim de facilitar o teste sistemático de novos produtos entre os usuários, a empresa criou o site Google Labs (labs.google.com), em que as inovações, como o Google Desk Bar e o News Alerts, foram testados.

Teste de área

Após o lançamento de um produto em todo o país, mudar sua estratégia de marketing pode ser muito oneroso. Eis por que algumas empresas preferem realizar testes da área para ajudar a moldar as estratégias de marketing. É melhor se concentrar na propaganda? Ou no ponto de venda? Devemos distribuir amostras grátis? Devemos oferecer descontos como um incentivo para os compradores?

O teste de área é um recurso conhecido, mas, de modo geral, raramente é utilizado pelas empresas.

Um teste de área é um lançamento em pequena escala, em uma única cidade ou área, com um composto específico do investimento em marketing.

O modo de proceder é descrito a seguir.

Analisamos padrões de comportamento em diversas áreas, até localizarmos duas que estão fortemente correlacionadas (área-teste e área-espelho). O alto nível de correlação entre as duas áreas permitirá testar um composto do investimento em marketing em cada área. Visto que, historicamente, com um composto de investimento similar, comportaram-se de modo muito parecido (correlação de vendas), ao aplicarmos um composto de investimento diferente em cada área, podemos determinar qual é o melhor.

Depois de encontrar as duas áreas, executamos o lançamento com duas estratégias. Esperamos um tempo, então compilamos os dados de vendas e os comparamos com as correlações anteriores, para ver se tivemos um desempenho melhor na área com um composto de investimento diferente (área-teste) do que aquele utilizado na outra (área-espelho). Visto que todas as correlações apresentam um determinado nível de erro, a conclusão é válida apenas se os resultados para a área-teste saírem do intervalo de confiança estatístico para a área-espelho. A seguir, ilustramos essa análise de maneira muito simples e intuitiva.

Figura 7.3 – Resultados do teste de área (cidade-teste *versus* cidade-espelho)

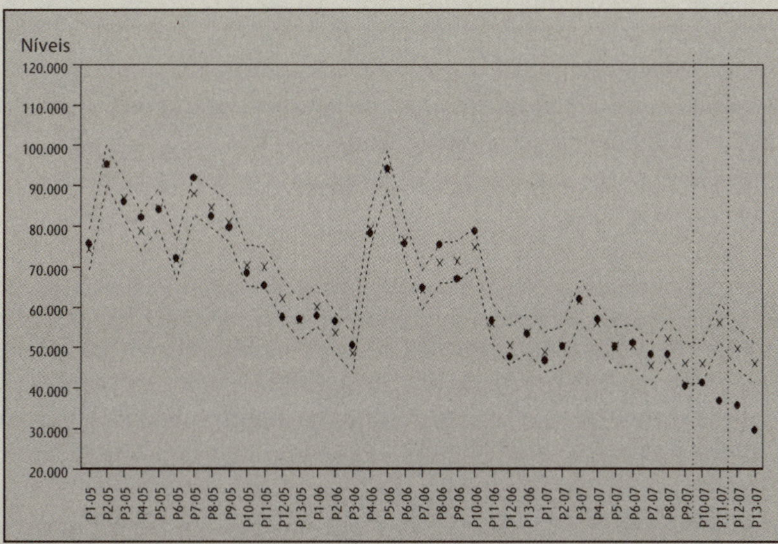

- Os círculos negros indicam vendas reais na cidade-teste.
- Os "xis" indicam vendas estimadas na cidade-teste, calculadas através da cidade-espelho.
- As linhas pontilhadas representam 95% do intervalo de confiança para vendas estimadas na cidade-teste através da cidade-espelho.
- Durante os últimos quatro períodos, uma nova configuração de marketing foi testada na cidade-teste.
- Os resultados (círculos) revelam um desempenho pior, até fora do intervalo de confiança, *versus* as vendas teóricas calculadas através da cidade-espelho, em que o composto de marketing continuou como antes.
- Conclusão: rejeitamos a nova configuração de marketing.

Apesar de todas as vantagens e de ser capaz de testar diferentes compostos de investimento em marketing para a execução de uma inovação, o teste de área raramente é utilizado. A seguir são elencadas as principais razões para isso:

- Revela os planos para a concorrência, que consegue enxergar antecipadamente a composição da inovação e os principais pontos da estratégia de marketing. Em diversos mercados, os concorrentes estão geralmente apresentando a mesma inovação e podemos perder os benefício de ser pioneiros.
- No mundo real, a distribuição se concentrou em grandes plataformas logísticas, dificultando as campanhas localizadas.
- Há relativamente poucas empresas de pesquisa de mercado especializadas nesse tipo de análise.
- O teste de área requer investir uma grande parte dos recursos de marketing da empresa. Podemos lançar o produto em apenas duas áreas, mas ainda temos de realizar a campanha de marketing, comprar espaço na mídia, distribuir a mercadoria, colocá-la no ponto de venda etc. Como os recursos são sempre escassos, as empresas tendem a preferir alocá-los diretamente no lançamento final e, em seguida, ajustar o composto de investimento de acordo com os resultados que se apresentam.

No entanto, se o lançamento final vai ocorrer em uma grande área geográfica (por exemplo, em escala mundial) e se o investimento em marketing é suficientemente alto, o teste de área será uma ferramenta de pré-implementação muito eficaz e lucrativa.

Teste de mercado

O teste de mercado difere do teste de área pelo fato de que, em vez de testar diversos compostos de investimento em marketing, escolhemos apenas um composto, considerado o definitivo. Assemelha-se ao teste de área na escala limitada de lançamento, embora as opções para definir o escopo do lançamento sejam diferentes:

- Determinada área geográfica.
- Determinado canal.
- Determinado conjunto de distribuidores.
- Determinado conjunto de clientes.

Dependendo dos resultados, a informação é coletada (com base nos indicadores-chave de desempenho – KPIs, na sigla em inglês) nas áreas para melhoria ou, talvez, como discutido no próximo capítulo, a fim de avaliar se empreendemos ou não um lançamento ou uma implementação nacional.

O teste de mercado sofre de desvantagens similares àquelas do teste de área, de modo que seu uso é recomendado em casos de inovação de alto risco. A melhor maneira de reduzir o risco é com um lançamento em pequena escala, tal como uma execução experimental em relação à execução final.

Embora muitas pessoas afirmem que os testes de mercado podem ser aplicados somente a produtos de consumo, eles são, na realidade, mais fáceis de ser realizados no setor de serviços. A IBM utiliza essa estratégia no desenvolvimento de suas EBOs – Emerging Business Opportunities [oportunidades de negócios emergentes].

> *O líder da EBO começa vendendo o novo serviço mediante projetos-piloto (pequenos), testando-os nos principais clientes da empresa (constituindo uma espécie de empreendimento conjunto de serviço intelectual). Se o projeto-piloto funcionar, a IBM pode decidir alocar mais recursos e outros clientes podem começar a comprar esses serviços. Essa estratégia oferece à IBM tempo suficiente para demonstrar que o conceito faz sentido, para estabelecer relacionamentos fundamentais no mercado e para se posicionar como líder antes de explorar o segmento.*[63]

O fato de que, desde 2000, a IBM lançou 25 EBOs e apenas três fracassaram é evidência suficiente de que seu sistema de execução aumenta as probabilidades de uma inovação ser bem-sucedida.

Execução real: o plano de ação

De acordo com a organização de tarefas que sugerimos neste livro, os Executores devem delinear o plano de negócios na forma de dois elementos estratégicos: o plano de marketing e o processo de marketing.

Ambos devem ser convertidos em um conjunto de ações concretas. A materialização prática e eficaz do plano de marketing surge na forma do plano de ação.

O plano de ação é uma lista de atividades específicas, tarefas ou ações a serem realizadas em uma data específica, por indivíduos, prestadores de serviços ou departamentos dentro dos recursos alocados.

O plano de ação é o manual básico para os Executores na organização e a coordenação de iniciativas, investimentos e ações do plano de marketing em relação à inovação. Os pontos básicos de um plano de ação são:

- Lista de ações e atividades.
- Data de início de cada ação ou atividade.
- Orçamento alocado para cada ação ou atividade.
- Líder de cada ação.
- Objetivos e programação de cada ação.
- Risco de insucesso para realizar a execução e o plano de contingência.

A implementação do plano de ação é monitorada para assegurar que a execução seja realizada como planejado. Não só verificamos se cada ação foi realizada do modo e dentro do período determinados pelo plano, mas também avaliamos o grau em que seus objetivos são atendidos.

Pós-execução: repetir + melhorar

Aqui, falamos a respeito de um conjunto de indicadores e ferramentas que uma empresa pode utilizar para ajudá-la na execução bem-sucedida; entender como melhorar seu produto; e adaptar, eliminar ou incluir as atividades referentes ao lançamento. Cada vez mais, dada a dificuldade de obter a execução correta da inovação na primeira tentativa, as empresas estão adicionando o repetir e o melhorar às estratégias. É um meio muito eficaz de realizar o lançamento no mercado – as empresas tornam-se aptas para detectar rapidamente as partes da execução que ficaram aquém das expectativas e fornecer os recursos para aprimorá-las, de acordo com a informação e o *feedback* que receberam.

Funil de compra

Algum tempo depois do lançamento de uma inovação, é essencial diagnosticar as variáveis de marketing que precisam de ajuste para melhorar os resultados. Para esse propósito, há uma ferramenta pouco conhecida, mas de extraordinária simplicidade e utilidade: o funil de compra. Ele parte da premissa de que todo cliente leal a uma empresa deve atravessar os seguintes estágios em relação a ela:

- Lembrança.
- Consideração.
- Teste.
- Repetição.

Isso é bastante óbvio, mas não tanto se considerarmos o contrário. Os motivos por que as pessoas não compram de nós hoje são:

- Não se lembraram de nós.
- Lembraram-se de nós, mas não nos consideraram.
- Consideraram-nos, mas não nos testaram.
- Testaram-nos, mas não repetiram.

Em uma situação hipotética, em que controlamos 100% do mercado, todos os clientes teriam se lembrado de nós, nos considerado, nos testado e repetido a experiência. Portanto, se não controlamos todo o mercado é porque, começando em um cenário de 100% de controle, perdemos clientes. E os quatro motivos para isso são: falta de lembrança, falta de consideração, falta de teste e/ou falta de repetição.

Tudo parece muito teórico, mas, na realidade, é bastante fácil e barato de colocar em prática. Temos de realizar um estudo de mercado para obter os dados, mas só precisamos formular quatro perguntas a uma amostra representativa do mercado-alvo: você nos conhece?; em caso afirmativo, você nos considerou?; em caso afirmativo, você nos testou?; e, em caso afirmativo, você repetiu? Em situação de limitações orçamentárias, podemos economizar dinheiro incluindo essas perguntas em um estudo multicliente (tipo geral).

Consideremos tudo que podemos tirar dessas informações, a fim de corrigir as iniciativas de marketing em uma execução de inovação. Suponhamos que lançamos um serviço de táxi 24 horas. Realizamos uma campanha publicitária no rádio e em *outdoors* nos aeroportos e nas estações de trem, informando às pessoas que temos uma frota de carros novos e estamos tão comprometidos com a pontualidade que, se nos atrasarmos mais do que dois minutos, a viagem será gratuita. Oferecemos um desconto de 10% para os primeiros 10 mil clientes, como um incentivo para testarem o serviço. Além disso, pedimos que alguns clientes respondessem a um breve questionário de satisfação, para termos uma ideia da qualidade do serviço e de áreas que precisam de melhoria. Depois de alguns meses, queremos saber qual foi o desempenho das campanhas de marketing e fazemos um pequeno estudo de mercado, que nos fornece as seguintes informações:

- Entrevistados conscientes da marca de serviço de táxi: 70%.
- Entrevistados que nos consideraram: 65%.
- Entrevistados que nos testaram: 40%.
- Entrevistados que repetiram: 10%.

Com esses quatro índices, podemos calcular onde estamos perdendo clientes potenciais. Dos possíveis 100%, perdemos 30% devido à falta de lembrança (subtraindo a taxa de lembrança de 70% dos 100% do mercado). Dos 70% que podem ser nossos clientes (visto que se lembram de nós), perdemos 5% devido à falta de consideração (subtraindo a taxa de consideração de 65% dos 70% de taxa de lembrança). Perdemos 25% devido à falta de teste (65% – 40%) e outros 30% devido à falta de repetição. Observemos esse fato de forma ilustrada na Figura 7.4.

O diagnóstico da execução da inovação é claro. Após alguns meses de campanha de marketing, podemos considerar com segurança uma taxa de lembrança de 70% como ideal. Observamos que quase todos que se lembram de nós nos consideram. No entanto, perdemos uma grande parcela no nível do teste. Ou os incentivos foram um ajuste insatisfatório ou o desconto que oferecemos não foi suficientemente atraente. Outra possibilidade é que os incentivos foram corretos e precisamos apenas investir mais para conseguir que as pessoas testem nossos serviços. Para descobrir, temos de examinar os motivos pelos quais esses clientes não nos testaram (de preferência, introduzindo perguntas a respeito disso no estudo de mercado). Também perdemos muitos clientes que testaram o serviço de táxi, mas não repetiram. Isso aponta para um possível problema na qualidade do serviço. Temos de investigar os questionários de satisfação que fizemos e descobrir o que aconteceu para corrigir.

Figura 7.4a – Funil de compra

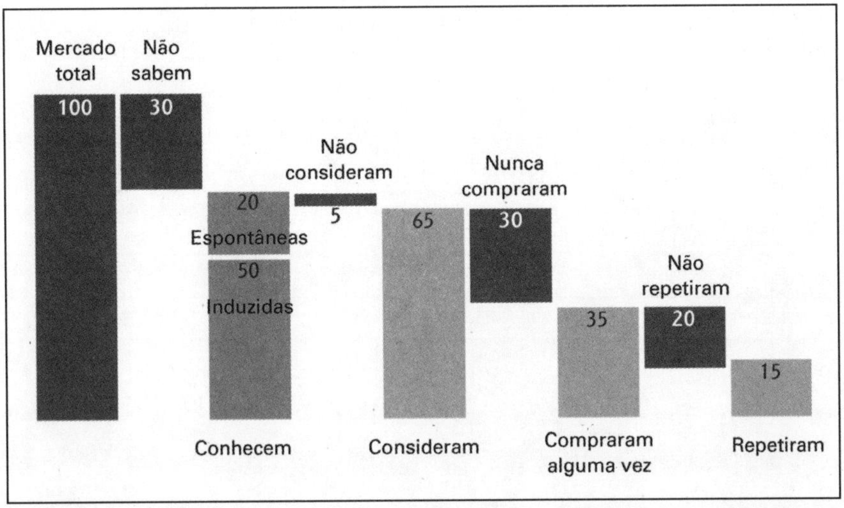

As figuras 7.4**b**, **c**, **d** e **e** a seguir são os cenários mais comuns.

Figura 7.4b – Funil de compra

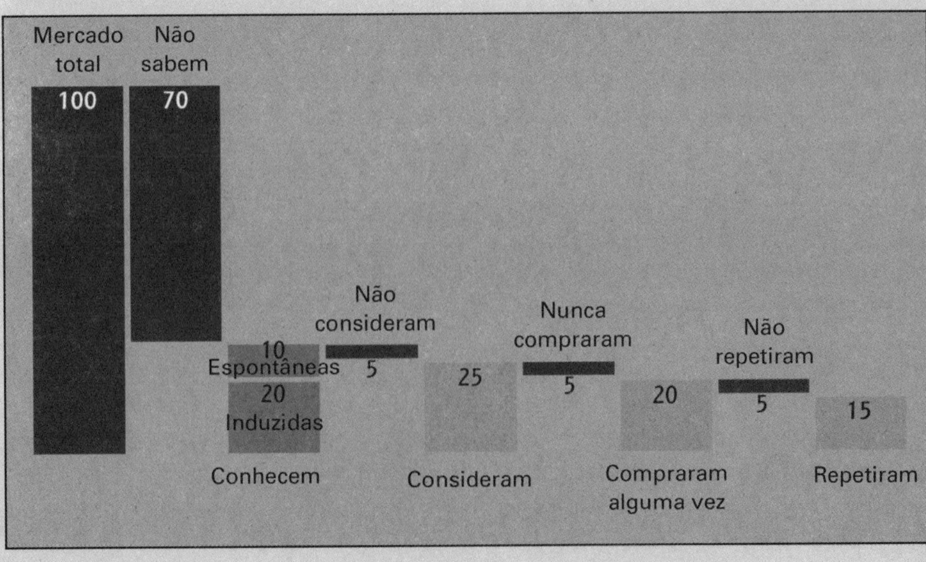

Esse cenário está associado a empresas que reduzem ao mínimo a propaganda. Possuem presença de mercado limitada e os clientes dificilmente sabem que elas existem.

Figura 7.4c – Funil de compra

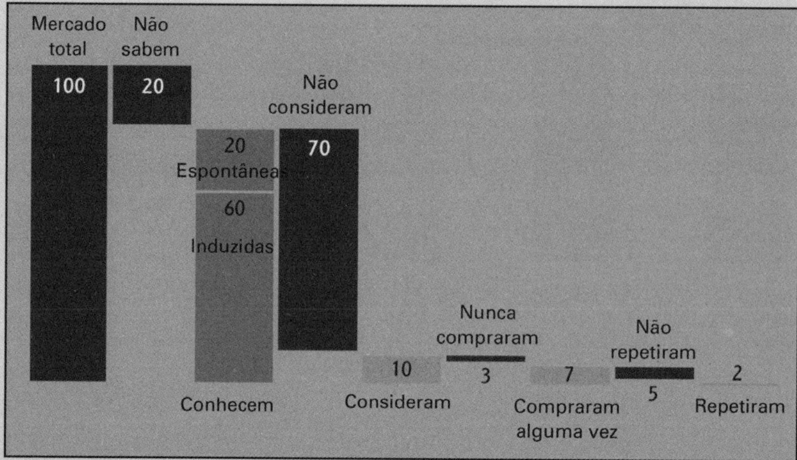

Marcas com reconhecimento satisfatório, mas com posicionamento incerto ou não convincente. Também podem sofrer de falta de presença no ponto de venda ou de vendedores que não promovem seu produto.

Figura 7.4d – Funil de compra

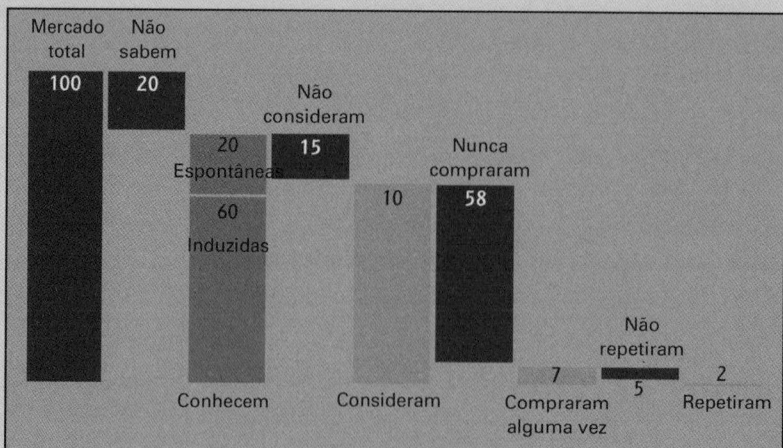

Marcas que são levadas em consideração, mas que não convencem os clientes. Frequentemente, possuem problemas com preços ou avaliação de qualidade.

Figura 7.4e – Funil de compra

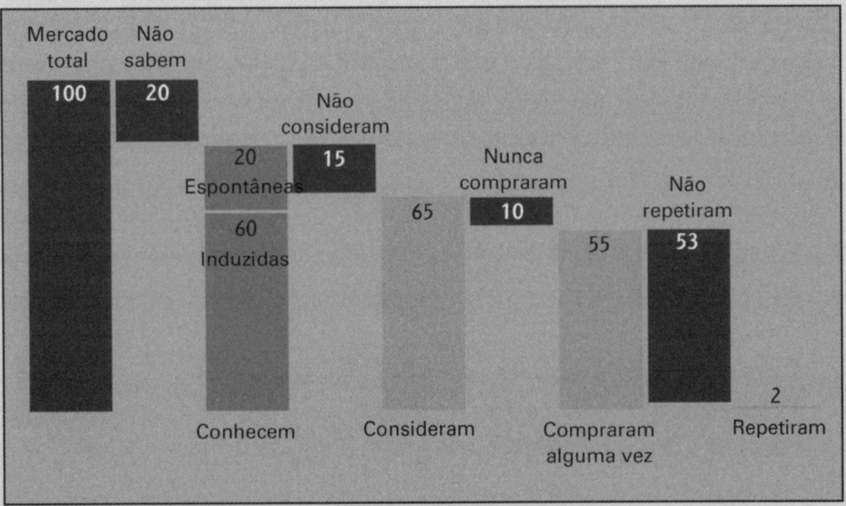

Marcas que decepcionam os cliente devido à qualidade insatisfatória ou ao fato de terem criado expectativas que não conseguem atender.

Um exemplo de uso eficaz dessa ferramenta é um caso muito elogiado no mundo empresarial e frequentemente mencionado nos livros de administração: o Post-it, bloco de recado autoadesivo da 3M. A história da invenção do produto é relatada com frequência, mas poucas pessoas sabem que a execução do lançamento passou por dificuldades no início. A empresa constatou que estava perdendo clientes potenciais, não por causa da falta de lembrança, mas porque as pessoas queriam testar o produto. O Post-it era tão original que os clientes não tinham certeza se ele tinha utilidade real. A 3M mudou sua estratégia de marketing e investiu milhões de dólares em amostras grátis, chegando a distribuí-las em estádios de futebol. Todos recebiam um bloco gratuito de Post-it. A empresa estava convencida de que qualquer pessoa que testasse o produto repetiria, de modo que o foco da execução do lançamento mudou, visando o teste do produto pelas pessoas. O resto é história.

O funil de compra, também conhecido como ATR (Awareness, Trial, Repeat – lembrança, teste e repetição), é uma ferramenta básica de diagnóstico, utilizada alguns meses após a execução de uma inovação de marketing.

Evolução dos KPIs

A execução de uma inovação é a execução de sua estratégia. Uma estratégia cujos resultados não podem ser mensurados é de pouca utilidade. O monitoramento dos KPIs serve tanto para determinar se a inovação está atendendo seus objetivos como para determinar se a execução levará à realização de nossos planos.

A fim de obter a execução correta, é fundamental que monitoremos os aspectos básicos da inovação. Para isso, precisamos definir indicadores-chave de desempenho (KPIs). Os KPIs referem-se aos objetivos estratégicos da inovação, aos objetivos do plano de marketing, aos sistemas de avaliação dos Facilitadores e a tudo que entra na proposição de valor. Os KPIs devem ser específicos, mensuráveis e quantificáveis.

A seguir, encontram-se alguns exemplos de KPIs que a empresa pode monitorar no lançamento, por exemplo, da versão aprimorada de um produto de seu portfólio:

- KPIs de mercado
  - Porcentagem de penetração no mercado-alvo.
  - Participação de mercado em unidades.
  - Nível de satisfação relativo ao produto original.

- KPIs de canal
  - Distribuição numérica (porcentagem de pontos de venda onde o produto foi distribuído).
  - Distribuição ponderada (porcentagem que esses pontos de venda representam nas vendas domésticas).
  - Posição do ponto de venda (porcentagem dos pontos de venda onde o produto está em posição excelente).

- KPIs financeiros
  - Margem comercial, em porcentagem.
  - Lucro/prejuízo, em dólares.

- KPIs de inovação
  - Porcentagem de clientes com o produto antigo que mudaram para a versão aperfeiçoada.
  - Porcentagem de novos clientes, capturados da concorrência graças à versão aperfeiçoada.

Por exemplo, a Tesco utiliza um KPI muito simples: vendas. Se um novo produto não atender os objetivos de venda da empresa, ele será removido das prateleiras. O ciclo de vida de novos produtos é de dezoito meses.

Estendendo o lançamento

A extensão do lançamento significa assumir todos os aprendizados e melhorias de um lançamento, ampliando o escopo do projeto.[64]

O Speedpass da ExxonMobil, que já mencionamos, é o exemplo perfeito de como as políticas de extensão para uma inovação podem gerar lucros muito rapidamente e com muito menos risco. O Speedpass teve introdução algo intermitente. No entanto, depois que foi colocado em funcionamento – logo que o sistema se tornou um sucesso, com um alto nível de aceitação e penetração entre os clientes –, a ExxonMobil fez o seguinte:

- Estendeu o sistema de pagamento da bomba de gasolina para a loja do posto de gasolina. Contra as preocupações da administração da ExxonMobil, os usuários do Speedpass continuaram a frequentar suas lojas para comprar os produto em oferta.
- Desenvolveu campanhas de marketing para estimular o uso do Speedpass corporativo, para empresa com equipes de vendas e transportadoras.
- Firmou um acordo com a Timex para desenvolver um dispositivo Speedpass embutido em um relógio de pulso.
- Criou a Speedpass Network Unit, para estender o sistema a outros prestadores de serviços, como lava-rápidos, estacionamentos, restaurantes de *fast-food*, máquinas de venda automática etc.[65]

Uma inovação pode ser estendida das seguintes maneiras:

- Ingressando em novos mercados geográficos (países ou regiões).
- Adaptando a mensagem para capturar novos clientes.
- Ajustando os preços para aumentar a penetração.
- Incorporando novos canais de vendas, não incluídos no lançamento.
- Modificando a composição do produto básico.
- Estendendo o portfólio com inovações marginais.

Esse último ponto é fundamental. Se você examinar a história de qualquer mercado, constatará que foi uma inovação disruptiva que criou o mercado, mas que foram inovações marginais que o desenvolveram. Em nosso livro anterior, *Marketing lateral*, explicamos que as inovações laterais criam novos mercados, mas são as inovações verticais que o desenvolvem. Há certas empresas com capacidade de criar mercados, empresas que excedem nas inovações disruptivas (a Apple é um caso evidente). Há outras que carecem de capacidade de reinventar mercados e que, no entanto, são rápidas e eficientes no desenvolvimento de variações e extensões referentes aos produtos disruptivos lançados por outras empresas. Essas organizações são denominadas *fast second companies* [empresas secundárias rápidas].[66] Por um tempo, a Microsoft foi um empresa desse tipo. No mercado de *software*, a Apple era mais criativa e pioneira; era quem introduzia as inovações disruptivas, mas a Microsoft era mais rápida e eficiente em estendê-las e melhorá-las, acabando, assim, por conseguir uma participação de mercado maior. Tudo isso mudou. A Apple aprendeu a lição. Com o iPhone, por exemplo, não lançou a inovação disruptiva (o novo modelo) até ter definida a estratégia de extensão pós-lançamento: os aplicativos para o iPhone. A Apple não faz mais o trabalho preparatório para a concorrência. Como os ciclos de vida dos produtos e serviços estão ficando cada vez mais curtos, na inovação é essencial agir desse modo. Precisamos ter uma inovação subsequente marginal ou vertical pronta para suceder uma inovação radical ou lateral. Se a inovação radical for bem-sucedida, devemos agir muito rápido e estender o mercado com variações do produto. Esse é o modo de otimizar o risco e o investimento envolvidos em todas as inovações disruptivas.

Transmutação

Esse tipo de execução está muito em voga ultimamente. Consiste em assumir que nunca alcançaremos a estratégia de execução ou inovação perfeita, e que a melhor maneira de empreender as coisas é lançar o novo produto ou serviço sabendo que teremos de ajustar tanto o conjunto como a estratégia de marketing.

> *Aplicar as técnicas usuais de pesquisa de mercado para produtos radicalmente novos (com os quais procuramos descobrir ou criar mercados que não existem) pode ter um efeito paralisante, na medida em que requer avaliações, planos e orçamentos detalhados, que são impossíveis de definir. Nesse caso, a abordagem convencional baseada na coleta de toda informação possível para aumentar a probabilidade de sucesso não só consome muito*

tempo e esforço como também, devido ao cenário específico de volatilidade e incerteza desses projetos, essa informação nunca será válida ou suficiente.

Nos últimos anos, as abordagens de rápido lançamento ganharam aceitação, pois permitem colher os benefícios do ingresso precoce e conseguir rapidamente a experiência real do mercado.[67]

Visto que se assume de antemão que o produto terá de ser modificado, a empresa se prepara para inovar de modo radicalmente diferente. Mecanismos de advertência são considerados para identificar as mudanças necessárias baseadas no *feedback* do cliente e do usuário, e Desenvolvedores e engenheiros estão prontos para realizar as modificações apropriadas.

Esse tipo de estratégia significa uma mudança radical no projeto do processo de inovação, concentrando todo o foco na capacidade da empresa de aprender com o mercado e agir à altura.

A transmutação se baseia na premissa de que os mercados mudam tão rapidamente que não faz sentido esperar até uma inovação estar perfeita, pois ainda precisaremos modificá-la ou melhorá-la a curto prazo. Portanto, a inovação é uma melhoria contínua e motivada pelo mercado de um produto ou serviço. Em vez de pensar em termos de inovação, pensamos em termos de revisão contínua, com base no *feedback* dos clientes e do mercado.

O Google utiliza a transmutação de uma maneira que é tão surpreendente quanto inteligente. Quando lançam uma inovação, deixam que Desenvolvedores e programadores externos realizem melhorias em um produto aparentemente desenvolvido, explorando, assim, o universo dos programadores como uma equipe gigantesca de possíveis aperfeiçoadores de produto.

Na nova Web 2.0, diversos produtos e serviços são fornecidos em "beta perpétuo", isto é, a funcionalidade deles é continuamente desenvolvida, com base no uso que os usuários (os quais são tratados como coDesenvolvedores) fazem deles.

As semelhanças entre teste de área, teste de marketing e transmutação podem confundir. A tabela a seguir deve ajudar a diferenciá-los.

Tabela 7.1 – Diferenças entre teste de área, teste de mercado e transmutação

	Alternativas de execução (composto de investimento)	**Escopo de execução**
Teste de área	**Diversas** alternativas	**Parcial** (testa cidades ou regiões e controla cidades e regiões)
Teste de mercado	**Uma** (o plano definitivo)	**Parcial** (por áreas, cidades, países, canais, distribuidores ou clientes)
Transmutação	**Uma** (o plano definitivo)	**Total**

8
Facilitadores

Facilitadores

Os Facilitadores possuem as seguintes funções:

- Aprovar investimentos afins.
- Selecionar as melhores opções para inovação.
- Promover o processo de inovação.
- Colocar o grupo em movimento, quando este fica paralisado.
- Dar o "OK" definitivo para o lançamento ou a execução da inovação.

A função dos Facilitadores é fundamental para assegurar que o processo avance de modo eficiente e não provoque custos desnecessários para a empresa. Os Facilitadores também são responsáveis por concluir um processo antes de os custos fugirem do controle ou por recolocá-los no rumo quando se desvia, como nas ocasiões em que diverge dos objetivos ou do orçamento. Devemos nos lembrar de que um dos segredos da inovação bem-sucedida é fracassar logo, de modo rápido e barato. Os Facilitadores são responsáveis por prever o fracasso, e eliminar ideias excessivamente ambiciosas e de baixo potencial, adotando as mais promissoras e estimulando o grupo a promover o processo e apoiá-lo com os recursos necessários.

O envolvimento dos Facilitadores no processo de inovação é menos constante do que qualquer outra função; eles devem estar sempre preparados para tomar decisões e, se necessário, aprovar itens de investimento, mas é saudável mantê-los a uma certa distância do processo, para que possam agir de modo mais objetivo do que se estivessem envolvidos diariamente.

Quem são os Facilitadores?

Listamos as pessoas que podem atuar como Facilitadores em qualquer ponto do processo de inovação (desde o nível mais baixo até o mais alto da organização):

- Funcionários.
- Equipe responsável pelo processo de inovação.
- Gerência de nível médio.
- Chefes de departamento (marketing, P&D, vendas, operações etc.).
- Diretor financeiro.
- Diretor de inovação.
- Diretor gerente.
- Presidente da empresa.
- Diretoria.
- Acionistas.

Quanto a pessoas externas:

- Especialistas.
- Grupos interessados.
- Investidores.

Num projeto de inovação, o Facilitador pode ser mais do que uma dessas pessoas e, além disso, elas podem mudar ao longo do processo. Por exemplo, nos estágios iniciais de um processo, quando a função do Facilitador é avaliar os projetos, os Facilitadores podem ser os funcionários da empresa que classificam as melhores ideias. Por outro lado, em relação à aprovação dos investimentos, a função pode ser atribuída à alta direção. Em geral, há uma correlação entre o estágio do processo de inovação e a posição do Facilitador na hierarquia. À medida que o processo de inovação avança, um Facilitador mais graduado, com maior poder de tomada de decisão dentro da organização, é geralmente solicitado.

Até que nível hierárquico chegamos? Recordemos o Capítulo 3, em que estabelecemos uma relação entre o tipo de inovação e o nível hierárquico. De preferência nos estágios finais de um processo de inovação, o Facilitador deve ocupar a posição mais elevada da área de inovação: o presidente da empresa ou os acionistas, no caso de um novo modelo de negócios; o diretor-gerente, em uma inovação de processo; o diretor de marketing ou o diretor gerente, em uma inovação em nível de mercado; o diretor de marketing, em uma inovação de produto (extensão de linha).

A Figura 8.1 apresenta essa relação e os níveis superiores correspondentes à função do Facilitador, de acordo com o tipo de inovação:

Figura 8.1 – Filtros, Facilitadores e donos do capital

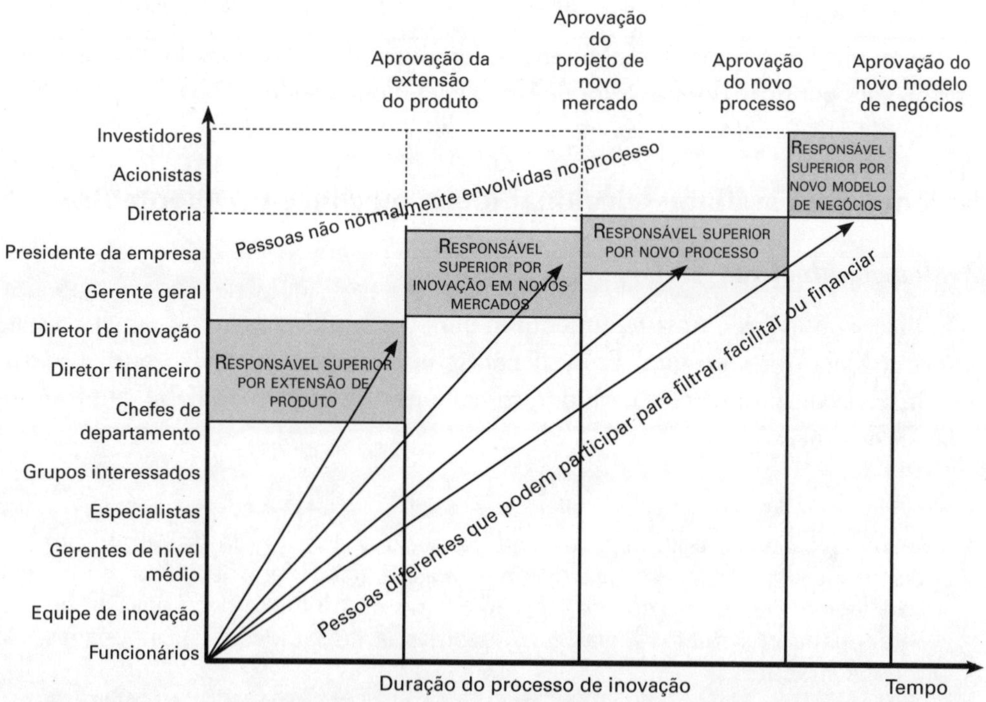

Em certos casos, a função do facilitador coincide com a dos Ativadores do processo, mas não necessariamente. Por exemplo, no Google, os funcionários utilizam parte de seu tempo livre para atuar como Ativadores de inovação ou para votar em boas ideias, mas não são responsáveis por aprovar os itens de investimento. No caso da Tesco, a ativação do processo era anteriormente delegada a pesquisadores e universidades, mas o financiamento e a facilitação dos processos permaneciam nas mãos da administração da empresa.

Tipos de facilitação

Há três tipos de facilitação, conforme o momento no tempo e o estágio do processo:

1) Avaliação e seleção de ideias ou conceitos alternativos.

2) Colocar o processo de inovação em movimento, no caso de paralisação.

3) Aprovação e alocação de recursos financeiros e investimentos.

A seguir, descrevemos sucintamente as ferramentas e os sistemas dos Facilitadores, organizados por meio dos três tipos de facilitação mencionados acima.

Sistemas para avaliar e selecionar ideias ou conceitos alternativos

Avaliação subjetiva

A avaliação subjetiva é uma ferramenta muito básica, utilizada com frequência para priorizar ideias ou conceitos. É ideal para grupos pequenos, e algo que a equipe responsável por um processo de inovação pode utilizar em tempo hábil, em diversos estágios do processo.

O objetivo aqui é agilizar a tomada de decisão sem perda de tempo em discussões, por isso esse tipo de avaliação é usado em decisões menos críticas, em pontos menos críticos do tempo ou no início do processo; ou seja, quando há muitas ideias ou sugestões, a fim de descartar as opções menos atraentes.

As avaliações subjetivas são realizadas com classificações simples (de 0 a 5 ou de 0 a 10) e com pequena quantidade de dimensões (uma a três dimensões). As dimensões referem-se a um aspecto da ideia a considerar. Por exemplo, se estivermos avaliando um conjunto de conceitos para um produto ou serviço, a avaliação geralmente focaliza apenas uma ou duas dessas dimensões:

- Potencial de mercado.
- Dificuldade do risco de desenvolvimento do negócio.
- Atratividade da ideia.

- Sinergia com negócios existentes.
- Prioridade estratégica.
- Consistência com o negócio corrente.
- Concorrentes atuais.

Os resultados são tabulados de modo simples, e é dado peso igual para a nota de cada pessoa, para que as notas de profissionais mais graduados tenham o mesmo impacto que as dos demais funcionários (ao menos nesse estágio).

Ao lidar com muitas ideias, a avaliação subjetiva pode ser realizada em diversas rodadas, eliminando a pior de cada e votando novamente naquelas que permanecem. Procedemos dessa maneira até a redução das opções a uma quantidade administrável, para avançar no processo.

De vez em quando, é aconselhável analisar a diferença de notas, pois há dois tipos de política que podem ser adotadas na escolha dos conceitos, com base nas classificações originadas do grupo. A primeira opção se baseia nas notas médias. Apresenta a vantagem de considerar todas as notas, e a desvantagem de não fazer distinção entre um conceito que consegue, por exemplo, nota 8 quarenta vezes (com uma média de 8) e outro cuja nota é dividida uniformemente entre notas 10 e 6. Nesse caso, a média também seria 8, mas há uma diferença substancial entre os dois resultados. No primeiro caso, podemos dizer que essa é uma ideia que todos gostam "inteiramente". No segundo caso, alguns gostam "muito", enquanto outros dão apenas uma nota mediana. Isso leva a outro tipo de análise: desvio padrão. Um conceito com notas altas e maiores do que os desvios médios é um conceito polarizado, isto é, possui adeptos fervorosos e, da mesma forma, opositores ardentes. Algumas empresas preferem assumir o risco e se concentrar nesses tipos de conceito em vez de naqueles de que todos gostam "muito". Tudo depende da política de inovação da empresa e do nível de risco que deseja assumir.

Quando as notas são muito parecidas e as diferenças são incrementais (decimais), pode-se um sistema de distribuição de pontos. Por exemplo, você concede 10 pontos para a opção mais bem classificada, 9 para a segunda, 8 para a terceira, e assim por diante.

Avaliação de toda a empresa

É parecido com o sistema anterior, mas envolve quase toda a organização. Trata-se de um sistema ideal para a triagem de ideias e sugestões que emergem de todos os cantos da organização, mesmo antes do processo de inovação, como uma ferramenta para decidir que ideias são adequadas para inclusão em um processo.

É uma ferramenta utilizada por empresas que investem em inovação, dotadas de forte cultura criativa. Ao mesmo tempo, como as ideias a serem avaliadas se originam no interior da própria organização, é natural que as pessoas tenham a oportunidade de avaliar as ideias de seus colegas.

O Google utiliza esse sistema rotineiramente, explorando sua intranet como um meio muito simples para todos divulgarem ideias e votarem nas que consideram as melhores.

Os sistemas de votação não se limitam somente à filtragem ou triagem de ideias. Também são utilizados para avaliar projetos finais alternativos, em que as opiniões e a votação dos funcionários são um fator adicional na tomada de decisão, com, por exemplo, a opinião de especialistas ou estimativas por encomenda.

Não é uma técnica exclusiva de grandes organizações. Nas pequenas e médias empresas, em que a inovação requer o apoio e o envolvimento de todo o pessoal, é uma ferramenta muito eficaz para envolver todas as pessoas no projeto. Também ajuda a desenvolver uma cultura criativa.

Níveis de triagem e testes de conceito

Depois de termos escolhido as ideias para o novo produto que obtiveram as melhores notas, pode ser preciso considerar o potencial dos conceitos dos diferentes produtos. No Capítulo 6, vimos os diversos métodos para testar conceitos, produtos e usos. Além de serem utilizados para refinar e melhorar o projeto da inovação com a ajuda da visão dos consumidores, os testes incluem diversas perguntas formuladas para amostras representativas do mercado, a fim de nos ajudar a priorizar ideias e conceitos e avaliar, embora de modo muito aproximado, a demanda potencial para a inovação.

A triagem do conceito é uma ferramenta por meio da qual os entrevistados são apresentados a inúmeros conceitos e recebem pouca informação a respeito deles, para que não se cansem rapidamente durante a entrevista e possam avaliar diversas ideias. A triagem do conceito pode ser realizada qualitativamente (grupos de foco) ou mediante questionários estruturados com suficiente base estatística. A triagem qualitativa nos ajuda a determinar que conceitos recebem as melhores e as piores avaliações. Embora isso não se preste a discriminar entre os conceitos intermediários, ajuda-nos a decidir o que descartar e o que os clientes parecem gostar mais.

No caso da triagem quantitativa, o modo mais comum de proceder é com duas perguntas, para decidir, entre uma enorme quantidade de possibilidades, quais conceitos eliminar e quais manter. Pergunta-se aos entrevistados a respeito da intenção de compra e de quanto gostam da ideia. Para a intenção de compra, usamos uma das seguintes escalas: 7 pontos ou 5 pontos, com a última ganhando cada vez mais preferência. No modelo de 5 pontos, o entrevistado recebe as seguintes opções:

Você compraria esse produto?

- Definitivamente.
- Provavelmente.
- Talvez.
- Provavelmente não.
- Definitivamente não.

As empresas que empregam essa ferramenta com frequência acabam desenvolvendo um nível de referência (*benchmark*), isto é, quando lançam produtos no mercado e obtêm resultados, comparam os últimos com os dados obtidos nos estudos de avaliação do consumidor. Isso lhes permite estabelecer um conjunto de parâmetros que um conceito deve atingir nos testes futuros para ser lançado. Por exemplo, na indústria alimentícia, estima-se que um novo conceito, a fim de ser lançado, precisa conseguir 20% de respostas "definitivamente", em intenção de compra (denominada *top box Score,* ou seja, a melhor resposta), e 60% de respostas "definitivamente" e "provavelmente" somadas (denominada *top two box score*, ou seja, as duas melhores respostas).

A triagem foi elaborada para priorizar conceitos nas ocasiões em que se tem uma grande quantidade deles. Quando restam menos conceitos, o método mais comum é um teste de conceito ou, se o produto já se encontra desenvolvido, um teste de produto, em que também pode ser testado e tocado fisicamente.

Nos testes de conceito e produto, além da intenção de compra, também levamos em consideração outras perguntas muito úteis para estimar a demanda. Por exemplo, os entrevistados que afirmam que definitivamente comprariam o conceito ou produto são incentivados a avaliar como a aquisição desse produto teria impacto sobre os atuais hábitos de compra, isto é, entre cada uma das dez compras futuras nessa categoria de produto, quantas acham que seriam do novo produto ou conceito. Visto que a entrevista também inclui alguns produtos concorrentes que o entrevistado adquire com regularidade, podemos realizar avaliações, muito aproximadas, mas indicativas, da participação de mercado que um conceito pode aspirar.

Realizamos esses testes para o mercado considerado em sua totalidade e também para segmentos-alvo. Um conceito pode obter notas médias no mercado como um todo, mas apresenta muito apelo entre certos segmentos. A fim de identificar esse tipo de situação, precisamos de uma amostra suficientemente ampla, a fim de produzir uma base estatística suficiente em certas subamostras. Como isso eleva os custos da pesquisa de mercado, é aconselhável predeterminar segmentos da população em que achamos que o conceito encontrará maior aceitação, e depois que o instituto de pesquisa que realiza o teste direciona sua amostra para esse grupo-alvo, os resultados devem ser ponderados, a fim de assegurar representatividade.

Algumas empresas realizam triagem e testes de conceito também entre os próprios funcionários.

Método Delphi

O método Delphi é utilizado para realizar prognósticos e previsões, algo que é muito útil para avaliar conceitos de inovação alternativos. Esse método procura alcançar um consenso com base na interação e discussão ao longo de um período, entre um grupo de especialistas, no campo em que estamos querendo realizar previsões.

Uma quantidade limitada de pessoas, com experiência pertinente em relação ao produto ou serviço a ser inovado, recebe um questionário. Em seguida, os resultados do questionário, que combina avaliações qualitativas e quantitativas, é entregue a todos os participantes, que são convidados a revisar as avaliações e previsões em relação àquilo que os colegas disseram. Também são estimulados a propor soluções para problemas ou empecilhos, que talvez surjam depois do lançamento da inovação. O anonimato dos participantes é assegurado e, depois de duas ou três rodadas, os resultados são explorados estatisticamente.

Ao trabalhar em rodadas sucessivas, as avaliações tendem a convergir. Isto é, quando os especialistas tomam conhecimento das notas das outras pessoas e respondem às dúvidas e preocupações a respeito do novo projeto sob avaliação, o desvio padrão das notas se reduz. Chega um momento em que o processo converge para uma nota média, com variabilidade muito baixa. Assume-se que esse consenso será suficientemente válido. Em seu livro *A sabedoria das multidões*, James Surowiecki destaca os benefícios de combinar informação em grupos, sustentando que as decisões resultantes de um grupo são, em geral, melhores do que aquelas tomadas por um único indivíduo.

A pesquisa de Basu e Schroeder (1977) revelou que o método Delphi foi capaz de prever vendas de um novo produto durante os dois primeiros anos com uma margem de erro de 3% a 4%, em comparação com as vendas reais. Outros métodos quantitativos produziram erros de 10% a 15% e métodos tradicionais não estruturados apresentaram erros de cerca de 20%.

Uma das vantagens do método Delphi é que ele utiliza cada membro do grupo para estimular opiniões entre o restante das pessoas. Outra vantagem é que não requer presença física, por isso o grupo pode incluir pessoas de diferentes países, assegurando o tipo de diversidade que é fundamental para o método. O anonimato também impede que personalidades mais influentes, mais conhecidas e mais fortes dominem o restante do grupo. Atualmente, esse método pode ser aplicado de modo muito eficiente, dado o potencial da internet para processamento de informações, seleção de especialistas, manutenção do anonimato e apresentação *on-line* dos resultados, de acordo com o avanço do processo.

Outros métodos subjetivos

Às vezes, a avaliação de ideias e conceitos não é tão dependente dos parâmetros quantitativos quanto é da série de *insights* que levam à conclusão de que uma inovação específica faz sentido. Isso é especialmente verdade no caso de inovações disruptivas ou empresas recém-criadas, em que é difícil definir o mercado.

Nesses casos, as avaliações de novos conceitos se baseiam na informação qualitativa e nos indicadores de mercado que resultam da observação e contato com o cliente, dos hábitos e tendências vistos entre usuários pesados e aficionados precoces, "entusiastas que reconhecem o potencial do produto e podem ajudar a disseminar a boa palavra, clientes que assumem riscos em relação a novos produtos".[68]

Sistemas e ferramentas para colocar em movimento um processo de inovação paralisado

Os Facilitadores não devem se limitar a ser meros financiadores ou fornecedores de recursos. A função dos Facilitadores é assegurar que o processo continue avançando de modo eficiente, evitando custos desnecessários, em especial quando seu líder carece de autoridade formal para fazê-lo por conta própria. Evidentemente, essa função não recai sobre acionistas, grupos interessados ou diretoria. São ferramentas empregadas pelo diretor de tecnologia da informação, o chefe do grupo responsável pelo processo de inovação, o diretor-gerente etc.

Examinemos os métodos:

Técnicas de grupo nominal

A técnica de grupo nominal (NGT, na sigla em inglês) fornece um meio de superar os problemas típicos que os grupos enfrentam na tomada de decisão e na busca de soluções, em que, devido aos níveis variáveis de responsabilidade e poder dos membros, ocorre um desequilíbrio na realização de julgamentos e votações.

É útil para tomar decisões rápidas mediante votação, permitindo que a opinião de todos seja levada em conta, sem a necessidade de se chegar a um consenso.

As técnicas de grupo nominal, ou qualquer uma de suas derivadas (por exemplo, Phillips 66) podem ser utilizadas de duas maneiras no processo de inovação:

1) Para colocar o processo em movimento, quando o grupo fica paralisado devido a desacordos ou outros desafios que podem surgir em determinado momento.
2) Como meio de priorizar opções ou conceitos entre as diversas possibilidades que o grupo está avaliando.

A técnica de grupo nominal é estruturada nas seguintes etapas:

Etapa 1 – Introdução

Os participantes se encontram e o líder explica o propósito do encontro. Os participantes são divididos em grupos pequenos (de 4 a 10 pessoas). O líder explica o problema a ser solucionado ou a decisão a ser tomada.

Etapa 2 – Ideias

Individualmente, sem nenhuma discussão, cada participante anota ideias úteis e possíveis soluções para o problema. No caso de avaliação do projeto, cada participante, também trabalhando individualmente, lista os riscos e as oportunidades que antevê.

➤

Etapa 3 – Apresentação das ideias

O diretor do encontro apresenta todas as ideias geradas por cada pessoa. Ainda não há discussões a respeito delas; em vez disso, são simplesmente registradas de modo resumido.

Etapa 4 – Análise

As ideias são analisadas, mas não discutidas em profundidade. Em seguida, elas são debatidas, não com o objetivo de rejeitá-las, mas com o de enriquecê-las, evitando julgamentos e críticas. Finalmente, todos os participantes votam anonimamente.

Etapa 5 – Classificação

Com base nos resultados acima, as ideias que recebem menos votos são descartadas e as melhores são classificadas. Uma nova discussão a respeito das melhores ideias é estimulada e há outra rodada de votação, com o objetivo de selecionar uma única ideia.

Etapa 6 – Solução

A solução acordada é definida e o plano de ação é especificado em detalhes. Ao priorizar os conceitos de inovação, os projetos são classificados de acordo com a votação.

Por exemplo, na Nutrexpa, empresa de alimentos, a técnica de grupo nominal é utilizada para decidir a respeito dos presentes promocionais de cada ano. Primeiro, determina-se que classe de presente se adapta melhor para uma categoria de produto específica. Tendo estabelecido esse foco, o gerente de produto inicia a busca pelo presente mais apropriado para a promoção. Todos os gerentes de produto do departamento de marketing fazem parte da técnica de grupo nominal.

Seis chapéus do pensamento[69]

Essa é uma técnica desenvolvida por Edward de Bono, com base no pensamento paralelo (inspirada, por sua vez, nos tipos de discussão da cultura oriental). É uma forma de técnica de grupo nominal para solução de problemas que precisam ser abordados em grupos. Também pode ser utilizada como modo de classificar projetos concorrentes.

A técnica procura evitar que a discussão se prolongue ou paralise devido a participantes que mantêm atitudes diferentes ao mesmo tempo.

Cada membro de um grupo transmite uma atitude determinada pela estrutura de sua personalidade e de sua inclinação a favor ou contra o objeto da discussão. Uma pessoa com caráter acentuadamente crítico procurará falhas e problemas, o que pode ser útil de vez em quando, mas também pode fazer a discussão desembocar em um impasse. Da mesma forma, uma pessoa que se contrapõe a uma proposta adotará uma atitude destrutiva ou negativa. Embora esse comportamento possa ser benéfico para identificar os riscos envolvidos no projeto, também pode abalar a dinâmica do grupo.

A técnica dos seis chapéus do pensamento lida com esse problema, definindo seis atitudes ou estados relacionados a um assunto específico. Os seis estados são: objetividade (chapéu branco), que apresenta números, fatos estabelecidos e informação objetiva a respeito de inovação; criatividade (chapéu verde), que aplica pensamento fértil, novas ideias e possibilidades; emoções (chapéu vermelho), que deixa fluir as intuições, as sensações que a inovação desperta na pessoa, embora não baseadas em dados; otimismo (chapéu amarelo), que enfatiza as oportunidades e possibilidades oferecidas pela inovação, pensando construtivamente; pessimismo (chapéu preto), que coloca a inovação em teste e considera perigos e riscos, questionando por que a inovação não vai funcionar; e controle e organização (chapéu azul), que suscita fatores relativos ao processo e à sua organização, pensando sobre o pensamento.

Na discussão em grupo, cada membro, como grupo, assume um desses papéis ou estados, um por vez e de modo organizado. Por exemplo, enquanto pensam ou trabalham com o chapéu vermelho por meia hora, todos devem examinar e julgar a inovação com a mesma atitude, independentemente de se as inclinações pessoais pelo projeto são positivas ou negativas. Então, o grupo "muda de chapéu" e a discussão continua com todos pensando em um estado diferente, por exemplo, criativamente (chapéu verde), e assim por diante.

Essa técnica de trabalho, baseada no pensamento oriental, inspirada na cooperação e não no confronto, permite que o grupo trabalhe de maneira muito organizada e aborde as dimensões da inovação de modo ordenado, livre da parte dominante da personalidade de cada pessoa e de seus sentimentos pessoais em relação ao projeto.

No final da sessão, se nenhum consenso for alcançado, pode-se realizar algum tipo de votação, mas, geralmente, esse método nominal tende a produzir um alinhamento geral de posições e consenso.

Phillips 66

Essa é uma técnica de grupo nominal para superar impasses ou escolher entre opções de maneira muito rápida e eficiente.

A técnica foi criada por J. Donald Phillips e consiste em dividir um grupo grande em seis grupos pequenos, cada um deles composto de seis pessoas. Cada grupo discute o problema por seis minutos. Os seis minutos também podem ser dados alternadamente para cada pessoa, que sugere uma possibilidade ou a solução do problema sob discussão. Quando os seis minutos acabam, os participantes votam individualmente nas opções preferidas. Então, o representante de cada grupo considera as melhores soluções e os seis representantes formam um novo grupo, que, em seis minutos, deve avaliar as melhores opções.

Esse sistema funciona bem em processos de inovação nos quais surge a necessidade de encontrar soluções rápidas para problemas menos importantes que, não obstante, devido à falta de consenso, permanecem um obstáculo para o grupo. Também é muito útil para escolher, de modo organizado e democrático, entre uma quantidade ingovernável de opções ou ideias em consideração.

Seis Sigma

As empresas que inovam de maneira contínua e mantêm simultaneamente diversos processos de inovação adquirem uma tal experiência que, ao longo do tempo, podem determinar se um processo de inovação está progredindo normalmente ou se uma luz de advertência vai começar a piscar. Essas empresas baseiam essa avaliação em uma série de desvios na programação, nos custos ou nos incidentes. A metodologia Seis Sigma pode servir para o mesmo propósito.

Conforme uma empresa adquire experiência em iniciar processos de inovação, ela pode relacionar com o resultado final determinadas variáveis indicativas de problemas futuros. Assim que uma correlação se estabelece, é possível, em um certo sentido "autômato", a avaliação dos Facilitadores a respeito do processo de inovação. Em vez de focalizar exclusivamente os resultados esperados da inovação, aqui a atenção é transferida para indicadores relacionados com a eficiência e a eficácia do processo, no entendimento de que, se o processo de inovação desviar-se muito de tais indicadores, esse processo enfrentará dificuldades no futuro.

Na realidade, a Seis Sigma é uma metodologia e estratégia que tem como objetivo melhorar os processos referentes à qualidade, procurando minimizar os defeitos de um produto ou serviço. No entanto, possui diversas aplicações:

> *O propósito original da Seis Sigma, desenvolvida por empresas como a Motorola e a General Electric, foi identificar e eliminar as causas de defeitos de fabricação em projetos industriais de grande escala. Nas últimas décadas, uma legião de gerentes, de diversos setores, adaptaram as metodologias Seis Sigma para satisfazer os próprios usos. Por exemplo, alguns administradores de projeto se baseiam nas ferramentas Seis Sigma para mensurar a eficácia da equipe.*[70]

A filosofia Seis Sigma é adaptável à avaliação contínua dos processos de inovação de uma empresa. A ideia é abordar os processos de inovação da mesma maneira que faríamos com qualquer outro processo da organização, quer sejam processos de produção, suprimento de materiais ou processos administrativos.

O método Seis Sigma busca minimizar os defeitos e as deficiências de um processo para uma probabilidade de 3,4 defeitos por 1 milhão. Evidentemente, é impossível alcançar essa proporção na inovação, mas é possível enumerar os fatores que provocam defeitos e problemas no processo de inovação. Por exemplo, uma empresa pode definir que, quando um processo de inovação...

- apresenta atraso de mais de 30% em relação ao cronograma;
- apresenta variação de mais de 20% em relação ao orçamento;
- apresenta mais do que 25 obstáculos no processo;
- é questionado por mais de 25% da administração;
- apresenta projeções de volume diferentes com variação maior do que 40%;

... uma luz de advertência deve começar a piscar e é o momento de revisar o processo ou até mesmo a viabilidade do projeto.

Os fatores e o nível de tolerância podem ser ajustados para satisfazer todos os tipos de inovações: marginais ou disruptivas, tecnológicas ou de modelo de negócios.

Exceder essas tolerâncias não significa necessariamente que devemos encerrar o processo, mas nos adverte a respeito dos possíveis problemas referentes à exequibilidade e aos custos. Também sinaliza a necessidade de uma projeção de lucro maior do que o normal, pois a quantidade de defeitos no processo está diretamente relacionada ao nível de risco ou falha.

Sistemas e ferramentas para aprovação e alocação de recursos e investimentos financeiros

As ferramentas que vamos examinar agora servem para dar ou não a aprovação a uma inovação e ao investimento envolvido.

Custos (riscos) e benefícios[71]

De qualquer decisão empresarial, resultam diversos custos e benefícios que devem ser enumerados e avaliados em termos econômicos. Entende-se que essas atividades ou iniciativas, cujos benefícios excedem seus custos, valem a pena, enquanto o resto fracassará. Esse método é perfeitamente aplicável para avaliar se é ou não viável prosseguir com uma inovação, embora também possa ser utilizado para inovação em projetos políticos ou sociais. Em certos casos, em vez dos custos, os riscos é que são avaliados.

Esse método leva em conta absolutamente todos os benefícios e custos de uma inovação, não importando se são atribuíveis à sua conta operacional (por exemplo, qualquer perda potencial de vendas em outras divisões da empresa provocada por uma inovação). Isso é o que o diferencia dos outros métodos econômicos ou financeiros, como as análises de lucros e perdas ou de retorno do investimento, que incluem somente ganhos e custos operacionais e não levam em consideração outros custos secundários associados, que são parte direta da conta de lucros e perdas de uma inovação.

Em especial, recomendamos a análise de custos e benefícios para projetos de melhoria de produto ou processos de aprimoramento da qualidade, pois ela mensura muito claramente se os benefícios de uma mudança são proporcionais aos custos de execução. Permite determinar qual opção, entre muitas, oferece o melhor retorno do investimento.

➤

O cálculo é feito pela proporção dos lucros (expresso em termos monetários) em relação aos custos de desenvolvimento e execução (também em termos monetários). Com base nessa proporção, podemos calcular quanto tempo levará para que os lucros excedam os custos, isto é, o tempo do retorno financeiro.

Segue um exemplo. Um instituto de pesquisa de mercado está avaliando a conveniência de introduzir um sistema *on-line* para administrar questionários de seu departamento de pesquisa quantitativa.

Os custos são de 94 mil dólares:

- Equipamento de informática: US$ 45,6 mil
- Treinamento do pessoal: US$ 14,4 mil
- Perda de eficiência durante a introdução do método de trabalho: US$ 34 mil

Os lucros esperados são de 109 mil dólares:

- Capacidade maior: 32 mil dólares.
- Redução nos erros: 21 mil dólares.
- Conquista de novos clientes: 56 mil dólares.

Como resultado, o tempo de retorno financeiro é: US$ 94 mil/US$ 109 mil = 0,86 de um ano, ou, aproximadamente, dez meses.

Podemos observar que o método leva em consideração tanto os custos diretos e indiretos como os lucros.

O lado secundário da análise de custos e benefícios é especialmente útil no caso de inovação no setor público. Por exemplo, se uma prefeitura avaliasse a viabilidade de um novo museu por meio da análise de custos e benefícios, incluiria os custos e benefícios sociais da inovação:[72]

- Custos sociais: a avaliação pode se basear na perda, para a sociedade da transferência dos ativos de seu uso ideal alternativo (por exemplo, o custo da oportunidade social do pessoal empregado equivale ao produto dessas pessoas em empregos alternativos).
- Externalidades: perda de terreno e outras matérias-primas, possível congestionamento rodoviário ou urbano devido a obras públicas etc.
- Aumento induzido da renda do setor de turismo (fluxo maior e tempo de estadia médio prolongado).
- Elevações adicionais de renda, devido a outras possíveis atividades induzidas (lojas, restaurantes, lazer etc.).

As empresas estabelecem critérios de aprovação com base em três fatores:

1. Lucro mínimo (por exemplo, a inovação deve lucrar um mínimo de 100 mil dólares).
2. Tempo mínimo de retorno financeiro (por exemplo, os lucros devem exceder os custos em um ano).
3. Proporção mínima pela qual os lucros devem exceder os custos (por exemplo, os lucros finais do projeto devem exceder os custos totais multiplicados por 3).

Embora algumas estimativas de custos e lucros se baseiem em hipóteses subjetivas, esse é um sistema muito útil para identificar todos os impactos esperados de determinada inovação. Essa ferramenta nos força à pergunta: "Quais das soluções oferecem os maiores benefícios em relação aos recursos investidos?", em vez de "Qual é a solução mais barata?"[73]

Estimativa da demanda[74]

Estimar a demanda (existente ou potencial) para um serviço ou produto proposto é o primeiro passo para determinar se um investimento é viável ou não.[75]

A medida da demanda por um produto ou serviço é a quantidade de pessoas que o compram ou fazem uso dele.

Para a demanda ser considerada eficaz, há três requisitos:

1. Deve haver pessoas cuja necessidade será satisfeita pelo produto ou serviço.
2. Deve haver pessoas dispostas a pagar para satisfazer essa necessidade.
3. Elas devem ter poder de compra para realmente pagar por ele.

Em geral, a demanda é estimada de dois modos. Primeiro, mediante a multiplicação das seguintes variáveis:

- Quantificação do mercado potencial (número de clientes).
- Penetração prevista (porcentagem de quem comprará).

- Atos de compra por mês (ou ano).
- Unidades médias por ato de compra.

O segundo modo é multiplicar essas outras variáveis:

- Quantificação do mercado anual (em unidades, valor).
- Participação de mercado estimada (em porcentagem).

Evidentemente, é difícil estimar a demanda por bens e serviços que ainda não existem.

Para o Nintendo Wii, apesar do grande sucesso de mercado desse importante console de videogame, o planejamento insatisfatório da demanda e o preço incompatível custaram à empresa, no mínimo, 680 milhões de dólares, assim como 6% de participação de mercado. A Nintendo perdeu centenas de milhões de dólares em lucros com o Wii, devido a dois anos de falta de estoque e incapacidade de prever a demanda. De acordo com o presidente da Nintendo para a América do Norte, suas curvas de oferta e de demanda não se cruzaram.[76]

Como se pode prever a demanda? A resposta depende do tipo de inovação. Em relação a inovações marginais, o método comum é utilizar a informação de lançamentos similares do passado ou realizar estimativas com base nas vendas de outros produtos do portfólio. Em relação a inovações disruptivas, dada a ausência de referências no mercado, os números de vendas para produtos e serviços substitutos podem ser utilizados como indicadores, como aqueles identificados na definição do conceito na seção "Fonte de volume" (ver Capítulo 5).

Em um caso ou outro, uma possibilidade é utilizar os resultados dos testes de produto, indicando quantos consumidores afirmam que definitivamente comprarão o produto quando este for lançado no mercado e os clientes que esperamos impactar pelos meios de comunicação e campanhas promocionais. Para isso, multiplicamos as seguintes variáveis:

- Quantificação do mercado potencial (número de clientes).
- Porcentagem de conscientização estimada que alcançaremos com a propaganda.
- Porcentagem de teste estimada sobre o público impactado por promoções e propaganda de incentivo de teste.

- Porcentagem estimada de repetições sobre o público impactado no teste, com base nas notas de satisfação obtidas em testes de produto.
- Número médio de unidades adquiridas (frequência) entre o público que repete, com base nos hábitos normais do consumidor, como determinado pela pesquisa de mercado.

Ao realizar estimativas de demanda, se estivermos usando informação passada para prever vendas futuras, será uma boa ideia verificar a quantidade de variáveis conhecidas a ser correlacionadas fortemente com as mudanças de demanda:[77]

- Taxas de crescimento anual para o setor.
- Elasticidade do preço para nossa categoria.
- Elasticidade da renda para nosso mercado-alvo.
- Elasticidade cruzada com produtos substitutos.
- Tendências de crescimento do PIB.
- Crescimento esperado do crédito ao consumidor ou do investimento.
- Sentimento do consumidor (por exemplo, índice de sentimento do consumidor, da Universidade de Michigan).
- Crescimento demográfico e de renda e mudanças em sua distribuição.
- Mudanças nos níveis gerais de preços.
- Mudanças nas preferências dos consumidores.
- Emergência dos produtos substitutos.
- Mudanças na política econômica.
- Mudanças na evolução e no crescimento do sistema econômico.

Lucros e perdas

A conta de lucros e perdas é uma ferramenta contábil que reflete o desempenho econômico durante um determinado período (em geral, um ano), revelando um resultado positivo (lucro) ou negativo (perda). É uma das ferramentas mais utilizadas em inovação, em nível de produto ou mercado, pois as empresas geralmente terão uma conta operacional para cada um de seus produtos.

Também é utilizada no caso de inovações do modelo de negócios, embora igual ou maior importância seja dada, em geral, ao retorno do investimento. Em uma inovação para aprimorar processos, como vimos, usa-se comumente a análise de custos e benefícios.

A conta analítica de lucros e perdas é uma ferramenta muito básica, com a qual o leitor deve estar muito familiarizado. Com respeito à atribuição de custos, as contas de lucros e perdas para inovações dão, em geral, um grande peso ao conceito de depreciação, visto que a inovação tende a envolver investimentos consideráveis, os quais são atribuídos nos primeiros anos sob a forma de depreciação.

O mesmo se aplica aos custos de campanhas de lançamento e marketing. Eis por que a conta de lucros e perdas para uma inovação, em seus primeiros anos, não reflete lucros futuros em uma situação de estabilidade. A depreciação do investimento inicial, junto com os investimentos em marketing para o lançamento, representa custos adicionais no que se tornará, ao longo do tempo, a conta operacional para o novo produto ou serviço. O modo comum de lidar com isso é elaborar uma conta de lucros e perdas para os próximos três a cinco anos, para que a real contribuição futura da inovação possa ser corretamente avaliada.

Com respeito à atribuição de custos indiretos ou fixos, algumas pessoas gostam de atribuir proporção muito baixa de custos indiretos para o novo produto, supondo que os custos fixos da empresa continuam em grande medida inalterados com o novo lançamento (dependendo de sua magnitude, é claro). A segunda opção é estimar o investimento adicional na maior estrutura da empresa e atribuir somente esse custo adicional. A terceira opção, a mais comum, é tratar do novo produto como qualquer outro, atribuindo custos indiretos com base no volume.

A conta operacional é um passo além das avaliações referentes ao potencial (estimativa da demanda, teste de produto ou método Delphi, por exemplo), visto que incorpora os custos de manufatura e lançamento. Portanto, é a ferramenta mais crucial no processo de inovação. Em geral, é realizada nos últimos estágios do processo. Como requer cálculos, além dos investimentos necessários e custos variáveis, os custos derivados do plano de marketing a ser elaborado, a conta de lucros e perdas é, em geral, feita e refeita em diversos pontos, à medida que a informação chega com respeito aos custos e aos ganhos da inovação. Também há a conta provisória de lucros e perdas, em que, a fim de avaliar se é viável ou não prosseguir com uma inovação, os custos variáveis, os custos indiretos, a depreciação e os investimentos em propaganda são calculados com base nos valores de faturamento direto dos outros produtos da mesma empresa.

Retorno do investimento

O retorno do investimento é uma medida do desempenho de um investimento, sendo utilizado para avaliar quão eficaz é o dispêndio, seja o corrente ou o planejado. Mede a eficácia do dinheiro investido, em vez do tamanho do investimento, e é expresso em termos de taxa de retorno do capital investido; nesse caso, na inovação. O retorno do investimento é aplicável a quase todo tipo de inovação, desde o aprimoramento de um processo até o projeto ou lançamento de um novo produto ou serviço, assim como aos custos dessa melhoria.

O retorno do investimento apresenta diversas vantagens em relação aos outros métodos. A primeira é que ele é útil como referência para mensurar níveis de risco. Em geral, o retorno do investimento se compara a uma taxa de juros ou custo alternativo, denominado custo de oportunidade: se a empresa investir dinheiro em outro projeto, qual seria o retorno do investimento? E, se simplesmente investíssemos no banco ou em um produto financeiro, quanto ganharíamos?

Eis por que o retorno do investimento talvez seja o método favorito entre os acionistas e investidores: quantifica o valor do projeto em termos de quanto se sentem confortáveis, limitando suas decisões a dois fatores: lucratividade e risco. Em geral, quando financiam um projeto específico, os acionistas querem saber qual será o valor de seu dinheiro. Isso é o que o retorno do investimento permite calcular. Além disso, sendo uma ferramenta meramente quantitativa, esse método também é útil para priorizar alternativas distintas que surgem durante o processo de inovação.[78]

Nesse aspecto, os itens mencionados a seguir geralmente são utilizados na definição dos critérios para aprovação ou rejeição dos investimentos com base no retorno do investimento:[79]

- **Ajustar o retorno do investimento ao nível dos outros investimentos.** Com informações dos departamentos financeiro e contábil a respeito do retorno médio dos outros investimentos, ajustamos nossa mira para igualar ou superar aqueles níveis.
- **Ajustar o retorno do investimento ao ponto de equilíbrio.** Isso significa ajustar o retorno de investimento em 0%, o que significa obter nosso dinheiro de volta. Por exemplo, se investirmos US$ 100 mil no aprimoramento de um produto e o retorno for de US$ 100 mil, não obteremos nenhum lucro, mas recuperaremos o investimento. Essa abordagem é típica das organizações sem fins lucrativos.

- **Ajustar o retorno do investimento de acordo com as demandas dos investidores.** Nesse caso, os investidores ou acionistas determinam de antemão o retorno mínimo do investimento para a aprovação de novos projetos. Os projetos que atendem os padrões definidos pelos acionistas ou investidores recebem sinal verde. (Essa é uma abordagem muito comum nas inovações financiadas por fundos ou investidores individuais de capital de risco.)

Um caso muito interessante de retorno do investimento é o filme *Avatar*, que alcançou um fantástico retorno de investimento:

> *O filme* Avatar *foi orçado oficialmente em US$ 237 milhões. Outras estimativas colocaram o custo entre 280 e 310 milhões de dólares para a produção e 150 milhões para a divulgação.*
>
> *O filme faturou US$ 27 milhões no dia da estreia e US$ 77 milhões no primeiro fim de semana de exibição. Dezessete dias depois do lançamento, tornou-se o primeiro filme a faturar US$ 1 bilhão em um período tão curto e, após três semanas, alcançou o segundo maior faturamento cinematográfico de todos os tempos, superado apenas por* Titanic *(1997), também dirigido por James Cameron.* Avatar *conseguiu bater essa marca em menos de seis semanas, tornando-se o maior faturamento da história do cinema até hoje, sendo também o primeiro filme a superar a barreira de US$ 2 bilhões em receitas.*[80]

O retorno do investimento também é utilizado nos projetos de inovação complexos e de grande escala. A EuroDisney e o Eurotúnel, por exemplo, são típicos casos de inovação ou iniciativa avaliados com essa ferramenta. Nos dois casos, devido à dificuldade de estimar a demanda futura e controlar os custos de investimento, o retorno do investimento real foi muito diferente do previsto.

Isso nos conduz à advertência de que o cálculo do retorno do investimento pode ser muito subjetivo e até manipulável, e os simpatizantes de um projeto podem modificar o que for necessário para satisfazer suas necessidades. Portanto, ao calcular o retorno do investimento, tão importante quanto o nível de risco e o retorno esperado são os detalhes das hipóteses subjacentes aos cálculos.[81]

Em geral, o retorno do investimento se baseia em dois indicadores financeiros conhecidos: valor presente líquido (VPL) e taxa interna de retorno (TIR). O VPL é o somatório dos valores presentes dos fluxos estimados de caixa futuros (tanto positivos quanto negativos). Quando o VPL é positivo, significa que o investimento total será compensado pelo resultado esperado futuro. A TIR é a porcentagem descontada de todas as taxas de fluxos de caixa futuros, a fim de igualar o investimento total, sendo, portanto, o indicador da lucratividade de um projeto.

Construção de cenários e intervalos

Vimos no Capítulo 6 que a construção de cenários pode ser utilizada como técnica criativa. Também pode ser utilizada como meio de avaliar e decidir se se deve prosseguir com uma inovação específica.

A construção de cenários assume duas formas:

- A primeira é avaliar o projeto não só em termos do retorno esperado, mas também das mudanças previstas no ambiente e na concorrência. Pode acontecer de uma inovação mostrar retorno do investimento maior do que outra, mas estar mais exposta a mudanças no ambiente e, em virtude de possíveis movimentos da concorrência, não ser a melhor opção. Nesse caso, a construção de cenários funciona como um filtro que condiciona as estimativas quantitativas da gerência, que elabora orçamentos com base nas *ceteris paribus* (condições normais) do mercado. Frequentemente, acionistas, diretores ou presidentes de grandes empresas possuem informações privilegiadas que a gerência desconhece ao realizar tais estimativas. Essa ferramenta é utilizada para refinar as estimativas.
- A segunda forma de aplicar a construção de cenários é definindo intervalos: pessimista, realista, otimista. Nesse caso, não utilizamos o legislativo em transformação ou o ambiente competitivo; em vez disso, buscamos um espectro, um intervalo amplo no qual enquadrar estimativas quantitativas e planos de negócios. O objetivo é analisar o que aconteceria à inovação se as coisas não caminhassem como previsto (cenário do pior caso) ou se tudo caminhasse sem obstáculos (cenário do melhor caso). É outra maneira de obter uma perspectiva a respeito dos riscos da inovação.

Algumas empresas, como a IBM, fixam diferentes probabilidades para cada cenário e as utilizam para ponderar a lucratividade prevista de cada um. O resultado ponderado final é considerado uma classificação única, a ser comparada com outras alternativas.

Testes de mercado

No Capítulo 7, vimos o teste de mercado como um modo de pré-lançamento. O teste de mercado é provavelmente o modo certo de avaliar a adequação de uma inovação. Lançamos o produto ou serviço em pequena escala, em uma área geográfica limitada ou dentro de um conjunto predeterminado de canais de venda.

De todas as formas de quantificar o potencial da inovação, o teste de mercado dará o quadro mais realista. Possui muitas vantagens, mas também várias desvantagens. Em primeiro lugar, supõe que o investimento em inovação (linhas de produção e desenvolvimento de produto, por exemplo) é relativamente baixo, pois, caso contrário, um lançamento em pequena escala custaria quase tanto quanto um em larga escala. Essa técnica é utilizada quando o investimento industrial é muito menor do que o investimento comercial. Em outras palavras, os riscos estão, em grande medida, associados com os recursos a serem investidos em meios de comunicação, propaganda, teste de produto, distribuição e criação de canais e redes de venda etc. Nesse caso, o teste de mercado faz muito sentido, supondo que, ao restringir o escopo do lançamento, o investimento em marketing é baixo e podemos estimar, com base nos resultados, se faz ou não sentido partir para um lançamento nacional ou internacional.

O problema seguinte é que revelamos a inovação em um estágio inicial, o que significa que demos à concorrência tempo para reagir. Assim, os testes de mercado devem ser realizados só depois de protegermos uma inovação com patentes ou quando estivermos prontos para autorizar o lançamento em escala integral, rápido o suficiente para que a concorrência não consiga nos roubar a inovação.

Finalmente, devemos tomar muito cuidado na escolha da área geográfica (ou do tipo de canal ou cliente) para o teste de mercado. Escolher uma área não representativa, ou sem clientes especialmente inclinados a comprar a inovação, pode produzir resultados sem valor. Um motivo para lançar no "melhor" mercado é: "Se você fracassar naquele mercado, mate o projeto".

Combinação de critérios e níveis de aprovação ou rejeição

As ferramentas e os sistemas que apresentamos aqui não são mutuamente excludentes, mas complementares. Não é recomendável que você recorra apenas a uma única ferramenta ou sistema, mas que as combine para obter uma perspectiva tão ampla e variada quanto possível, com visões alternativas, e que utilize todas essas informações para tomar a melhor decisão possível. Isso vai contra a inclinação humana em favor da simplicidade; tendemos a preferir um número, um resultado único, sobre o qual basear uma decisão, em vez de ter de lidar com evidências conflitantes. Na vida real, contudo, essa é uma forma de autoilusão, pois não há método que possa, com um número único, assegurar a decisão correta. E isso acontece ainda menos no mundo da inovação.

Devemos nos lembrar de que o trabalho do empreendedor, do gerente ou do executivo envolve certo grau de risco. Se houvesse uma ferramenta capaz de prever o resultado do lançamento de uma inovação, o sucesso no mundo empresarial viria facilmente. Mas não vem.

As ferramentas que vimos devem ser consideradas complementos de duas características inerentes às pessoas bem-sucedidas do mundo dos negócios: intuir e assumir riscos.

A história da inovação empresarial está cheia de produtos e serviços em que as avaliações preliminares falharam em refletir sobre o que realmente aconteceria em seguida. Algumas inovações ficaram aquém das expectativas, outras foram além. Há diversos casos de inovações que, após todos os sinais indicarem um desempenho fraco, provaram ser um enorme sucesso; e outras, com grandes expectativas, acabaram em desastre.

Não devemos negar a utilidade dessas ferramentas ou a necessidade de avaliar uma inovação antes de investir nela. Para a tomada de decisão, devem-se intuir e assumir os riscos com métodos científicos, empíricos. A capacidade real de prever é encontrada em líderes que combinam os dois talentos, e isso requer capacidade de lidar com sistemas de avaliação de inovação, em que a disparidade de resultados enriquece a análise.

Observemos, a seguir, um exemplo de como combinar essas ferramentas.

Uma empresa vai aprovar uma inovação se:

- o conceito tiver uma intenção de compra (*top box*) de 30% no mercado-alvo;
- o pessoal da empresa classificar o conceito com um nota média de mais de 8 pontos, numa escala de 0 a 10;
- o teste do produto indicar uma intenção de compra de 60% (*top two boxes*);
- a demanda prevista for equivalente a um volume de negócios superior a US$ 3 milhões;

- a participação de mercado prevista superar 2%;
- a conta de lucro e perda for positiva antes do terceiro ano;
- o retorno do investimento for maior do que 7%.

Se a inovação satisfizer todos esses marcos de desempenho, prosseguimos com o lançamento. Caso contrário, o processo é interrompido. Cada critério deve ter sua justificativa; no exemplo anterior, os níveis mínimos de teste são requeridos para assegurar um nível elevado de aceitação do mercado. É solicitado o volume mínimo de negócios de US$ 3 milhões para justificar o projeto; uma participação de mercado de 2%, pois, caso contrário, os distribuidores não o incluirão em seus portfólios; lucros antes do terceiro ano, pois esse período é o padrão do setor; um retorno do investimento de 7%, pois é o custo de oportunidade do dinheiro no risco médio; abaixo desse índice, os acionistas buscarão investimentos financeiros.

O uso combinado de ferramentas, contudo, não deve resultar em um excesso de avaliação, que pode gerar uma paralisia em termos de decisão:

> *Deve-se tomar cuidado para não se avaliar excessivamente. Para diversas organizações, a avaliação consiste em evitar riscos. No entanto, as ideias mais inovadoras, com o maior potencial de retorno do investimento, são, inevitavelmente, as mais arriscadas. Se uma ideia muito inovadora tiver de passar por diversas avaliações e revisões realizadas por inúmeros comitês, sua rejeição será quase certa, pelos riscos percebidos ou pela grande modificação na tentativa de limitar os riscos, resultando na perda de originalidade.*[82]

Ferramentas para definição dos objetivos do lançamento

Essas ferramentas também podem ser utilizadas para definir objetivos de uma inovação, logo que estamos na fase de lançamento. Nesse caso, devemos:

- escolher um ou mais objetivos;
- determinar períodos para verificação;
- definir, então, os limites ou valores mínimos.

Consideremos um exemplo de como utilizar as ferramentas apresentadas aqui para definir os objetivos.[83] Uma empresa determina que as inovações devem ser responsáveis por, no mínimo, 5% de seu faturamento total (com margens similares àquelas registradas atualmente), três anos após o lançamento, e que depois de oito anos deve ser responsável por 15% das vendas (com margens iguais ou similares). Uma inovação que atendesse tais requisitos seria considerada bem-sucedida.

Tipo de inovação *versus* ferramentas do Facilitador

Há certa relação entre os tipos de ferramentas utilizadas e quem assume a função de Facilitador. Por exemplo, os acionistas regularmente usam o retorno do investimento como meio de aprovar e alocar recursos para um projeto, mas dificilmente tendem a dedicar o tempo requerido para uma técnica de grupo nominal, que, em comparação, os membros da equipe responsável pelo processo de inovação utilizaria.

Os quadros a seguir apresentam a relação entre os tipos de Facilitadores e as técnicas mais comuns.

Figura 8.2 – Ferramentas dos Facilitadores por nível hierárquico da empresa

	Avaliação subjetiva	Avaliação de toda a empresa	Níveis de teste	Método Delphi	Técnicas de grupo nominal	Seis chapéus do pensamento	Phillips 66	Seis Sigma	Custos e benefícios	Estimativa da demanda	Lucros e perdas	Análise de retorno do investimento	Análise de cenários	Teste de mercado
Investidores									X	X	X	X	X	X
Acionistas									X	X	X	X	X	X
Diretoria				X					X	X	X	X	X	X
Presidente da empresa	X		X	X				X	X	X	X	X	X	X
Gerente geral	X	X	X	X	X	X	X	X	X	X	X	X	X	X
Diretor de inovação	X	X	X	X	X	X	X	X	X	X	X	X	X	X
Diretor financeiro		X									X	X		
Chefes de departamento	X	X	X	X	X	X	X				X			
Grupos interessados	X	X												
Especialistas	X			X										
Gerentes de nível médio	X	X	X		X	X	X							
Equipe de inovação	X	X	X	X	X	X	X	X		X	X	X	X	X
Funcionários	X	X												

Também há uma relação entre os tipos de inovação e as ferramentas que apresentamos.

Figura 8.3 – Ferramentas dos Facilitadores por nível de inovação

	Avaliação subjetiva	Avaliação de toda a empresa	Níveis de teste	Método Delphi	Técnicas de grupo nominal	Seis chapéus do pensamento	Phillips 66	Seis Sigma	Custos e benefícios	Estimativa da demanda	Lucros e perdas	Análise de retorno do investimento	Análise de cenários	Teste de mercado
Extensão de linha	X	X	X		X	X				X	X	X		
Novo produto para um novo mercado			X	X	X	X	X			X	X	X	X	X
Novo processo	X	X		X	X	X	X	X	X	X	X	X		
Novo modelo de negócios			X	X	X	X	X		X	X	X	X	X	X

Finalmente, eis uma matriz de avaliação de cada técnica em termos de quantas empresas utilizam e quanto esforço cada técnica requer.

Figura 8.4 – Ferramentas utilizadas pelo Facilitador e esforço requerido

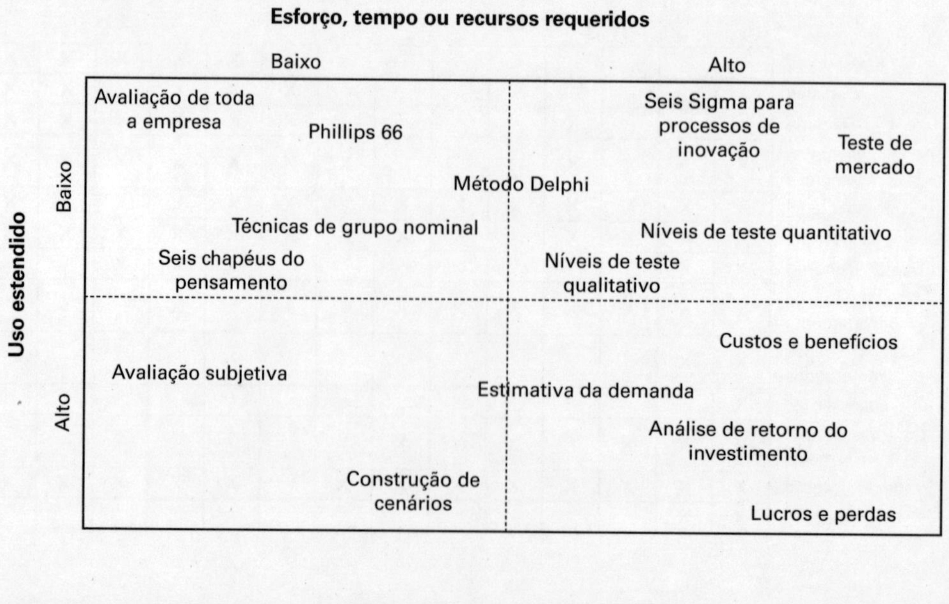

9

Vantagens de projetar processos de inovação com o modelo A-F

Vantagens do modelo A-F

Algumas pessoas podem achar que o modelo A-F envolve os mesmos estágios tradicionais e clichês do processo de inovação, em que:

Objetivos → Pesquisa → Ideias → Avaliação → Desenvolvimento → Lançamento

É verdade que o modelo A-F move-se na direção A (Ativadores), B (Buscadores), C (Criadores), D (Desenvolvedores), E (Executores), como exposto na Figura 9.1.

Figura 9.1 – Sequência natural do modelo A-F

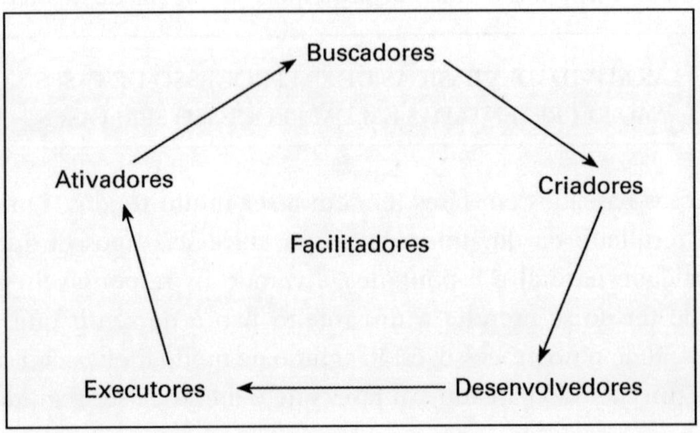

A definição dos objetivos está associada com a ativação; a pesquisa, com a busca de informação; a geração de ideias, com a criatividade; a avaliação, com o financiamento; e o desenvolvimento e o lançamento são equivalentes àquilo que, em nosso modelo, os Desenvolvedores e Executores fariam. Então, onde estão as diferenças e qual é o valor agregado de nosso modelo?

Vamos dar uma olhada:

1. *Na mudança de paradigma, falando em funções em vez de fases*

Cada fase está ligada a uma responsabilidade específica, cujos resultados estarão isolados dos responsáveis pelas fases prévias e subsequentes. Mostrou-se que alocar etapas dessa maneira gera uma atitude do tipo "essa fase é minha, amigo". Disso decorre que a função principal em cada fase é responsável por apenas uma única parte do processo. Assim, se a inovação fracassar, as pessoas que geraram as ideias afirmarão que elas eram ótimas, mas que os responsáveis por materializá-las estragaram tudo. Ou que os Executores adotaram a estratégia incorreta.

Por outro lado, atuando por meio de funções, vamos do "essa fase é minha, amigo" para "essas fases pertencem a todos nós; por isso, vamos ver como cada função pode lhes agregar valor". Desse modo, todos se envolvem ao longo do processo de inovação. Evidentemente, isso pode ser alcançado simplesmente pela designação de equipes especializadas. No entanto, se essa equipe também for estruturada sobre o modelo A-F, isso assegurará que as atividades básicas de um processo de fases serão representadas em um processo sem fases.

Vamos insistir nisso, pois é uma das principais vantagens de nosso modelo:

AS ATIVIDADES BÁSICAS DE UM PROCESSO DE FASES SÃO REPRESENTADAS EM UM PROCESSO SEM FASES

Os processos baseados em fases tendem a ser muito rígidos. O fato de que as fases são um resultado da dinâmica de grupo entre seis tipos de função conduz a uma flexibilidade natural e espontânea, livrando os responsáveis pelo processo de inovação de ter de se prender a um roteiro fixo e de sentir que, quando eles avançam e retrocedem no processo, estão agindo de modo ineficaz ou simplesmente abandonando um método baseado em fases que é difícil de ser seguido de maneira estrita e pura.

Dizer adeus à rigidez das fases e deixar que o processo flua como resultado da dinâmica de grupo não é algo que ocorre linearmente, mas pode avançar e recuar com tanta frequência quanto necessário, como assinalamos no Capítulo 2, em que discutimos a flexibilidade do modelo e sustentamos que a sequência natural:

A-B-C-D-E(F)
Pode mudar para:
A-B-C-A-F-D-B-D-F-E-C-E
Ou para algo tão simples e breve como:
A-D-E

2. *No engendramento de novas fórmulas colaborativas*

Em segundo lugar, é um fato conhecido que, quando o processo de inovação é um conjunto de fases que recua para fases anteriores, ele é visto como um revés ou fracasso. As pessoas relutam em voltar para os departamentos que já fizeram sua parte do processo, por medo de perder o poder de tomada de decisão ou de influenciar no processo. Eis alguns cenários muito comuns:

- Se a fase de pesquisa produzir informação que não satisfaz os Criadores, estes se sentirão justificados em sua crença de que a informação e a pesquisa de mercado só refletem o passado e que a criatividade é o único campo capaz de visualizar o futuro. É improvável que solicitem nova informação; em vez disso, prosseguem e começam a gerar ideias com base somente nos próprios recursos.
- Os departamentos de desenvolvimento e de projeto de produto lamentam a impossibilidade de desenvolver as ideias que surgem em suas "caixas de entrada". Sabendo que essa é uma falha comum entre os Criadores, estes preferem não pedir para que o pessoal dos departamentos de desenvolvimento e de projeto de produto revisem ou pensem a respeito de novas ideias, e simplesmente moldam o conceito para aquilo que acreditam ser seu escopo e potencial genuíno. Os Criadores afirmarão, como frequentemente acontece, que a ideia foi destruída pelos técnicos.
- Os responsáveis pelo lançamento de novos produtos e serviços tendem a ser as vítimas finais desses tipos de desacordo ou conflito, conforme as coisas se movem ao longo do processo. A visão deles tende a ser de que a inovação não possui potencial suficiente, resultando em um produto ou serviço que falha em

considerar o cliente e suas necessidades ou a realidade comercial do mercado. Diversas inovações são uma ameaça para os departamentos de vendas e marketing. Assim, o envolvimento e comprometimento de recursos será mínimo, na crença de que a inovação ameaça o relacionamento com o canal de vendas e/ou os clientes. Eles prefeririam "sabotar" a inovação comercialmente antes de solicitar melhorias nela.

No entanto, esses departamentos precisam uns dos outros:

- Os Ativadores, ao definir os objetivos, precisam de especialistas técnicos, para saber que possibilidades a tecnologia pode oferecer, e precisam de pesquisa de mercado e departamentos de marketing e de vendas, para definir onde residem as oportunidades.
- O departamento de pesquisa precisa do conhecimento do cliente que o departamento de marketing possui, do canal, responsabilidade do departamento de vendas, e de tecnologia, pertencente ao departamento de P&D.
- Os departamentos de P&D e de *design* precisam, como discutido no Capítulo 6, da capacidade do marketing para capturar valor.
- O departamento de marketing precisa da *expertise* do engenheiro nas possibilidades tecnológicas.

Vimos em todos os capítulos anteriores como cada função pode fornecer, por sua própria natureza, ajuda adicional às outras funções, algo que, em virtude da natureza fechada das fases, raramente ocorre nos processos de inovação. Em nosso modelo, enquanto avançamos e retrocedemos pelas diversas interações, novas fases colaborativas, que denominamos "insumos transversais", emergem.

O insumo transversal é uma tarefa secundária em que, de vez em quando, uma função pode ser desempenhada em colaboração com outra. Essa não é a principal coisa esperada de uma função, mas a *expertise* da outra permite o desenvolvimento de novas habilidades, que podem ajudar o processo de inovação a avançar.

Cada função possui uma atividade primária, exposta na diagonal da Figura 9.2.

Figura 9.2 – Modelo A-F: matriz da interação de funções

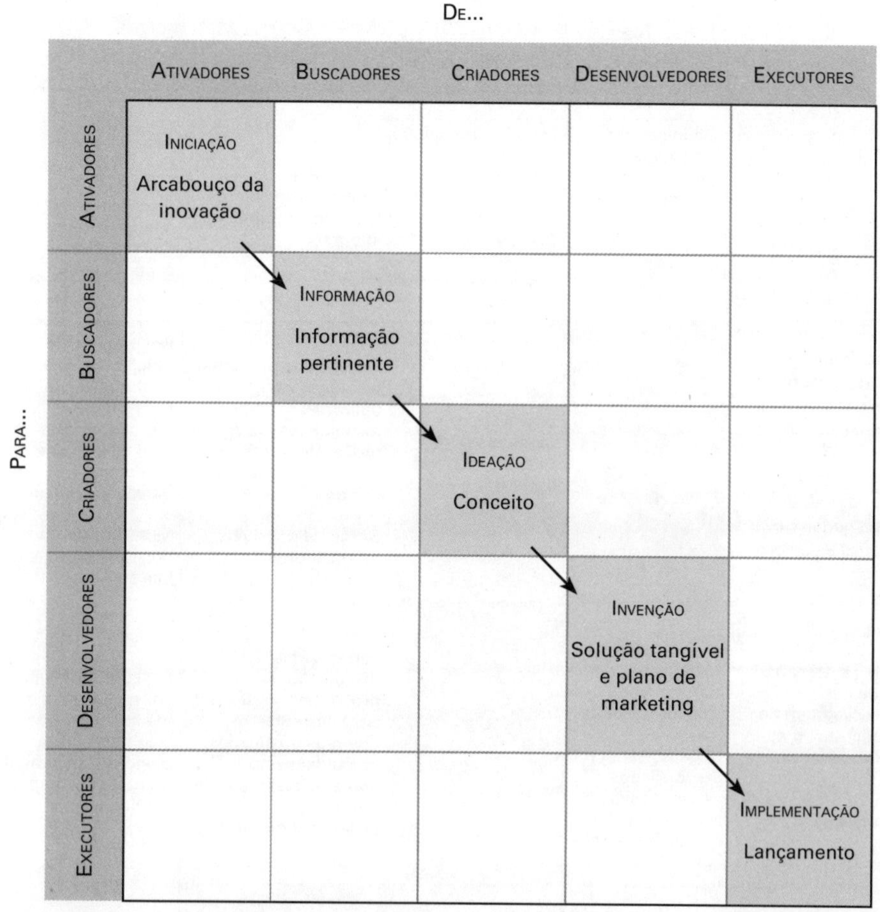

Os insumos transversais estão fora da diagonal do quadro anterior e indicam as tarefas de colaboração que podem oferecer às outras funções. O quadro é lido na transversal. Por exemplo, aquilo que os Criadores podem oferecer aos Ativadores corresponde ao terceiro retângulo da primeira coluna: "Ideias descartadas" (Figura 9.3).

Figura 9.3 – Tarefas transversais e tarefas colaborativas entre as funções

Para... \ De...	Ativadores	Buscadores	Criadores	Desenvolvedores	Executores
Ativadores	Iniciação Arcabouço da inovação	Definição do arcabouço de pesquisa, de acordo com os objetivos do processo, os níveis e as diretrizes	Foco a ser usado em sessões criativas – Objetivos e arcabouço do processo iniciados	Garantia de alinhamento com a estratégia empresarial integral	Assegurar aos Executores que a implementação final das inovações continua dentro das diretrizes especificadas
Buscadores	Catalogação do aprendizado com os erros ou as falhas de inovação – Detecção de oportunidades que podem levar a novas ativações	Informação Informação pertinente	Estímulos e materiais para sessões criativas, obtidos a partir de sua pesquisa	Análise dos produtos de outros setores que utilizam a mesma tecnologia, para ajudar os Desenvolvedores a definir usabilidade e design – Busca de possíveis fornecedores	Documentar e indicar táticas e estratégias das referências de mercado e aprender com os erros na implementação de inovação similar – Monitoramento dos KPIs durante o lançamento
Criadores	Ideias descartadas que não prosseguem no processo, mas com potencial para começar um novo processo de inovação	Criar novos modos de captar informação ou combinar métodos existentes, apropriados ao processo ou feitos sob medida para ele	Ideação Conceito	Ferramentas de solução de problemas criativos para enfrentar diversos obstáculos, dificuldades ou gargalos encontrados durante o desenvolvimento	Sessões criativas a fim de produzir ideias novas e originais para o plano de lançamento do novo produto ou serviço
Desenvolvedores	Novas possibilidades ou aplicações para a mesma tecnologia em inovações diferentes daquelas do processo	Informação completa sobre tendências tecnológicas para análise de tendências sociais ou de mercado	Ajuda para definir conceitos que evoluem como resultado das sessões criativas – Restrições técnicas a respeito dos conceitos definidos	Invenção Solução tangível e plano de marketing	Modelagem do produto como está sendo testado e usado, mesmo após o lançamento, como é requerido na transmutação
Executores	Ideias de inovações marginais após execução de uma inovação radical	Compreensão do mercado e dos canais de venda	Modos de capturar valor enquanto os Criadores geram ideias	Prever possíveis problemas de marketing antes de eles serem integrados à inovação em sua forma física final	Implementação Lançamento

Esses tipos de atividade transversal ou tarefa colaborativa estão longe de ser raros nas empresas, mas tendem a emergir de modo espontâneo e nem sempre integram um processo formal. Usando o modelo A-F, muitas dessas práticas podem ser organizadas dentro do contexto de um processo e implementadas deliberadamente. No Anexo I deste capítulo, consideraremos essas tarefas colaborativas uma por uma, com mais detalhes.

3. *Funções e não departamentos*

Vimos que a interação ocorre entre pessoas com diferentes campos de *expertise*, cada uma assumindo uma função. No entanto, também é possível haver uma composição multidisciplinar de cada função. Sem dúvida, os Desenvolvedores serão, em geral, engenheiros e projetistas, e a maioria dos Buscadores será de pesquisadores. No entanto, é factível, dependendo do tamanho da empresa e da escala do projeto, incluir entre o pessoal lotado em uma determinada função certo número de pessoas de outros departamentos, algo mais difícil de fazer quando trabalhamos com fases atribuídas a departamentos específicos.

Projetando processos de inovação com o modelo A-F

Uma grande vantagem do modelo é que ele nos permite projetar processos de inovação totalmente diferentes, os quais correspondem a objetivos e estratégias de inovação específicos. Começamos a desenvolver o processo de inovação abordando quatro dimensões: (1) principal responsável por cada função, (2) técnicas empregadas em cada função, (3) tempo total e tempo alocado para cada função, e (4) recursos alocados para cada função. Ilustramos, a seguir, essas quatro dimensões.

Dimensão 1: responsável principal por cada função

A Tabela 9.1 inclui todas as opções possíveis com relação a quem pode desempenhar cada função, de acordo com o que afirmamos nos capítulos anteriores. Estas são as diversas opções a escolher (você pode selecionar uma ou mais).

Tabela 9.1.

A Ativadores	B Buscadores	C Criadores	D Desenvolvedores	E Executores	F Facilitadores
Alta administração (gerente geral ou diretor de inovação)	Departamento de pesquisa de mercado	Agência de publicidade	P&D	Departamento de marketing corrente (equipe compartilhada)	Alta administração (gerente geral ou diretor de inovação)
Funcionários	Fornecedores de pesquisa de mercado	Agência de criatividade	Departamento de novos produtos	Departamento de vendas corrente (equipe compartilhada)	Diretor financeiro
Fornecedores	Sociólogos	Marketing	Operações	Equipe de marketing especializada	Comitê de novos projetos
Distribuidores	Marketing	Tipos criativos	Manufatura	Nova divisão	Diretor de inovação
Clientes	Vendas	P&D	Fornecedores externos	Nova empresa	Diretoria
Investidores	Formadores de opinião	Clientes	Marketing	Alianças com terceiros	Acionistas
Universidades	Observadores	Fornecedores	Vendas		Funcionários
Comunidade científica	P&D	Funcionários com perfil criativo	Engenheiros especializados		Equipe de inovação
Inventores	Outros departamentos internos	Outros fornecedores ou terceiros			Gerência de nível médio
Empresas de engenharia	Outros fornecedores ou terceiros				Externos: especialistas, grupos interessados ou investidores

Observamos que há diversas possibilidades, variando de recursos internos a externos. Como escolhemos a melhor constituição? A resposta depende da combinação dos seguintes fatores:

- Tipo de inovação (disruptiva, marginal, aprimoramento, extensão de portfólio etc.)
- Tipo de setor ou indústria (consumo de massa, B2B, serviços, industrial etc.)
- Tipo de produto (em termos de recursos e complexidade)

- Capacidade de inovação e cultura de inovação da empresa (empresas menos inovadoras tenderão a subcontratar ou terceirizar algumas dessas funções)

Dimensão 2: técnica(s) empregada(s) por cada função

Depois que decidirmos o "quem", podemos prosseguir para o "como". Evidentemente, cada uma das funções terá muito a dizer acerca de que técnicas querem empregar em cada projeto.

Não é aconselhável comprometer-se com determinado método antes de iniciar o processo de inovação. Em todo caso, com base na experiência acumulada, as empresas que inovam numa base recorrente muitas vezes formulam uma breve lista de técnicas, independentemente se cada função, depois, propuser modificação ou incorporação de técnicas que melhor combinarem com o projeto. (Ver Tabela 9.2.)

No entanto, a análise subsequente do desempenho das técnicas e dos métodos é sempre interessante. Aos poucos, construímos uma tipologia de projetos baseada em seus resultados, eficiência e custos, como um meio de, ao longo do tempo, definir no processo de inovação as técnicas que queremos aplicar.

Tabela 9.2.

A Ativadores	B Buscadores	C Criadores	D Desenvolvedores	E Executores	F Facilitadores
Escopo de inovação	Revisão de inovação	Sinética	Ajudando na definição do conceito	Plano de marketing e plano de lançamento	Avaliação subjetiva
Níveis de inovação	Análise de categorias adjacentes	Estratégia do oceano azul	Teste de conceito para melhorar o projeto	Transmutação	Intenção de compra conforme níveis de teste
Foco de inovação	Consultas internas	Análise morfológica	Imagens	Evolução dos KPIs	Método Delphi
Diretrizes de inovação	Tendência social / Classes sociais	Marketing lateral	Análise conjugada para definição de recursos	Próxima evolução marginal	Técnicas de grupo nominal
Lista de verificação de inovação	Tendências de mercado	Lista de atributos	Desenhos	Teste de área	Avaliação de toda a empresa
	Processo de compra	Análise de cenários	Maquete	Teste de mercado	Phillips 66

➤

A Ativadores	B Buscadores	C Criadores	D Desenvolvedores	E Executores	F Facilitadores
	Rotas de inovação	Visitas	Protótipo	Teste de produto	Seis Sigma
	Soluções tecnológicas	Cocriação	Teste de produto	Intensidade do ATR	Custos e benefícios
	Referências de design	Redefinindo valor ao cliente	Teste de uso domiciliar	Experimentação	Estimativa da demanda
	Estratégias e táticas bem-sucedidas / Aprendendo com os erros	Brainstorming	Patentes		Lucros e perdas
	Monitoramento de rede	Definição de conceito			Análise de retorno do investimento
	Etnografia				Construção de cenários
	Geolocalização				Teste de mercado

Dimensão 3: tempo total e tempo alocado para cada função (a priori)

O projeto de um processo de inovação também deve incluir uma programação antecipada ou recomendada. Deixamos claro que o modelo A-F não particulariza nem se compromete com fases específicas; em vez disso, as últimas devem ser um resultado da interação entre as funções. No entanto, com base no objetivo e na natureza de um processo de inovação, a quantidade de tempo necessário para cada função pode ser antecipada com muita exatidão.

Por exemplo, uma empresa que busca expandir a variedade de sabores de um produto de seu portfólio requer pouco tempo dos Desenvolvedores, em comparação com uma empresa que está se preparando para lançar uma inovação disruptiva.

Em grande parte, o setor ou a indústria determinará o tempo total requerido. Por exemplo, o tempo necessário para uma nova peça de mobília não é da mesma ordem que aquele necessário para um novo carro.

O mesmo acontece com relação ao nível da inovação, como expresso no Capítulo 3. A inovação nos modelos de negócio envolve mais tempo do que a inovação nos processos, que envolve mais ou menos o mesmo tempo que a inovação em novos mercados, que, por sua vez, envolve menos tempo que a inovação de produto.

Dimensão 4: recursos alocados para cada função (a priori)

O mesmo princípio se aplica ao orçamento estimado para o processo. Evidentemente, os Facilitadores já estão ali para supervisionar a alocação e aprovação dos novos itens de dispêndio, mas sabendo quão grande uma fatia dos recursos que é prevista para função deles ajuda cada participantes do processo de inovação a alocar suas expectativas. É claro, a quantidade de tempo e os recursos financeiros não necessariamente estão relacionados, como se vê na Tabela 9.3.

Tabela 9.3.

	A Ativadores	B Buscadores	C Criadores	D Desenvolvedores	E Executores	F Facilitadores
Tempo estimado total X meses	X% de horas de trabalho	X% de horas de trabalho	X% de horas de trabalho	X% de horas de trabalho	X% de horas de trabalho	X% de horas de trabalho
Recursos estimados $ XXX.XXX	Y% do orçamento	Y% do orçamento	Y% do orçamento	Y% do orçamento	Y% do orçamento	Y% do orçamento

Consideremos como exemplo um projeto completo de inovação para uma nova linha de fragrâncias para adolescentes de uma empresa que já está presente no setor de perfumes, mas com fragrâncias para adultos.

O ativador do processo de inovação é o gerente geral. A função dos Buscadores será terceirizada para um instituto de pesquisa de mercado, pois a empresa não possui departamento próprio de pesquisa, e a dos Criadores será desempenhada pelo departamento de marketing e por funcionários internos escolhidos por sua personalidade criativa. O facilitador será o gerente geral, com o apoio do diretor financeiro, e a execução ficará a cargo da nova divisão de perfumes para adolescentes, criada para isso. O processo de inovação visa à criação duas novas fragrâncias para adolescentes, com as quais será lançada a nova divisão. (Ver Tabela 9.4.)

Quanto à dimensão 2 (técnica a usar), os Ativadores utilizarão o arcabouço de inovação, o nível de inovação (inovação em mercados) e as diretrizes para o processo. Nesse tipo de processo de inovação, os Buscadores empregarão ferramentas como a análise de categorias adjacentes, explorando novos desenvolvimentos (não necessariamente fragrâncias) em produtos para adolescentes, e uma análise das tendências sociais entre jovens, pois a empresa quer que a linha de perfumes seja bem inovadora em sua abordagem, distanciando-se das fragrâncias convencionais do mercado. Os Criadores devem usar a lista de atributos e as visitas a outros países como meios de desenvolver conceitos novos e diferenciados, e devem materializar a proposta com uma definição do conceito aos

Desenvolvedores, os quais produzirão um protótipo e realizarão um teste de produto com os consumidores. Os Executores criarão uma nova divisão e esboçarão o plano de marketing, que será monitorado mediante diversos indicadores-chave de desempenho (basicamente, lembrança espontânea e estimulada, e penetração e participação de mercado), e os Facilitadores avaliarão a exequibilidade do projeto, usando o método de análise do retorno do investimento e a análise de custos e benefícios, como demonstrado na Tabela 9.5. Quanto às dimensões 3 e 4, tempo e recursos, a empresa estabelece o prazo de quatro meses e um orçamento de US$ 600 mil, e estima a divisão de tempo e orçamento totais para cada função, como apresentado na Tabela 9.6.

Tabela 9.4 – Projeto de um processo de inovação para uma nova fragrância voltada para adolescentes

A Ativadores	B Buscadores	C Criadores	D Desenvolvedores	E Executores	F Facilitadores
Alta administração (gerente geral ou diretor de inovação)	Departamento de pesquisa de mercado	Agência de publicidade	P&D	Departamento de marketing corrente (equipe compartilhada)	Alta administração (gerente geral ou diretor de inovação)
Funcionários	Fornecedores de pesquisa de mercado	Agência de criatividade	Departamento de novos produtos	Departamento de vendas corrente (equipe compartilhada)	Diretor financeiro
Fornecedores	Sociólogos	Marketing	Operações	Equipe de marketing especializada	Comitê de novos projetos
Distribuidores	Marketing	Tipos criativos	Manufatura	Nova divisão	Diretor de inovação
Clientes	Vendas	P&D	Fornecedores externos	Nova empresa	Diretoria
Investidores	Formadores de opinião	Clientes	Marketing	Alianças com terceiros	Acionistas
Universidades	Observadores	Fornecedores	Vendas		Funcionários
Comunidade científica	P&D	Funcionários com perfil criativo	Engenheiros especializados		Equipe de inovação
Inventores	Outros departamentos internos	Outros fornecedores ou terceiros			Gerência de nível médio
Empresas de engenharia	Outros fornecedores ou terceiros				Externos: especialistas, grupos interessados ou investidores

Tabela 9.5 – Projeto de um processo de inovação para uma nova fragrância voltada para adolescentes

A Ativadores	B Buscadores	C Criadores	D Desenvolvedores	E Executores	F Facilitadores
Escopo de inovação	Revisão de inovação	Sinética	Ajudando na definição do conceito	Plano de marketing e plano de lançamento	Avaliação subjetiva
Níveis de inovação	Análise de categorias adjacentes	Estratégia do oceano azul	Teste de conceito para melhorar o projeto	Transmutação	Intenção de compra, conforme níveis de teste
Foco de inovação	Consultas internas	Análise morfológica	Imagens	Evolução dos KPIs	Método Delphi
Diretrizes de inovação	Tendência social / Classes sociais	Marketing lateral	Análise conjugada para definição de recursos	Próxima evolução marginal	Técnicas de grupo nominal
Lista de verificação de inovação	Tendências de mercado	Lista de atributos	Desenhos	Teste de área	Avaliação de toda a empresa
	Processo de compra	Análise de cenários	Maquete	Teste de mercado	Phillips 66
	Rotas de inovação	Visitas	Protótipo	Teste de produto	Seis Sigma
	Soluções tecnológicas	Cocriação	Teste de produto	Intensidade do ATR	Custos e benefícios
	Referências de design	Redefinindo valor ao cliente	Teste de uso domiciliar	Experimentação	Estimativa da demanda
	Estratégias e táticas bem-sucedidas / aprendendo com os erros	*Brainstorming*	Patentes		Lucros e perdas
	Monitoramento de rede	Definição de conceito			Análise de retorno do investimento
	Etnografia				Construção de cenários
	Geolocalização				Teste de mercado

Tabela 9.6 – Projeto de um processo de inovação para uma nova fragrância voltada para adolescentes

	A Ativadores	B Buscadores	C Criadores	D Desenvolvedores	E Executores	F Facilitadores
Tempo total estimado 4 meses	5% de horas de trabalho	30% de horas de trabalho	20% de horas de trabalho	30% de horas de trabalho	10% de horas de trabalho	5% de horas de trabalho
Recursos estimados $ 600.000	5% do orçamento	20% do orçamento	10% do orçamento	30% do orçamento	30% do orçamento	5% do orçamento

Na Tabela 9.7, podemos ver como o modelo A-F nos permitiu projetar integralmente um processo de inovação:

Tabela 9.7 – Projeto de um processo de inovação para uma nova fragrância voltada para adolescentes

	A Ativadores	B Buscadores	C Criadores	D Desenvolvedores	E Executores	F Facilitadores
Designado ao...	Gerente geral	Instituto de pesquisa de mercado	Departamento de marketing e quatro funcionários criativos de nossa empresa	P&D e nosso departamento de manufatura	Nova divisão	Gerente geral e diretor financeiro
Soluções disponíveis (técnicas e ferramentas a ser usadas)	Escopo de inovação / Níveis de inovação / Diretrizes de inovação	Análise das categorias adjacentes / Análise das tendência sociais / Estudo das classes sociais	Lista de atributos / Visitas a Paris, Milão e Nova York	Definição do conceito / Desenvolvimento do protótipo / Teste de produto / Desenvolvimento de diretrizes de marketing	Lançamento e rastreamento mediante KPIs (lembrança, penetração, teste e participação de mercado durante o primeiro ano)	Análise de retorno do investimento / Análise de custos e benefícios
Carga horária (24 semanas)	5% de horas de trabalho	30% de horas de trabalho	20% de horas de trabalho	30% de horas de trabalho	10% de horas de trabalho	5% de horas de trabalho
Recursos financeiros	$ 30.000	$ 120.000	$ 60.000	$ 180.000	$ 180.000	$ 30.000

Coordenação do processo

Finalmente, embora a dinâmica das próprias funções determine o processo, recomendamos ter alguém que supervisione a série completa das funções, de A a F, uma espécie de gerente de projeto. Sua função, talvez diferente daquela em outros processos mais controlados, seria intervir em momentos críticos, quando a dinâmica de grupo, em vez de agregar valor, impede o progresso do processo.

Em todos os projetos, há momentos-chave, em que precisamos que alguém coloque um ponto final numa discussão interminável ou, por causa da falta de consenso, tome a decisão pelo grupo. Ao mesmo tempo, facilita ter uma única pessoa como intermediário, representando os outros departamentos, os membros da empresa e até as pessoas de sua própria equipe.

No entanto, o gerente de projeto não é uma figura autocrática ou alguém que detém toda a responsabilidade, mas uma pessoa que, em situações fundamentais, assegura que o processo de inovação não se paralise. Essa pessoa pode ser um ativador do processo, no caso de alguém de dentro da organização.

Versatilidade e percepção do modelo

A fim de ilustrar a versatilidade do modelo A-F e sua aplicabilidade em qualquer empresa, independentemente de seu tamanho ou setor, no Anexo I encontram-se diversos projetos que usam esse modelo. Consideramos dois daqueles discutidos neste livro: o programa GameChanger, da Shell, e o programa Emerging Business Opportunities, da IBM.

Também incluímos três exemplos teóricos que abrangem tipos diferentes de setor e de inovação: um novo produto no setor industrial, um aprimoramento de processo no setor de varejo, e um novo modelo de negócios no setor de serviços.

Dos processos aos planos

O modelo A-F permite não apenas projetar processos, como também planos de inovação, como os mais recentes: inovação reversa, cocriação ou inovação aberta.

Observemos que, ao incluir na dimensão 1 (funções), os agentes externos (clientes, fornecedores, colaboradores ou canal), em cada uma das funções, dos Ativadores aos Executores, as abordagens e os planos de inovação recentes podem ser perfeitamente representados com o modelo.

Observemos, na Tabela 9.8, como as funções do plano de inovação aberta da Apple, com os aplicativos do iPhone, podem ser representadas com o modelo A-F:

Tabela 9.8 – Funções, no plano de inovação aberta, representadas com o modelo A-F

A Ativadores	B Buscadores	C Criadores	D Desenvolvedores	E Executores	F Facilitadores
Alta administração (gerente geral ou diretor de inovação)	Departamento de pesquisa de mercado	Agência de publicidade	P&D	Departamento de marketing corrente (equipe compartilhada)	Alta administração (gerente geral ou diretor de inovação)
Funcionários	Fornecedores de pesquisa de mercado	Agência de criatividade	Departamento de novos produtos	Departamento de vendas corrente (equipe compartilhada)	Diretor financeiro
Fornecedores	Sociólogos	Marketing	Operações	Equipe de marketing especializada	Comitê de novos projetos
Distribuidores	Marketing	Tipos criativos	Manufatura	Nova divisão	Diretor de inovação
Clientes	Vendas	P&D	Fornecedores externos	Nova empresa	Diretoria
Investidores	Formadores de opinião	Clientes	Marketing	Alianças com terceiros	Acionistas
Universidades	Observadores	Fornecedores	Vendas		Funcionários
Comunidade científica	P&D	Funcionários com perfil criativo	Engenheiros especializados		Equipe de inovação
Inventores	Outros departamentos internos	Outros fornecedores ou terceiros			Gerência de nível médio
Empresas de engenharia	Outros fornecedores ou terceiros				Externos: especialistas, grupos interessados ou investidores

Conclusão

Como vimos, esse projeto é perfeitamente adaptável a qualquer situação e setor. Também acreditamos que o modelo A-F, dada sua abrangência no que diz respeito às funções requeridas num processo de inovação, é apropriado para incorporar novas técnicas, ferramentas e fórmulas desenvolvidas por outros autores, pesquisadores ou inovadores no mundo da inovação. Da mesma forma, as empresas que ingressam no campo da inovação desenvolverão aos poucos seus próprios métodos e ferramentas.

Do mesmo modo que em sua época, os 4Ps do marketing foram um bom sistema para organizar, situar e trazer coerência às atividades de marketing de uma empresa, acreditamos que o modelo A-F é um plano igualmente válido no campo da inovação, para organizar, situar e aplicar de modo coerente a vasta e variada literatura que surge sobre inovação todos os dias.

Anexo I – Exemplos de projetos de processos que usam o modelo A-F

Consideramos aqui dois exemplos discutidos anteriormente neste livro e descritos de forma breve no Capítulo 3: o programa GameChanger, da Shell, e o programa Emerging Business Opportunities, da IBM. A seguir, retomamos o exemplo da Shell:

> *A Shell, por exemplo, em meados da década de 1990, criou o programa GameChanger, que contava com a participação de um pequeno grupo de executivos de nível médio, com mente criativa e equipados com os recursos técnicos da empresa. Eles receberam a tarefa de desenvolver novas ideias e um orçamento de 20 milhões de dólares para implementar ideias que quebrariam as regras e o pensamento convencional. O programa GameChanger deu origem a diversas outras equipes especializadas, para realizar algumas das atividades básicas do processo de inovação: um laboratório de inovação, cujo trabalho era refinar e aprimorar suas ideias; um laboratório de ação, para analisar ideias em um ambiente controlado; e um conselho de empreendedores, para avaliar e financiar os melhores projetos. A experiência GameChanger começou na divisão de exploração e produção. Atualmente, está disseminada em toda a empresa e cada divisão possui seu próprio processo referente ao programa GameChanger. Há, inclusive, uma equipe especial dedicada a projetos radicais, que vão além dos limites de negócios existentes da Shell.*

Podemos perceber que a iniciativa está com a administração (Ativadores), que se limita a verificar a lista dos recursos para inovação, deixando abertos campo, foco e escopo da inovação. Com base em nossa informação, parece que a empresa utiliza os próprios departamentos de pesquisa (Buscadores), que examinam as tendências e possibilidades tecnológicas. Os Criadores, no caso do laboratório de inovação, também vêm da própria organização (nenhuma técnica de criatividade ou de desenvolvimento é especificada). Os Desenvolvedores também vêm da Shell (departamento de P&D e de novos produtos), e a execução é conduzida por uma equipe especializada (que a Shell denomina Action Lab – Laboratório de Ação) ou, no caso de uma inovação disruptiva, por uma nova divisão criada para essa finalidade (denominada Special GameChanger Panel). Constatamos que as iniciativas resultam de uma avaliação subjetiva de novos produtos por um grupo especial (na Shell, Venture Board – Conselho de Empreendimento de Risco). (Tabela AI.1.)

Podemos ver que o nome de cada figura designada para as funções varia, mas são, em essência, os mesmos encontrados nas diversas opções no quadro de nosso modelo, como se vê na Tabela AI.2.

Tabela AI.1 – Programa GameChanger da Shell

A Ativadores	B Buscadores	C Criadores	D Desenvolvedores	E Executores	F Facilitadores
Alta administração (gerente geral ou diretor de inovação)	Departamento de pesquisa de mercado	Agência de publicidade	P&D	Departamento de marketing corrente (equipe compartilhada)	Alta administração (gerente geral ou diretor de inovação)
Funcionários	Fornecedores de pesquisa de mercado	Agência de criatividade	Departamento de novos produtos	Departamento de vendas corrente (equipe compartilhada)	Diretor financeiro
Fornecedores	Sociólogos	Marketing	Operações	Equipe especializada (*Action Lab*)	Comitê de novos projetos
Distribuidores	Marketing	Tipos criativos	Manufatura	Nova divisão (*Special Game Changer*)	Diretor de inovação
Clientes	Vendas	P&D	Fornecedores externos	Nova empresa	Diretoria
Investidores	Formadores de opinião	Clientes	Marketing	Alianças com terceiros	Acionistas
Universidades	Observadores	Fornecedores	Vendas		Funcionários
Comunidade científica	P&D	Funcionários com perfil criativo	Engenheiros especializados		Equipe de inovação
Inventores	Outros departamentos internos	Outros fornecedores ou terceiros			Gerência de nível médio
Empresas de engenharia	Outros fornecedores ou terceiros				Externos: especialistas, grupos interessados ou investidores

Tabela AI.2 – Programa GameChanger da Shell

A Ativadores	B Buscadores	C Criadores	D Desenvolvedores	E Executores	F Facilitadores
Escopo de inovação	Revisão de inovação	Sinética	Ajuda na definição do conceito	Plano de marketing e plano de lançamento	Avaliação subjetiva
Níveis de inovação	Análise de categorias adjacentes	Estratégia do oceano azul	Teste de conceito para melhorar o projeto	Transmutação	Intenção de compra conforme níveis de teste
Foco de inovação	Consultas internas	Análise morfológica	Imagens	Evolução dos KPIs	Método Delphi
Diretrizes de inovação	Tendência social / Classes sociais	Marketing lateral	Análise conjugada para definição de recursos	Próxima evolução marginal	Técnicas de grupo nominal
Lista de verificação de inovação	Tendências de mercado	Lista de atributos	Desenhos	Teste de área	Avaliação de toda a empresa
	Processo de compra	Análise de cenários	Maquete	Teste de mercado	Phillips 66
	Rotas de inovação	Visitas	Protótipo	Teste de produto	Seis Sigma
	Soluções tecnológicas	Cocriação	Teste de produto	Intensidade do ATR	Custos e benefícios
	Referências de *design*	Redefinindo valor ao cliente	Teste de uso domiciliar	Experimentação	Estimativa da demanda
	Estratégias e táticas bem-sucedidas / Aprendendo com os erros	*Brainstorming*	Patentes		Lucros e perdas
	Monitoramento de rede	Definição de conceito			Análise de retorno do investimento
	Etnografia				Construção de cenários
	Geolocalização				Teste de mercado

No Capítulo 3, eis como descrevemos o sistema de inovação da IBM, baseado nas EBOs (Emerging Business Opportunities):

> *Para identificar áreas de negócios capazes de oferecer oportunidades, a IBM pede para que clientes, observadores externos e capitalistas de investimentos de risco proponham áreas de negócios em que a IBM não está presente e possuem potencial para o futuro (a IBM denomina tais áreas EBOs – Emerging Business Opportunities [oportunidades de negócios emergentes]). A IBM não utiliza o próprio departamento de P&D para tais propostas, pois este enfoca áreas de negócios correntes e, portanto, carece da perspectiva de fora para pensar acerca das novas oportunidades de negócios. O gerente de estratégia da IBM seleciona as propostas mais promissoras do lote e, então, identifica os executivos da empresa com grande experiência e, no comando das divisões principais, com responsabilidade em relação a uma grande equipe de pessoas, mas com pouco espaço de manobra para investir em projetos novos e de maior risco em sua própria unidade. Então, eles são designados para construir o futuro. No topo de suas carreiras, são solicitados a usar sua experiência para trabalhar em uma start-up (empresa nascente) interna. Desde a criação desse sistema, em 2000, a IBM gerou 25 EBOs, das quais somente três fracassaram. Quatro delas, a Digital Media, a Life Sciences, a Linux e a Persuasive Computing obtiveram receitas de mais de um bilhão de dólares cada uma, em 2003 e 2004.*

Podemos perceber que, nesse caso, os Ativadores são investidores e clientes, que, essencialmente, fazem propostas em determinado nível de inovação (novos negócios, novos mercados). A busca de informação, então, é realizada por esses mesmos atores, que, de certo modo, atuam como formadores de opinião, indicando as tendência de mercado mais importantes. Em princípio, não há fase eminentemente criativa, já que a área de negócios de interesse está indicada diretamente. O desenvolvimento e a criatividade andam de mãos dadas e não são atribuídos ao departamento de P&D, mas a gerentes específicos, que serão afastados de suas tarefas habituais e se dedicarão integralmente ao desenvolvimento de novas unidades de negócios (EBOs). Eles terão de apresentar uma conta distinta de lucros e perdas, monitorada por meio de KPIs selecionados. Todos os investimentos devem ser aprovados pelo diretor de estratégia da IBM, que avalia cada iniciativa, tanto qualitati (avaliação subjetiva) como quantitativamente (análise de retorno do investimento). (Tabelas AI.3 e AI.4.)

Tabela AI.3 – Emerging Business Opportunities (EBOs) da IBM

A Ativadores	B Buscadores	C Criadores	D Desenvolvedores	E Executores	F Facilitadores
Alta administração (gerente geral ou diretor de inovação)	Departamento de pesquisa de mercado	Agência de publicidade	P&D	Departamento de marketing corrente (equipe compartilhada)	Alta administração (gerente geral ou diretor de inovação)
Funcionários	Fornecedores de pesquisa de mercado	Agência de criatividade	Departamento de novos produtos	Departamento de vendas corrente (equipe compartilhada)	Diretor financeiro
Fornecedores	Sociólogos	Marketing	Operações	Equipe de marketing especializada	Comitê de novos projetos
Distribuidores	Marketing	Tipos criativos	Manufatura	Nova divisão	Diretor de inovação
Clientes	Vendas	P&D	Fornecedores externos	Nova empresa	Diretoria
Investidores	Formadores de opinião	Clientes	Marketing	Alianças com terceiros	Acionistas
Universidades	Observadores	Fornecedores	Vendas		Funcionários
Comunidade científica	P&D	Funcionários com perfil criativo	Engenheiros especializados		Equipe de inovação
Inventores	Outros departamentos internos	Outros fornecedores ou terceiros			Gerência de nível médio
Empresas de engenharia	Outros fornecedores ou terceiros				Externos: especialistas, grupos interessados ou investidores

Tabela AI.4 – Emerging Business Opportunities (EBOs) da IBM

A Ativadores	B Buscadores	C Criadores	D Desenvolvedores	E Executores	F Facilitadores
Escopo de inovação	Revisão de inovação	Sinética	Ajudando na definição do conceito	Plano de marketing e plano de lançamento	Avaliação subjetiva
Níveis de inovação	Análise de categorias adjacentes	Estratégia do oceano azul	Teste de conceito para melhorar o projeto	Transmutação	Intenção de compra conforme níveis de teste
Foco de inovação	Consultas internas	Análise morfológica	Imagens	Evolução dos KPIs	Método Delphi
Diretrizes de inovação	Tendência social/ Classes sociais	Marketing lateral	Análise conjugada para definição de recursos	Próxima evolução marginal	Técnicas de grupo nominal
Lista de verificação de inovação	Tendências de mercado	Lista de atributos	Desenhos	Teste de área	Avaliação de toda a empresa
	Processo de compra	Análise de cenários	Maquete	Teste de mercado	Phillips 66
	Rotas de inovação	Visitas	Protótipo	Teste de produto	Seis Sigma
	Soluções tecnológicas	Cocriação	Teste de produto	Intensidade do ATR	Custos e benefícios
	Referências de *design*	Redefinindo valor ao cliente	Teste de uso domiciliar	Experimentação	Estimativa da demanda
	Estratégias e táticas bem-sucedidas/ Aprendendo com os erros	*Brainstorming*	Patentes		Lucros e perdas
	Monitoramento de rede	Definição de conceito			Análise de retorno do investimento
	Etnografia				Construção de cenários
	Geolocalização				Teste de mercado

Usando o modelo A-F, qualquer tipo de empresa, de qualquer tamanho e setor, pode projetar seus processos de inovação. Agora, examinamos três exemplos teóricos: um novo produto, no setor industrial; um aprimoramento de processo, no setor de varejo; e um novo modelo de negócios, no setor de serviços.

a) Projeto para média empresa do setor industrial

Imaginemos uma média empresa, que fabrica pequenos componentes para grandes máquinas têxteis. A empresa possui trinta funcionários, aproximadamente, mas não tem departamento de marketing ou inovação. Possui um presidente, um gerente de vendas e quatro representantes, um departamento técnico que combina as tarefas de manufaturar e desenvolver novos produtos, com cinco engenheiros, e dez operários na fábrica. O resto do pessoal são funcionários administrativos. A empresa decide lançar um processo de inovação, para melhorar a qualidade e o custo dos componentes que fabrica para seus clientes. Os componentes são lâminas longas para cortadores de tecido em teares digitais. A empresa não dispõe de muitos recursos financeiros para inovar. Assim, não está considerando uma inovação radical, mas deseja aprimorar seus atuais componentes o suficiente para aumentar a satisfação e lealdade dos clientes.

Utilizando o modelo A-F, este pode ser o projeto de seu processo de inovação, como se vê na Tabela AI.5.

O processo começa com a iniciativa do gerente, que pede aos principais clientes uma gama de indicações a respeito de melhorias que gostariam de ver nos componentes produzidos pela empresa. O gerente solicita (ver quadro a seguir) insumos ao departamento técnico, a fim de focalizar os objetivos do processo. A busca de informação sobre inovações passadas e possibilidades é confiada ao diretor de vendas, que é auxiliado nessa tarefa pelos Desenvolvedores (ver quadro a seguir). A geração de ideias (Criadores) será conduzida pelo pessoal do departamento técnico e por um importante fornecedor de aço, material com que a empresa fabrica seus componentes. Os Desenvolvedores são designados para avaliar a exequibilidade técnica das ideais propostas pelos Criadores. O departamento técnico da empresa é responsável pelo desenvolvimento; o diretor de vendas, pela execução do plano; e o gerente geral, pela aprovação dos investimentos.

Constatamos, portanto, que os participantes do processo estão limitados à administração e aos departamento de vendas e técnico, e que os insumos vêm de clientes e sugestões dos fornecedores.

Tabela AI.5 – Projeto do processo de inovação de uma média empresa do setor industrial

A **Ativadores**	B **Buscadores**	C **Criadores**	D **Desenvolvedores**	E **Executores**	F **Facilitadores**
Alta administração (gerente geral ou diretor de inovação)	Departamento de pesquisa de mercado	Agência de publicidade	P&D	Departamento de marketing corrente (equipe compartilhada)	Alta administração (gerente geral ou diretor de inovação)
Funcionários	Fornecedores de pesquisa de mercado	Agência de criatividade	Departamento de novos produtos	Departamento de vendas corrente (equipe compartilhada)	Diretor financeiro
Fornecedores	Sociólogos	Marketing	Operações	Equipe de marketing especializada	Comitê de novos projetos
Distribuidores	Marketing	Tipos criativos	Manufatura	Nova divisão	Diretor de inovação
Clientes	Vendas	P&D	Fornecedores externos	Nova empresa	Diretoria
Investidores	Formadores de opinião	Clientes	Marketing	Alianças com terceiros	Acionistas
Universidades	Observadores	Fornecedores	Vendas		Funcionários
Comunidade científica	P&D	Funcionários com perfil criativo	Engenheiros especializados		Equipe de inovação
Inventores	Outros departamentos internos	Outros fornecedores ou terceiros			Gerência de nível médio
Empresas de engenharia	Outros fornecedores ou terceiros				Externos: especialistas, grupos interessados ou investidores

A seguir, há um quadro das tarefas colaborativas imaginadas. Embora, durante o processo, qualquer uma delas possa ser ativada se surgir a necessidade, é previsto que, basicamente, os Desenvolvedores devam auxiliar as outras funções, como mostra a Tabela AI.6.

As ferramentas e os resultados que o processo é projetado para produzir são vistos no quadro a seguir. Podemos observar que é um processo muito básico e simples, que visa à melhorias e consome poucos recursos financeiros. A administração define claramente o foco da inovação e distribui uma lista de verificação do que deve ser feito. Os Buscadores (o departamento de vendas, no caso) produzem um relatório de tendências do setor (componentes de corte) e fornecem soluções tecnológicas promissoras, que foram detectadas em outras empresas. Todas essas informações são transmitidas aos técnicos, que, em sua função de Criadores, devem utilizar a técnica da análise morfológica, a fim de encontrar novas combinações que ajudarão a aprimorar os componentes. As sessões criativas são organizadas por meio de técnicas de cocriação; nesse caso, em parceria com os fornecedores. As ideias adotadas são repassadas aos Desenvolvedores, que são solicitados a produzir apenas desenhos dos planos e, em seguida, construir protótipos. O lançamento é planejado para antes que a melhoria do componente esteja completa. Um cliente testará a peça e as melhorias serão concluídas de acordo com os resultados. Os investimentos serão avaliados pela administração técnica e de vendas da empresa, pelos clientes participantes do desenvolvimento do componente e também pela análise de retorno do investimento, sob responsabilidade do gerente, conforme a Tabela AI.7.

Os custos estimados do processo não são muito altos; a maior parte deles é prevista para o desenvolvimento (Tabela AI.8).

b) Projeto para um varejista.

Imaginemos uma empresa do setor do varejo, que não está pensando em se reinventar, mas deseja aprimorar seus processos para aumentar a satisfação do cliente: acessos e estacionamentos mais confortáveis, mais facilidade de encontrar os produtos, pagamento mais rápido no caixa e maior gama de métodos de pagamento.

O processo é ativado pela administração, que define somente o foco da inovação (aprimorar os processos para aumentar a satisfação do cliente); a busca por informação é realizada pelo departamento de pesquisa da empresa, que é designado tanto para fornecer uma análise dos níveis de satisfação e insatisfação dos clientes, mediante pesquisa de mercado, como para realizar diversas entrevistas com funcionários de lojas e vendedores, a fim de obter suas opiniões sobre possíveis melhorias nos processos que, a partir de suas experiências, eles acreditam valeriam a pena levar em consideração; além disso, uma análise das tendências sociais recentes em relação à satisfação dos usuários acerca de diversos produtos e serviços será terceirizada para um sociólogo. A geração de ideias virá das sessões criativas com os funcionários das lojas e vendedores, usando duas técnicas de criatividade: *brainstorming* e redefinição do valor para o cliente. O departamento de operações desenvolverá as melhores ideias, e terá a oportunidade de financiar um estudo usando a análise conjugada para priorizar as possíveis melhorias. A execução caberá ao departamento de vendas, que será solicitado a implementar o novo processo em cinco lojas, que servirão como teste, comparando a satisfação do cliente com as lojas restantes, onde, por enquanto, as melhorias não serão instituídas. Em cada um dos casos, os indicadores-chave de desempenho serão analisados e, se uma melhoria substancial for constatada, o diretor financeiro, mediante a análise de custos e benefícios, aprovará o investimento apropriado. Observemos como ficaria nas tabelas AI.9 e AI.10.

Tabela AI.6 – Projeto do processo de inovação de uma média empresa do setor industrial: principais tarefas do modelo A-F e contribuições cruzadas

Para... \ De...	A	B	C	D	E
A	INICIAÇÃO	Arcabouço de pesquisa	Foco em criatividade / Validação do conceito	Alinhamento estratégico	Diretrizes/ Recursos financeiros adicionais
B	Aprendizados / Descobertas	INFORMAÇÃO	Estímulo para sessões de criatividade	Analogias tecnológicas / Busca de fornecedores ou terceiros	Controle dos KPIs / Estratégias e táticas de sucesso
C	Ideias descartadas	Inovação em novas técnicas de pesquisa	IDEAÇÃO	Técnicas de solução de problemas	Ideias para planos de marketing e vendas
D	Novos insumos tecnológicos	Tendências tecnológicas	Validação técnica do conceito	INVENÇÃO	Transmutação
E	Possibilidades de inovação marginal	Compreensão do mercado	Captura de valor	Limitações de vendas e marketing	IMPLEMENTAÇÃO

Tabela AI.7 – Projeto do processo de inovação de uma média empresa do setor industrial

A Ativadores	B Buscadores	C Criadores	D Desenvolvedores	E Executores	F Facilitadores
Escopo de inovação	Revisão de inovação	Sinética	Ajudando na definição do conceito	Plano de marketing e plano de lançamento	Avaliação subjetiva
Níveis de inovação	Análise de categorias adjacentes	Estratégia do oceano azul	Teste de conceito para melhorar o projeto	Transmutação	Intenção de compra conforme níveis de teste
Foco de inovação	Consultas internas	Análise morfológica	Imagens	Evolução dos KPIs	Método Delphi
Diretrizes de inovação	Tendência social / Classes sociais	Marketing lateral	Análise conjugada para definição de recursos	Próxima evolução marginal	Técnicas de grupo nominal
Lista de verificação de inovação	Tendências de mercado	Lista de atributos	Desenhos	Teste de área	Avaliação de toda a empresa
	Processo de compra	Análise de cenários	Maquete	Teste de mercado	Phillips 66
	Rotas de inovação	Vistas	Protótipo	Teste de produto	Seis Sigma
	Soluções tecnológicas	Cocriação	Teste de produto	Intensidade do ATR	Custos e benefícios
	Referências de *design*	Redefinindo valor ao cliente	Teste de uso domiciliar	Experimentação	Estimativa da demanda
	Estratégias e táticas bem-sucedidas / Aprendendo com os erros	*Brainstorming*	Patentes		Lucros e perdas
	Monitoramento de rede	Definição de conceito			Análise de retorno do investimento
	Etnografia				Construção de cenários
	Geolocalização				Teste de mercado

Tabela AI.8 – Projeto do processo de inovação de uma média empresa do setor industrial

	A Ativadores	B Buscadores	C Criadores	D Desenvolvedores	E Executores	F Facilitadores
Tempo total estimado 3 meses	5% de horas de trabalho	10% de horas de trabalho	20% de horas de trabalho	40% de horas de trabalho	10% de horas de trabalho	5% de horas de trabalho
Recursos estimados $ 600.000	5% do orçamento	10% do orçamento	10% do orçamento	50% do orçamento	20% do orçamento	5% do orçamento

c) Um novo modelo de negócios para o setor de serviços

Consideremos um caso um pouco mais complexo. Somos uma companhia de seguros que vende apólices *on-line* e decidimos desenvolver um novo modelo de negócios. Vendemos seguros para automóveis, mas queremos transferir a venda pela internet, como fazemos atualmente, para um novo canal de vendas: autoescolas e concessionárias. Isso significa uma mudança radical em toda a estrutura de margem, pois devemos estabelecer acordos de vendas nos quais os lucros de cada apólice vendida são divididos. Esse modelo de negócios é completamente diferente de nosso atual, portanto temos de procurar frentes múltiplas de fórmulas inovadoras. Estamos enfrentando um longo processo de inovação, que requer grandes investimentos e inúmeras negociações com terceiros. O projeto de nossas apólices de seguro e outras obrigações vai mudar, pois nossos clientes em perspectiva serão agora motoristas novatos, por um lado, e compradores de carros novos, por outro.

Consideremos como podemos utilizar o modelo A-F para projetar um processo de inovação no setor de serviços e definir um novo modelo de negócios.

A ativação de nosso processo de inovação é uma iniciativa conjunta entre as revendas de automóveis, as autoescolas, as companhias de seguro que nos fornecem a cobertura do risco e nossa própria gerência geral. O escopo e o nível de inovação são claramente definidos (um novo modelo de negócios), as diretrizes da inovação especificarão o máximo investimento disponível, bem como o faturamento e os lucros mínimos para os três primeiros anos do novo negócio. Como o processo é longo, também haverá uma lista de verificação, que inclui perguntas sobre recursos financeiros, pessoas etc., necessários para o processo.

Tabela AI.9 – Projeto de um processo de inovação para novo processo em um rede varejista

A Ativadores	B Buscadores	C Criadores	D Desenvolvedores	E Executores	F Facilitadores
Alta administração (gerente geral ou diretor de inovação)	Departamento de pesquisa de mercado	Agência de publicidade	P&D	Departamento de marketing corrente (equipe compartilhada)	Alta administração (gerente geral ou diretor de inovação)
Funcionários	Fornecedores de pesquisa de mercado	Agência de criatividade	Departamento de novos produtos	Departamento de vendas corrente (equipe compartilhada)	Diretor financeiro
Fornecedores	Sociólogos	Marketing	Operações	Equipe de marketing especializada	Comitê de novos projetos
Distribuidores	Marketing	Tipos criativos	Manufatura	Nova divisão	Diretor de inovação
Clientes	Vendas	P&D	Fornecedores externos	Nova empresa	Diretoria
Investidores	Formadores de opinião	Clientes	Marketing	Alianças com terceiros	Acionistas
Universidades	Observadores	Fornecedores	Vendas		Funcionários
Comunidade científica	P&D	Funcionários com perfil criativo	Engenheiros especializados		Equipe de inovação
Inventores	Outros departamentos internos	Outros fornecedores ou terceiros			Gerência de nível médio
Empresas de engenharia	Outros fornecedores ou terceiros				Externos: especialistas, grupos interessados ou investidores

Tabela AI.10 – Projeto de um processo de inovação para novo processo em um rede varejista

A Ativadores	B Buscadores	C Criadores	D Desenvolvedores	E Executores	F Facilitadores
Escopo de inovação	Revisão de inovação	Sinética	Ajudando na definição do conceito	Plano de marketing e plano de lançamento	Avaliação subjetiva
Níveis de inovação	Análise de categorias adjacentes	Estratégia do oceano azul	Teste de conceito para melhorar o projeto	Transmutação	Intenção de compra conforme níveis de teste
Foco de inovação	Consultas internas	Análise morfológica	Imagens	Evolução dos KPIs	Método Delphi
Diretrizes de inovação	Tendência social/ Classes sociais	Marketing lateral	Análise conjugada para definição de recursos	Próxima evolução marginal	Técnicas de grupo nominal
Lista de verificação de inovação	Tendências de mercado	Lista de atributos	Desenhos	Teste de área	Avaliação de toda a empresa
	Processo de compra	Análise de cenários	Maquete	Teste de mercado	Phillips 66
	Rotas de inovação	Visitas	Protótipo	Teste de produto	Seis Sigma
	Soluções tecnológicas	Cocriação	Teste de produto	Intensidade do ATR	Custos e benefícios
	Referências de *design*	Redefinindo valor do cliente	Teste de uso domiciliar	Experimentação	Estimativa da demanda
	Estratégias e táticas bem- -sucedidas / Aprendendo com os erros	*Brainstorming*	Patentes		Lucros e perdas
	Monitoramento de rede	Definição de conceito			Análise de retorno do investimento
	Etnografia				Construção de cenários
	Geolocalização				Teste de mercado

A função dos Buscadores é atribuída ao departamento de marketing, que deve analisar a fundo o processo de aquisição seguido por subscritores de seguro para motoristas novatos e compradores de carros novos. Nosso departamento de pesquisa de mercado é responsável pela análise das categorias adjacentes, tais como seguro de assistência em estrada, garantias pós-venda ou pacotes de reparo. Também haverá uma análise de inovação descrevendo todas as inovações no setor de seguro automobilístico, para assegurar que estamos oferecendo algo novo para o setor. Além disso, buscaremos informações de cinco formadores de opinião (um profissional do setor financeiro, dois gerentes de autoescola, um gerente de concessionária e o gerente de um clube do automóvel), que avaliarão a iniciativa por meio de entrevistas detalhadas conduzidas por nosso fornecedor de pesquisa de mercado. Além disso, um grupo de observadores será constituído para nos informar, ao longo de um mês, sobre o que acontece atualmente no setor de seguro de carros.

A geração de ideias será atribuída a uma agência de criatividade externa, que deve formar uma equipe que integra, além de seu próprio pessoal, duas pessoas do nosso departamento de marketing, duas pessoas de instituições financeiras que fornecem nossa cobertura de risco e dois vendedores com perfil criativo de nossa rede atual. As técnicas criativas contempladas são: estratégia do oceano azul (ideal para identificar novos negócios) e visitas a diferentes corretoras de seguro e sessões de cocriação com clientes que adquiriram seguro no ano anterior, têm carteira de motorista há menos de um ano e/ou possuem um carro com menos de nove meses de uso.

A equipe criativa trabalhará em conjunto para definir um novo modelo de negócios, cujos os detalhes serão especificados em sessões de trabalho com pessoal interno do departamento de operações. O serviço será testado mediante pesquisa de mercado e um resumo dos planos de marketing será especificado antes da criação do novo negócio, cuja responsabilidade será atribuída a uma equipe de marketing especializada e a uma nova empresa ou parceira criada para essa finalidade. Os Executores também devem estar preparados para adaptar o projeto do seguro, preços e estratégia de venda com base no que acontecer nos primeiros meses (transmutação). Além disso, e no caso de resultados positivos, eles devem ter pronta uma estratégia de desenvolvimento de portfólio de seguro com, no mínimo, cinco produtos adicionais.

Com base na previsão de demanda resultante do teste de serviço, na análise de retorno do investimento e nas avaliações dos membros da diretoria, a iniciativa será apresentada aos acionistas para aprovação (tabelas AI.11 e AI.12).

Tabela AI.11 – Projeto de um processo de inovação para um novo modelo de negócios no mercado de seguros

A Ativadores	B Buscadores	C Criadores	D Desenvolvedores	E Executores	F Facilitadores
Alta administração (gerente geral ou diretor de inovação)	Departamento de pesquisa de mercado	Agência de publicidade	P&D	Departamento de marketing corrente (equipe compartilhada)	Alta administração (gerente geral ou diretor de inovação)
Funcionários	Fornecedores de pesquisa de mercado	Agência de criatividade	Departamento de novos produtos	Departamento de vendas corrente (equipe compartilhada)	Diretor financeiro
Fornecedores	Sociólogos	Marketing	Operações	Equipe de marketing especializada	Comitê de novos projetos
Distribuidores	Marketing	Tipos criativos	Manufatura	Nova divisão	Diretor de inovação
Clientes	Vendas	P&D	Fornecedores externos	Nova empresa	Diretoria
Investidores	Formadores de opinião	Clientes	Marketing	Alianças com terceiros	Acionistas
Universidades	Observadores	Fornecedores	Vendas		Funcionários
Comunidade científica	P&D	Funcionários com perfil criativo	Engenheiros especializados		Equipe de inovação
Inventores	Outros departamentos internos	Outros fornecedores ou terceiros			Gerência de nível médio
Empresas de engenharia	Outros fornecedores ou terceiros				Externos: especialistas, grupos interessados ou investidores

Tabela AI.12 – Projeto de um processo de inovação para um novo modelo de negócios no mercado de seguros

A Ativadores	B Buscadores	C Criadores	D Desenvolvedores	E Executores	F Facilitadores
Escopo de inovação	Revisão de inovação	Sinética	Ajudando na definição do conceito	Plano de marketing e plano de lançamento	Avaliação subjetiva
Níveis de inovação	Análise de categorias adjacentes	Estratégia do oceano azul	Teste de conceito para melhorar o projeto	Transmutação	Intenção de compra conforme níveis de teste
Foco de inovação	Consultas internas	Análise morfológica	Imagens	Evolução dos KPIs	Método Delphi
Diretrizes de inovação	Tendência social/Classes sociais	Marketing lateral	Análise conjugada para definição de recursos	Próxima evolução marginal	Técnicas de grupo nominal
Lista de verificação de inovação	Tendências de mercado	Lista de atributos	Desenhos	Teste de área	Avaliação de toda a empresa
	Processo de compra	Análise de cenários	Maquete	Teste de mercado	Phillips 66
	Rotas de inovação	Visitas	Protótipo	Teste de produto	Seis Sigma
	Soluções tecnológicas	Cocriação	Teste de produto	Intensidade do ATR	Custos e benefícios
	Referências de *design*	Redefinindo valor ao cliente	Teste de uso domiciliar	Experimentação	Estimativa da demanda
	Estratégias e táticas bem-sucedidas/ Aprendendo com os erros	*Brainstorming*	Patentes		Lucros e perdas
	Monitoramento de rede	Definição de conceito			Análise de retorno do investimento
	Etnografia				Construção de cenários
	Geolocalização				Teste de mercado

Anexo II – Detalhamento de tarefas de colaboração e exemplos

Insumos dos Buscadores para os Ativadores: aprendizado e descobertas

Como os Buscadores monitoram o lançamento do novo produto, eles estão na posição de enriquecer o conhecimento da inovação por meio da catalogação apropriada do aprendizado, com os erros e as falhas que surgem no processo, no desenvolvimento e na implementação da inovação. Ou, pelo ponto de vista oposto: sem dúvida, o processo de busca de informação por meio da análise da inovação ou dos métodos discutidos no Capítulo 4 resultará na detecção de oportunidades, nichos e *insights* de mercado, que podem conduzir à ativação de novos processos para equipes diferentes. Esse é um *feedback* essencial, que pode ser transmitido para os Ativadores ou para o diretor de inovação, uma figura que abordamos no Capítulo 3 e possui uma visão abrangente de todos os projetos de inovação planejados, em andamento ou concluídos (Figura AII.1).

Por exemplo, na Tesco, diversas inovações surgem como resultado da análise contínua dos dados de cartões de fidelidade, das mudanças em seu uso para decidir sobre novos sortimentos. Nesse caso, os Buscadores da Tesco atuam como descobridores de novos processos de inovação para os Ativadores, considerando que os titulares dos cartões de fidelidade (11 milhões de clientes) são responsáveis por 80% das compras na Tesco.

Insumos dos Criadores para os Ativadores: ideias descartadas

Acreditamos na exploração de tudo que resulta de um processo de inovação. A experiência demonstra que as sessões criativas produzem diversas ideias que devem ser descartadas, pois ficam muito distantes do objetivo do projeto. Estamos falando sobre simples melhorias ou inovações marginais e até ideias disruptivas que devem ser consideradas pela gerência. Os Criadores podem deflagrar novos processos de inovação, que vão diretamente de A a D. Imaginemos uma ideia que foi descartada, mas que aparentemente possui potencial. Essa ideia, uma vez avaliada, pode ser o ponto de partida de um novo processo de inovação, que não requer muitos insumos dos Buscadores e Criadores, indo diretamente para o desenvolvimento, financiamento e execução, e limitando a função dos Buscadores e Criadores ao apoio ou colaboração às tarefas descritas aqui. Como regra, uma ideia leva à outra, e assim por diante, de modo que, se for mantido um registro a respeito de boas ideias descartadas nas sessões de criatividade, a tendência é um processo de inovação gerar outro e assim por diante, com o relacionamento colaborativo de C para A tornando-se um notável gerador de projetos e contribuições para a cultura de inovação da empresa.

Figura AII.1 – Principais tarefas do modelo A-F e contribuições cruzadas

De...

Para...	Ativadores	Buscadores	Criadores	Desenvolvedores	Executores
Ativadores	Iniciação Arcabouço da inovação				
Buscadores	Aprendizados / Descobertas	Informação Informação pertinente			
Criadores	Ideias descartadas		Ideação Conceito		
Desenvolvedores	Novos insumos tecnológicos			Invenção Solução tangível e plano de marketing	
Executores	Possibilidades de inovação marginal				Implementação Lançamento

Por exemplo, a empresa Puig Beauty & Fashion, que comercializa a marca Carolina Herrera, entre muitas outras, adotou uma ideia anteriormente descartada por estar fora do escopo do processo de inovação: um xampu à base de aveia que se tornou um novo projeto de inovação. De uma ideia reciclada, a empresa criou um produto de sucesso.

Insumos dos Desenvolvedores para os Ativadores: insumos tecnológicos

No desenvolvimento das possibilidades tecnológicas de uma inovação, é provável que novas possibilidades ou aplicações resultem da mesma tecnologia em inovações, além daquelas contempladas no processo, ou simplesmente para melhorias em outros produtos do portfólio.

Insumos dos Executores para os Ativadores: inovações marginais

Uma inovação disruptiva deve ser concebida por meio de inovações marginais associadas. Provavelmente, os Executores são os mais indicados para propor aos Ativadores o início de um novo processo de inovação – nesse caso, marginal – para desenvolver o portfólio de um produto ou serviço disruptivo.

Por exemplo, todos os anos, a divisão de salgadinhos da Pepsico lança diversos sabores novos para marcas existentes. As propostas para essas inovações marginais vêm dos departamentos de marketing e vendas, com base no que observam em seus mercados (Figura AII.2).

Insumos dos Ativadores para Buscadores: arcabouço de busca de informação

Os Ativadores, ao definir os objetivos, o nível desejado de inovação, as diretrizes e o tipo de processo, fornecem um arcabouço ideal para aqueles que devem coletar informação nas primeiras fases do processo. Na realidade, isso não pode ser considerado uma tarefa colaborativa, mas parte de sua função principal (vai de A para B).

Figura AII.2 – Principais tarefas do modelo A-F e contribuições cruzadas

De...

Para...	Ativadores	Buscadores	Criadores	Desenvolvedores	Executores
Ativadores	Iniciação Arcabouço da inovação	Arcabouço de pesquisa			
Buscadores		Informação Informação pertinente			
Criadores		Inovação em novas técnicas de pesquisa	Ideação Conceito		
Desenvolvedores		Tendências tecnológicas		Invenção Solução tangível e plano de marketing	
Executores		Compreensão de mercado			Implementação Lançamento

Insumos dos Criadores para os Buscadores: inovação na busca de informação

Os Criadores podem, graças a suas técnicas criativas, ajudar os Buscadores a descobrir novos modos de captar informação ou combinar métodos existentes, fornecendo, portanto, métodos plenamente focalizados, apropriados e sob medida para o processo à mão.

Insumos dos Desenvolvedores para os Buscadores: tendências tecnológicas

Os técnicos e engenheiros podem oferecer aos Buscadores informação completa sobre tendências tecnológicas para incorporação em suas análises de tendências sociais e de mercado. Essa informação é útil para infundir, desde o início do processo de inovação, a arte do possível – tudo que é oferecido pelas possibilidades técnicas.

Por exemplo, os *designers* da Sacha London, empresa anglo-espanhola de calçados femininos, estudaram diversas ferramentas tecnológicas e, em seguida, perguntaram aos pesquisadores sociais a viabilidade de aplicá-las no mundo da moda. Essa parceira deu frutos no uso inovador da tecnologia laser para obter o tamanho preciso dos pés dos clientes em três dimensões. A partir do modelo exato de cada pé, uma forma é confeccionada para o sapato projetado pelo próprio cliente. Nesse caso, as possibilidades tecnológicas do laser para representar formas tridimensionais foram validadas, pois conectaram-se com uma tendência social e de mercado: a personalização dos produtos e serviços.

Insumos dos Executores para os Buscadores: compreensão do mercado

Os Executores de inovações, basicamente constituídos por pessoas ligadas a vendas e marketing, oferecem aos Buscadores uma compreensão do mercado e dos canais de venda. Frequentemente, os Buscadores apresentam uma perspectiva muito concentrada no cliente final, que é boa, mas não estará completa até ser enquadrada no contexto do mercado em que concorremos.

Uma aplicação prática dessa tarefa colaborativa vem dos fóruns e dos blogs da internet. Os departamentos de marketing transformaram as opiniões expressas por esses meios em genuínas ferramentas de informação, na medida em que, atualmente, sua gestão e seu monitoramento foram transferidos para departamentos de pesquisa, constituindo uma nova técnica de pesquisa. Essa técnica emergiu dos mecanismos que os Executores criaram para se comunicar com os clientes (Figura AII.3).

Até aqui, vimos os tipos de insumo que os Buscadores obtêm das outras funções. No caso dos Criadores, funciona do seguinte modo.

Figura AII.3 – Principais tarefas do modelo A-F e contribuições cruzadas

Para... \ De...	Ativadores	Buscadores	Criadores	Desenvolvedores	Executores
Ativadores	Iniciação Arcabouço da inovação		Foco em criatividade / Validação de conceito		
Buscadores		Informação Informação pertinente	Ajuda para preparar sessões de criatividade (estímulos)		
Criadores			Ideação Conceito		
Desenvolvedores			Validação técnica do conceito	Invenção Solução tangível e plano de marketing	
Executores			Captura de valor		Implementação Lançamento

Insumos dos Ativadores para os Criadores: focos e verificação de conceitos

Os Ativadores fornecem aos Criadores a formulação apropriada dos assim chamados focos de criatividade, que vimos no Capítulo 5, e a garantia de que as sessões criativas não estão concentradas na geração de ideias fora dos limites estabelecidos no início do processo. Por exemplo, na General Electric, cada chefe de área, com base em seu portfólio, deve propor à diretoria um mínimo de cinco inovações que proporcionam, pelo menos, US$ 100 milhões de crescimento em três anos. Eles denominam isso Imaginative Breakthrough Projects [projetos imaginativos radicais].[84] É um modo de os Ativadores estabelecerem objetivos para os Criadores.

Outra área de colaboração pode emergir durante a fase de definição do conceito; os Ativadores podem confirmar que os conceitos desenvolvidos, e que serão avaliados, atendas os objetivos e o arcabouço do processo de inovação que iniciaram.

Insumos dos Buscadores para os Criadores: estímulos

Os Buscadores são responsáveis pela execução de pesquisa pertinente; alguns dos resultados dela devem conter estímulos para sessões criativas. Os Buscadores podem trabalhar com os Criadores na preparação do material para essas sessões. No entanto, essa pode ser considerada uma tarefa básica da função, em vez de colaborativa (vai de B para C).

Por exemplo, na Nestlé, durante um processo de inovação para a categoria chocolate, o departamento de pesquisa de mercado examinou inovações recentes em cinco países, usando-as como estímulos diretos para suas sessões criativas.

Insumos dos Desenvolvedores para os Criadores: conceitos e restrições

Os técnicos e engenheiros podem (ou, melhor, devem) colaborar na definição dos conceitos que evoluem de ideias geradas nas sessões criativas, a fim de assegurar, tanto quanto possível, que elas sejam convertidas em conceitos viáveis do ponto de vista técnico. Quanto às restrições, eles podem aplicar àquilo que podemos ou não especificar em termos de recursos, especificações e benefícios da inovação. Sem bancar o "do contra" ou o censor implacável, o pessoal técnico pode contribuir com aquelas doses de realismo que as boas ideias precisam quando ingressam nas fases definitivas.

Insumos dos Executores para os Criadores: valor das ideias

Os Executores oferecem aos Criadores modos de capturar valor enquanto geram ideias. Por exemplo, o departamento de vendas da Ikea percebeu que existiam diversos produtos considerados compras quase desnecessárias, impulsivas, ainda que fossem para o lar. Os clientes compravam esses produtos para aumentar o valor percebido do esforço de ir até a Ikea e caminhar em suas lojas enormes. Esses produtos receberam a denominação *hot dog*. É improvável que os Criadores tenham produzido esse conceito sem uma análise de como capturar valor com o cliente, uma análise que veio dos Executores.

No contexto das sessões criativas descritas no Capítulo 5, é conveniente ter a participação de pessoas de todas as funções. O potencial criativo das pessoas pode ser muito elevado quando são aplicados exercícios elaborados para obter deslocamentos e provocações fáceis. Da mesma forma, os Criadores devem convidar todas as funções para tentar realizar conexões individualmente ou em equipe. Ao ter uma amostra representativa de todas as funções ao longo do processo de inovação, cada uma trabalhando de sua perspectiva, obtemos uma rica diversidade das conexões e soluções para a mesma provocação. Por esse composto, os Criadores podem elaborar soluções vitoriosas, que talvez não tenham ideias deles mesmos. Agora, vamos considerar as relações com os Desenvolvedores (Figura AII.4).

Figura AII.4 – Principais tarefas do modelo A-F e contribuições cruzadas

Para... \ De...	Ativadores	Buscadores	Criadores	Desenvolvedores	Executores
Ativadores	Iniciação Arcabouço da inovação			Alinhamento estratégico	
Buscadores		Informação Informação pertinente		Analogias tecnológicas / Busca de fornecedores ou terceiros	
Criadores			Ideação Conceito	Técnicas de solução de problemas	
Desenvolvedores				Invenção Solução tangível e plano de marketing	
Executores				Limitações de vendas e marketing	Implementação Lançamento

Insumos dos Ativadores para os Desenvolvedores: alinhamento estratégico

À medida que a ideia é desenvolvida sob a forma de planos, modelos e protótipos, e as estratégias de negócios são estabelecidas, os Ativadores, nos casos em que são tirados do quadro da administração, dão aos Desenvolvedores a garantia e a tranquilidade de saber que estão alinhados com a estratégia geral do negócio.

Insumos dos Buscadores para os Desenvolvedores: analogias tecnológicas

Os Buscadores podem ajudar a superar as dificuldades técnicas relacionadas ao projeto e à usabilidade da aplicação da nova tecnologia, detectando e analisando produtos e serviços que, dentro ou fora da indústria, setor ou categoria, incorporam a mesma tecnologia. Eles também podem ajudar na busca por fornecedores industriais, no caso de limitações tecnológicas, ou por parceiros, no caso de limitações de marketing. Por exemplo, o Google, considerado uma das empresas mais inovadoras do mundo, oferece aos seus funcionários tempo para se dedicarem à busca, pela internet, de oportunidades, sob a forma de pequenas empresas que desenvolveram tecnologias interessantes, às quais o Google pode se associar. Em 2004, seguindo essa estratégia, o Google adquiriu o Keyhole e a a tecnologia que agora lhe permite oferecer mapas sofisticados, com imagens de satélite.

Insumos dos Criadores para os Desenvolvedores: soluções

Os Criadores fornecem suas ferramentas criativas de solução de problemas, enfrentando diversos obstáculos, dificuldades ou gargalos – em produção, logística, aquisição ou marketing –, que tendem a surgir da difícil e muitas vezes prolongada fase de desenvolvimento, em especial com respeito a um produto complexo, como um automóvel ou um motor.

Por exemplo, na fábrica da Motorola, em Penang (Malásia), há um recinto com mais de 2.000 notas afixadas nas paredes. Cada uma delas começa com as palavras "Eu recomendo..." e juntas constituem uma profusão de sugestões para solução de problemas técnicos que surgem em novos desenvolvimentos.

Insumos dos Executores para os Desenvolvedores: fatores de marketing

Os Executores podem ajudar a antecipar problemas que talvez surjam mais tarde, ocasião em que seria custoso, ou simplesmente muito tarde, corrigi-los. Os tipos de problema de que estamos falando incluem aqueles relativos à logística no canal de vendas, à usabilidade pelos cliente e à aceitação pelos distribuidores. Em outras palavras, os Executores podem antever a gama completa de potenciais problemas de marketing antes de eles serem integrados à inovação em sua forma física final. Por exemplo, na Starbucks, é prática padrão utilizar os pontos de venda para validar as inovações em que os Desenvolvedores estão trabalhando. Desse modo, os Executores (que terão de implementar cada nova iniciativa) podem orientar os Desenvolvedores a respeito dos fatores de marketing que eles devem levar em consideração. (Figura AII.5)

Figura AII.5 – Principais tarefas do modelo A-F e contribuições cruzadas

Para... \ De...	Ativadores	Buscadores	Criadores	Desenvolvedores	Executores
Ativadores	Iniciação Arcabouço da inovação				Diretrizes / Recursos financeiros adicionais
Buscadores		Informação Informação pertinente			Controle dos KPIs / Estratégias e táticas de sucesso
Criadores			Ideação Conceito		Ideias para planos de marketing e vendas
Desenvolvedores				Invenção Solução tangível e plano de marketing	Transmutação
Executores					Implementação Lançamento

Insumos dos Ativadores para os Executores: diretrizes e recursos financeiros

Os Ativadores, tendo especificado diversas diretrizes, devem estar ali para assegurar aos Executores que a implementação final da inovação permaneça dentro dessas diretrizes. Como os Ativadores são, muitas vezes, mobilizadores de recursos, frequentemente ocorre, em relação à execução, de a colaboração ou assistência de outras áreas ou divisões da empresa ser requerida.

Insumos dos Buscadores para os Executores: estratégias, KPIs

Os Buscadores possuem a capacidade de documentar e indicar as táticas e estratégias das referências do mercado e aprender com os erros na implementação de inovações similares. Por exemplo, no Google, após o lançamento de um novo produto, os responsáveis analisam os erros que os usuários cometem em seu uso, de vez em quando solicitando *feedback*. Esses erros são comunicados para os Executores, que, em seguida, solicitam melhorias dos programadores.

Da mesma forma, no momento do lançamento, os Buscadores podem conduzir o monitoramento dos KPIs, tais como colocação no mercado (distribuição numérica e ponderada), níveis de lembrança, de teste e de repetição. Os KPIs podem incluir as mudanças no produto ou serviço sugeridas pelos usuários iniciais, a fim de que tais modificações possam ser introduzidas rapidamente (se possível). Essa atividade seria fundamental no caso de uma estratégia de transmutação, como explicamos no Capítulo 7. Por exemplo, o departamento de análise de informações da Tesco avalia continuamente as estratégias dos pequenos supermercados locais e tenta adaptar sua oferta nesses estabelecimentos, com base nos produtos bem-sucedidos em determinada vizinhança.

Insumos dos Criadores para os Executores: ideias de marketing

Os Criadores podem realizar breves e concisas sessões criativas para produzir ideias novas e originais para o plano de lançamento de um novo produto ou serviço. É um tipo de projeto criativo em miniatura, em que o foco de deslocamento é o plano de marketing e vendas para a inovação que emergiu do processo.

Insumos dos Desenvolvedores para os Executores: transmutação

A estratégia de lançar uma inovação no mercado e moldar o produto enquanto este é testado e usado (conhecido como "transmutação") requer colaboração muito próxima, rigorosa e flexível, entre os Desenvolvedores e os Executores, já que os primeiros devem redefinir, talvez mais de uma vez, o projeto da inovação, de acordo com as sugestões dos segundos. Por exemplo, a 3M possui três centros de inovação, em que os clientes podem testar tecnologias enquanto a empresa avalia quão eficazes elas são em situações reais. Desse modo, a empresa obtém os *insights* dos clientes, algo de que precisa para, gradualmente, realizar melhorias em seus produtos. Graças à essa política, a 3M aprimorou produtos importantes, como a fita adesiva Scotch e a fita reflexiva Scotchlite.

Em resumo, podemos perceber que trabalhar com funções em vez de fases produz interações estimulantes, que exploram o potencial pleno de todas as pessoas envolvidas no processo de inovação. Atualmente, a interação entre os diversos perfis profissionais envolvidos no processo de inovação é considerada um fator decisivo no sucesso dos processos de inovação.

PARTE II

10

Planejando a inovação

Há uma ampla evidência da relação entre planejamento e os resultados da inovação. As empresas que utilizam as ferramentas descritas neste capítulo apresentam desempenho melhor do que aquelas que não as utilizam.[85] No passado, a Procter & Gamble não tinha estratégia de inovação. Os esforços de inovação eram desperdiçados, os projetos eram lançados em categorias e segmentos não prioritários. Quando a Procter & Gamble instituiu o planejamento de inovação, os processos desse segmento começaram a atender os objetivos, as metas, as estratégias e os indicadores da empresa. Seus resultados melhoraram e isso começou a gerar inovações radicais.[86]

No entanto, o planejamento não é fácil. Os acadêmicos que estudaram os fatores que determinam o sucesso na área da inovação enfatizaram a necessidade de um alto grau de "disciplina" durante o processo de planejamento de inovação.[87]

Os elementos do planejamento da inovação

O planejamento é o primeiro fator no sistema de inovação total e nos permite alinhar nossas iniciativas com a estratégia empresarial, alocar recursos financeiros de forma eficiente e alimentar o fluxo do processo de inovação de modo ordenado.

O planejamento da inovação deve ser responsabilidade conjunta do diretor de inovação e do presidente da empresa. Na ausência de alguém diretamente responsável pela inovação, a alta direção deve assumir o comando desse planejamento, pois é uma área estratégica e fundamental para a sobrevivência de qualquer organização.

A inovação é planejada para um período de três a cinco anos, com revisões anuais de estratégia e alocação de recursos. Os motivos por que devemos revisar anualmente nossos planos são:

- Mudanças no mercado (clientes, canais e fornecedores)
- Mudanças tecnológicas

- Mudanças regulatórias
- Movimentos entre os concorrentes
- Resultados obtidos com a inovação

Entre as ferramentas do planejamento da inovação, incluem-se: diagnóstico dos negócios, missão, objetivos e estratégia empresarial, e objetivos e estratégia de inovação.

Comecemos com a primeira ferramenta.

Diagnóstico dos negócios empresariais

Um diagnóstico dos negócios empresariais é uma análise geral das diversas forças envolvidas e que determinam o atual *status* de uma empresa, e que determinarão seu futuro (dinâmica setorial, paisagem competitiva e ambiente econômico e regulatório). O diagnóstico tem o objetivo de identificar o que tornou a empresa bem-sucedida até o momento, e o que deve ser modificado para manter esse sucesso no futuro. O comprometimento gerencial e as oportunidades de crescimento dependerão desse diagnóstico.

O diagnóstico é utilizado para formular objetivos e estratégias corporativas, a partir dos quais surgirão outros objetivos e estratégias em áreas funcionais e unidades de negócios, assim como os critérios e os processos para a tomada de decisão.[88]

Há diversas ferramentas administrativas para realizar diagnósticos. Essas ferramentas estão fora do escopo deste livro (por exemplo, o mapeamento do fluxo de valor,[89] a evolução setorial,[90] as cinco forças de Porter,[91] o modelo McKinsey,[92] ou a auditoria de marketing[93]), mas são muito úteis na área da inovação. Por isso, recomendamos que a gerência as compartilhe com os responsáveis pela inovação.

Ajuste com a missão, os objetivos e as estratégia geral da empresa

Como foi explicado anteriormente, quando falamos acerca dos Ativadores, a gestão de inovação não funciona de modo autônomo, independentemente do resto da gestão. A inovação deve estar de acordo com a estratégia corporativa e resulta dela.

Para alguns especialistas, essa dependência pode impedir a emergência de inovações disruptivas ou restringir a quantidade de oportunidades. Seu fundamento lógico é que diversas inovações disruptivas não resultam de um objetivo, mas de uma descoberta ou ideia (talvez acidental), e, portanto, a ideia obriga a empresa a revisar ou redefinir sua missão, seus objetivos e suas estratégias. A conclusão deles é que a descoberta pode chegar antes da estratégia.

Há certa verdade nisso. No entanto, também precisamos planejar a inovação. Como podemos planejar e, ao mesmo tempo, não limitar a busca por oportunidades? A resposta é: com campanhas ou projetos de ideia, "livres" de restrições.

Devemos distinguir entre inovação previsível e exploratória. A inovação exploratória significa que uma organização pode alocar tempo e recursos para buscar as oportunidades livremente, sem as restrições da estratégia empresarial e sem a pressão da necessidade de que suas descobertas sejam implementadas. Isso significa um investimento em tempo para produzir novas possibilidades, as quais, mesmo que não se adaptem à missão empresarial, merecem consideração e avaliação. Cerca de 42% das empresas realizam esses processos de inovação exploratória.[94] Uma boa quantidade dessas empresas também planeja a inovação. Isso demonstra que o "planejamento de inovação" não é um paradoxo.[95] As tarefas duplas de inovar e planejar não são incompatíveis.

A *relação entre inovação e objetivos e estratégias empresariais*

Antes de tudo, no planejamento de inovação, não devemos incluir objetivos, estratégias ou políticas inconsistentes com nossos objetivos e estratégias empresariais. As empresas que não planejam a inovação tendem a se deparar com esse problema.

Em segundo lugar, os objetivos empresariais devem ser "compartilhados" por todos os departamentos e áreas funcionais: recursos humanos, marketing, vendas etc. A inovação também é uma área funcional e, desse modo, deve perseguir sua parcela correspondente de objetivos empresariais. Além disso, a estratégia empresarial geral determina o peso e a função de cada área, incluindo a inovação.

Imaginemos que o objetivo empresarial da empresa X é um aumento de 20% na lucratividade dentro de cinco anos, e que a estratégia para chegar a isso é melhorar os processos e o fornecimento. O fornecimento relaciona-se com o departamento de compras e a melhoria do processo, com o departamento de inovação. A estratégia revela o peso desses dois departamentos para atender o objetivo empresarial. A próxima etapa seria estabelecer os objetivos específicos dos dois departamentos.

Esse é um exemplo simples de como a estratégia e os objetivos empresariais tornam-se os objetivos de uma área funcional.

A *missão: um arcabouço geral*

No caso da missão, a abordagem é diferente. A missão da empresa é muito mais uma carta aberta de intenções, que abrange diversas possibilidades estratégicas. Quando uma inovação colide com a missão da empresa, não há muito espaço para manobra. Em um processo de inovação, uma empresa especializada no uso de silicone na fabricação de produtos para cozinha e para o lar quis detectar oportunidades para inovações em todos os níveis. O silicone é um material versátil, com inúmeras aplicações. As primeiras ideias (componentes de silicone para produtos eletrônicos, para vestuário etc.) não se adequavam à missão da empresa, por isso ela não quis entrar nessas áreas. Estavam fora de seu escopo. Rapidamente, a equipe de inovação teve de adaptar as sessões de criatividade para focalizar ideias que estivessem dentro da missão.

O modo pelo qual você assegura que a inovação corresponda à missão de sua empresa é sinalizando limites para a inovação (ver "Arcabouço", no Capítulo 3) entre os mercados e as regiões onde a empresa deseja concorrer e aqueles que ela excluiu.

Esse é um exemplo teórico para uma empresa de locação de veículos:

Missão, objetivos e estratégia corporativa

Missão empresarial

Prover soluções para o transporte privado, na terra, no ar e no mar, de e para as principais cidades de nosso país, com locação de veículos.

Objetivos empresariais:

- ser a marca de escolha para qualquer pessoa que precisa alugar um veículo para uso privado em nosso país;
- alcançar uma participação de mercado de 40% em nosso país, em cinco anos;
- passar de um volume de negócios de 35 milhões de dólares para 50 milhões de dólares, em cinco anos e com um retorno médio de 10%;
- estar presente em todas as cidades, portos e aeroportos, com um mínimo de dois centros de atendimento ao cliente por cidade com mais de 75 mil habitantes.

Estratégia empresarial

Desenvolvimento de um sistema de franquias com investidores ou empreendedores privados, e uso de frotas mediante parceria com fabricantes de automóveis.

Objetivos de inovação

Os objetivos de inovação abrangem tudo aquilo que a empresa procura cumprir com o lançamento de novos produtos, a melhoria do processo, um novo modelo de negócios ou o ingresso em novos mercados; isto é, com todas aquelas implicações de uma mudança substancial no *status quo*.

Devemos distinguir entre resoluções e objetivos. Consideremos um exemplo não empresarial. Em 1º de janeiro, quando uma pessoa diz "esse ano, vou emagrecer", ela não está definindo um objetivo, mas está tomando uma resolução. Agora, se a pessoa diz "nos próximos seis meses, vou perder oito quilos", esse é um objetivo. De modo geral, as resoluções são meras declarações de intenção. Alguns executivos ditam resoluções na crença de que estão definindo objetivos, mas estão errados. No campo da inovação, esse é um problema ampliado pelo uso relativamente escasso de indicadores específicos (ver Capítulo 11). Eis alguns exemplos de resoluções concernentes à inovação:

- Queremos melhorar a eficiência dos serviços ao cliente.
- Queremos elevar as margens de lucro.
- Queremos ser mais agressivos em nossa política de novos produtos.

Agora, observemos estas resoluções reformuladas como objetivos:

- Queremos inovar para reduzir o tempo de atendimento ao cliente em 10% em um ano.
- Queremos a inovação nos processos industriais para atingir um aumento de 5% nas margens de lucro nos próximos dois anos.
- Queremos que as vendas do novo produto alcancem 5% das vendas totais em dois anos.

A definição de objetivos foi um assunto muito estudado e, empiricamente, revelou-se que, quanto mais específicos os objetivos, mais as pessoas tendem a satisfazê-los.[96] Por exemplo, com isso em mente, na Tesco, no início de cada ano, uma equipe de dez pessoas decide quantos novos produtos serão introduzidos e define o objetivo específico para cada um deles.[97]

Os indicadores de inovação são muito concretos e específicos, por isso estão intimamente ligados à definição de objetivos. Os indicadores de inovação são o conjunto de variáveis utilizadas para medir os resultados da inovação, que, por sua vez, permitem gerenciar a inovação ao longo do tempo e verificar se as políticas estão dando frutos. No próximo capítulo, abordaremos os indicadores em detalhes.

A seguir, apresentamos exemplos de objetivos de inovação definidos em termos de indicadores (ver Capítulo 11):

- O faturamento gerado pelos novos lançamentos deve subir de 10% para 30% do faturamento total.
- O lucro dos novos lançamentos deve subir de 5% para 15% do lucro total.
- A taxa de sucesso dos novos produtos deve subir de 30% para 50%.
- A porcentagem dos funcionários que contribuem com ideias deve subir de 5% para 30%.

O meio mais eficaz de assegurar que as propostas e ideias de projetos apresentados sejam consistentes com os objetivos de inovação é utilizar as diretrizes de inovação, como vimos no Capítulo 3. Relembremos que as diretrizes fornecem um arcabouço para todas as inovações que serão consideradas. Por exemplo, uma grande empresa pode afirmar que só investirá em inovações que, em dois anos, gerem mais do que um milhão de dólares de lucros. As diretrizes de inovação não são absolutamente a mesma coisa que os objetivos; definem, sim, os requisitos mínimos para o projeto ser aprovado e receber sinal verde para ativação.

Ligar os objetivos com os indicadores não significa necessariamente que os objetivos de inovação devem ser quantitativos. Os objetivos qualitativos de inovação também são perfeitamente válidos. O modo comum de proceder é primeiro qualificar e depois quantificar.

Imaginemos uma empresa que deseja definir um objetivo qualitativo de inovação: o nível de risco no lançamento de novos produtos. A qualificação é realizada com critérios subjetivos: um grupo de executivos avalia o nível de risco para os novos produtos, com cada participante classificando-os em uma escala de 1 a 5, com base em seu critério pessoal. As notas alcançam uma média de 2,64. A nota mínima que a empresa deseja alcançar é, por exemplo, 3, em uma escala de 1 a 5. Já podemos fixar um alvo para o próximo ano (por exemplo, alcançar uma nota 3, no mínimo).

Pessoas responsáveis por atingir objetivos de inovação

Em última análise, a responsabilidade por atender os objetivos de inovação cabe ao diretor de inovação (ver discussão sobre cultura, no Capítulo 12). No entanto, como a inovação ocorre por meio de projetos e processos, os objetivos são divididos entre os departamentos (por exemplo, marketing, P&D, logística, produção etc.) ou equipes responsáveis pelos processos.

Nisso reside uma das dificuldades de satisfazer os objetivos de inovação. O diretor de inovação delega parte dos objetivos aos membros da organização sobre os quais não possui autoridade direta. Portanto, o diretor ou chefe de inovação deve ocupar uma posição de certo poder na hierarquia.

Horizontes de tempo, quantidade de objetivos e alocação de recursos

Em geral, os objetivos de inovação são especificados conforme dois horizontes de tempo: um de curto prazo (objetivos para o próximo ano) e um de médio a longo prazo (de três a cinco anos). Exceto para alguns setores muito específicos, em que os desenvolvimentos tecnológicos requerem muitos anos (por exemplo, aeronáutico, espacial, energético etc.), os objetivos para prazos superiores a cinco anos não são fixados. Alguns objetivos de inovação (por exemplo, chegar à lua, um carro voador etc.) podem ser definidos como de longo prazo, mas, em geral, balizas específicas são fixadas em três a cinco anos para chegar mais perto do objetivo final. Eis por que objetivos de três a cinco anos também são fixados por meio da estratégia de inovação e alocação de recursos.

Quantos objetivos de inovação devemos fixar? A resposta depende dos recursos disponíveis para a inovação, do tamanho da empresa e da velocidade de mudança em seu setor. Em geral, a gerência define uma quantidade relativamente pequena de objetivos (de um a três), tais como: "porcentagem de vendas que deve resultar dos novos produtos", "quantidade de inovações a implementar" ou "incremento do faturamento gerado pela inovação". Esses objetivos são definidos para toda a empresa e, em geral, divididos entre as unidades de negócio.

Exemplo de objetivos de inovação para uma locadora de veículos

- Lançamento de serviços relativos à locação de veículos, alcançando 5% do volume total de negócios.
- Aprimoramentos do processo que permitirão uma melhoria de 3% na estrutura de custos.
- Inovações em marketing para conquistar 20 mil novos clientes.

- Desenvolvimento de uma nova unidade de negócios para alcançar um lucro mínimo de US$ 1 milhão em três anos.
- O orçamento máximo para a inovação será de 1 milhão de dólares.

Quando temos mais de um objetivo de inovação, devemos classificar cada um de acordo com sua importância, para refletir as prioridades da gerência.

A priorização dos objetivos também é utilizada para a alocação de recursos.

Definindo a estratégia de inovação

Depois que definimos nossos objetivos, podemos passar para nossa estratégia de inovação, que deve ser definida dentro do arcabouço de inovação. A seleção dos mercados e regiões pela gerência integra a estratégia de inovação e ajuda os Ativadores a limitar suas propostas.

A estratégia de inovação também inclui: quanto de inovação é desejado, que tipo de inovação queremos, como queremos concorrer, níveis de inovação requeridos, o ritmo de aprovação para os projetos que alimentam o fluxo de inovação, e alocação de recursos financeiros.

Examinaremos, a seguir, cada um desses itens.

Quantidade e tipo de inovação

Há três tipos de inovações: marginal ou incremental, radical ou disruptiva e semirradical.

Essa classificação baseia-se em duas variáveis: o grau de transformação no modelo de negócios e o uso de tecnologias novas ou preexistentes. Ao combinar essas duas variáveis, temos a matriz de tipos de inovação (Figura 10.1).

Evidentemente, dentre esses três tipos, a inovação marginal envolve o menor risco e, em geral, o menor investimento; a radical, o maior, com a semirradical situada em algum ponto intermediário. Determinar o tipo de inovação é um modo de limitar o nível de risco e, por sua vez, indicar se queremos mudar tecnologias, modelos de negócios, ambos ou nenhum.

Ao classificar todos os projetos possíveis nessas três categorias, é possível ver quanta inovação podemos desencadear e de que tipo. Se executarmos muitos projetos disruptivos, nossa estratégia é agressiva e arriscada. Se executarmos apenas alguns projetos marginais, isso definiria uma estratégia conservadora.

Figura 10.1 – Matriz de tipos de inovação

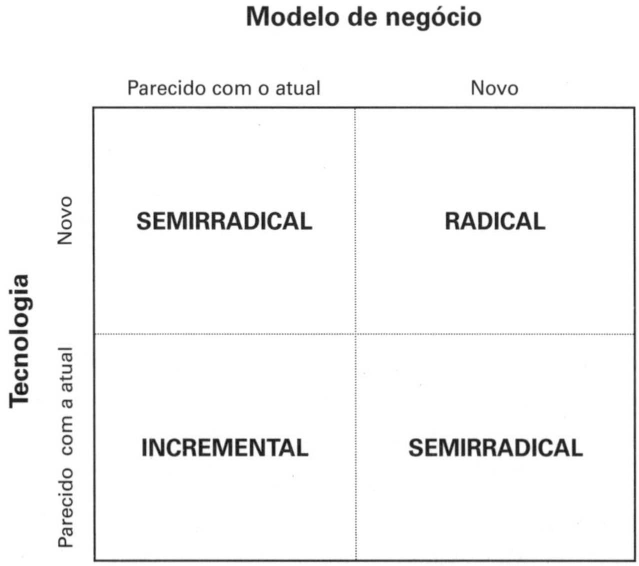

Como queremos concorrer

T. Davila *et al.*[98] sumarizam as estratégias de ataque de duas formas: jogando para não perder e jogando para ganhar. No primeiro caso, a prioridade é minimizar as perdas; em outras palavras, uma estratégia defensiva com inovações marginais. No caso de "jogar para ganhar", estamos falando sobre assumir riscos e agir com agressividade; estamos dispostos a assumir perdas em consideração a um grande potencial de lucro. Nesse último tipo de estratégia, a empresa adotaria inovações radicais ou semirradicais.

Essas duas estratégias de inovação também são denominadas "reativas" e "proativas", respectivamente.

Diversas empresas concentram-se muito no curto prazo e, por isso, arriscam-se a perder no longo prazo. As empresas reativas consideram que o ambiente determina as possibilidades estratégicas e que seu dever é saber como se adaptar às mudanças. Elas agem depois de as mudanças acontecerem.

As empresas proativas, em vez disso, procuram moldar o mercado de acordo com os próprios interesses. Em vez de serem as principais concorrentes no *status quo*, preferem mudar as regras. Elas atuam antes das mudanças do mercado. As empresas com uma estratégia proativa estão dispostas a assumir riscos e cometer erros, e possuem uma grande capacidade de inovação.

O modo de concorrer também é denominado estratégia de ataque ou de ingresso,[99] em que definimos com mais detalhes as possibilidades estratégicas, seja jogar para ganhar (proativa) ou jogar para não perder (reativa):

- Proativa (por exemplo, a Apple):
  - Inovadora: tenta mudar a regras do mercado
  - Diferenciador: tenta introduzir novos atributos de compra
- Reativa (por exemplo, a Nokia):
  - Seguidora mais rápida (também denominada segunda mais rápida): executa com rapidez cópias de produtos das empresas inovadoras
  - Defensora: tenta proteger a participação de mercado e/ou base de clientes
  - Nicho: a empresa se concentra em pequenos segmentos
  - Baixo custo: a empresa tenta concorrer com preços

Níveis de inovação requeridos

No Capítulo 3, também vimos que a gerência pode especificar aos Ativadores os níveis em que a empresa quer inovar. No momento, discutiremos um pouco mais a respeito das estratégias que podem ser seguidas dentro de cada um desses níveis.[100]

NÍVEL 1: INOVAÇÃO DE MODELO DE NEGÓCIOS

- Canal (como você conecta seu produto ou serviço aos clientes; por exemplo, NikeTown)
- Modelo de negócios (como a empresa ganha dinheiro; por exemplo, Dell)

NÍVEL 2: INOVAÇÃO DE PROCESSO

- Rede (estrutura da cadeia de valor empresarial; por exemplo, Walmart)
- Processo capacitador (recursos reunidos; por exemplo, Siebel)
- Processo básico (processos patenteados que agregam valor; por exemplo, General Electric)

NÍVEL 3: INOVAÇÃO DE MERCADO

- Marca (como você expressa o benefício de seu produto ou serviço para os clientes; por exemplo, Virgin)

- Experiência do cliente (criação de uma experiência total para os clientes; por exemplo, Lexus)
- Atendimento das novas necessidades de clientes antigos (por exemplo, adequação do Wii)
- Atendimento de novos clientes com o portfólio existente (por exemplo, café Nestlé para idosos)
- Introdução do produto ou serviço em novas situações (por exemplo, na França, uma empresa ofereceu aos recrutadores de recursos humanos o uso de cafeterias para entrevistas abertas e gratuitas, sem seleção prévia de currículos)

NÍVEL 4: INOVAÇÃO DE PRODUTOS E SERVIÇOS

- Desempenho do produto (recursos, desempenho e capacidades; por exemplo, Intel Pentium)
- Sistema do produto (sistema estendido que cerca uma oferta; por exemplo, Microsoft Office)
- Serviços (como você serve seus clientes; por exemplo, FedEx)

Programação e alocação de recursos

A estratégia de inovação também deve definir, com base no orçamento total para a inovação, a parcela de recursos financeiros a ser investida em cada tipo e nível de inovação. A alocação do orçamento será utilizada como guia para a aprovação do projeto, quando for o momento de implementar a estratégia. Por mais incrível que pareça, somente 24% das empresas definem seu orçamento de inovação.[101] É melhor alocar um total inicial, mesmo se ele for somente indicativo, de dinheiro e pessoas que a gerência utilizará para atender os objetivos de inovação definidos. Vimos que os Facilitadores obtêm recursos gradualmente, para não desperdiçar dinheiro em projetos que podem acabar fracassando. Na inovação, os recursos são alocados conforme o progresso do processo. Eis por que as empresas não devem temer alocar orçamentos totais para a inovação.

Da mesma forma, a definição da estratégia inclui uma agenda aproximada da quantidade e dos tipos de inovação ao longo do tempo. Consideremos a estratégia de inovação para a locadora de veículos que estamos utilizando como exemplo:

Estratégia de inovação

Desenvolver dez projetos de inovação, dos quais oito serão marginais e dois, radicais.

Procurar uma estratégia que seja proativa em novos negócios e reativa nas áreas de negócios correntes.

Por níveis, desenvolver os seguintes projetos:

- Inovação do modelo de negócios: inovação radical para criar uma nova unidade de negócios. Dois projetos, com uma alocação de US$ 300 mil para cada um. Entre os dois projetos, aquele que obtiver a melhor nota na avaliação será implementado.
- Inovação de processo: lançamento de quatro projetos, com uma alocação de US$ 30 mil para cada um. Os focos de inovação serão:
  - Economia na manutenção dos veículos.
  - Economia mediante redução do tempo de entrega das chaves.
  - Economia mediante aumento da quantidade de reservas *on-line*.
  - Economia mediante aprimoramentos no sistema de faturamento.
- Inovação de marketing por meio da conquista de novos clientes com o portfólio atual. Dois projetos, com uma alocação de US$ 50 mil para cada um.
- Inovação em produtos e serviços, extensão do portfólio. Dois novos projetos com uma alocação de US$ 30 mil para cada um.

Implementando a estratégia de inovação

Agora, definimos nossa estratégia. Como vamos implementá-la? Ou, reformulando a pergunta: como vamos aplicar nossa estratégia para os processos de inovação? Ou, em termos de modelo A-F: de que forma coordenaremos as diversas iniciativas dos Ativadores com nossos planos, objetivos e estratégias de inovação?

Todas as ideias e propostas recebidas dos Ativadores – quer os últimos pertençam ao pessoal administrativo da empresa, ao departamento de planejamento, à alta administração, aos pesquisadores externos, aos principais clientes ou aos grupos de interesse – são revisadas e classificadas pelas pessoas responsáveis pelo planejamento de inovação.

Em primeiro lugar, as ideias e propostas devem ser analisadas para assegurar que estejam alinhadas com a missão, os objetivos e a estratégia empresarial, e que reflitam os objetivos de inovação. Pode ser que a gerência especifique diversas coisas: o arcabouço geral de inovação, suas prioridades em termos de níveis e tipos de inovação, o foco de inovação ou as diretrizes (expectativas mínimas para um projeto). Todos esses conceitos encontram-se descritos no Capítulo 3. Quando uma ideia ou proposta chega, devemos assegurar que esteja alinhada com esses requisitos.

Se uma proposta estiver fora de alinhamento com os objetivos, a estratégia ou a missão da empresa, ou não atender aos requisitos especificados pela gerência, podemos considerá-la inadequada. No entanto, podemos dividir as ideias inapropriadas em dois tipos. O primeiro corresponderia a uma ideia que, além de inapropriada, também não possuiria atrativos. Nesse caso, recomendamos abandoná-la, mas não definitivamente. É melhor deixá-la na "reciclagem", onde pode ser recuperada para uma possível reconsideração futura ou como inspiração para campanhas subsequentes de ideias. Na Shell, por exemplo, as ideias que falham nessa verificação são arquivadas e colocadas em um banco de dados, ao qual todos os funcionários da empresa têm acesso e podem aperfeiçoá-las.

Se, no entanto, acreditarmos que uma proposta, apesar de inadequada, possui grande potencial de negócios, devemos transmiti-la para a alta administração avaliar, que pode decidir por investir em seu desenvolvimento, lembrando que, caso seja implementada, envolverá uma revisão das políticas corporativas.

Dependendo de quem são seus Ativadores, essa verificação por alinhamento pode fazer sentido ou não. Por exemplo, se a alta direção ativar um projeto, designando uma equipe especializada para uma tarefa específica (ativação de cima para baixo), poderemos ter quase certeza de que está bem alinhada com as políticas corporativas. No entanto, quando a ativação vem dos funcionários (ativação de baixo para cima), você não vai querer dar o aval ao processo, juntar o restante da equipe A-F e começar a investir sem primeiro se assegurar da adequação da ideia.

No entanto, imaginemos que a proposta é apropriada, ou seja, está alinhada com nossos objetivos e estratégias, tanto gerais quanto relacionados à inovação. Se esse for o caso, tudo que temos de decidir será quando o processo pode prosseguir.

Provavelmente, a empresa tem outros processos em andamento através do fluxo. Um projeto não pode ser administrado independentemente de nossos outros projetos, prioridades, limitações orçamentárias e inconstantes condições empresariais.[102] Como gerenciamos o fluxo de propostas e projetos considerados válidos ou apropriados?

Precisamos programar o fluxo de acordo com nosso plano de inovação, que define para onde os recursos vão e monitora a implementação da estratégia. Para isso, utilizamos três ferramentais principais: o portfólio de projetos no fluxo, o roteiro do projeto e as parcelas de recursos.

Examinemos essas ferramentas, uma por uma.

O portfólio dos projetos no fluxo

O portfólio de projetos é uma lista de propostas, classificada de acordo com sua dificuldade, seu potencial e seu risco.

O portfólio do projeto de inovação é a interface entre estratégia e processos, e uma ferramenta para o *feedback* entre as pessoas responsáveis pela inovação e os diversos Ativadores.

Eis um exemplo, levando em consideração a locadora de veículos:

Lista de projetos para uma locadora de veículos

Lista de projetos (o código do projeto aparece entre parêntesis e em letras maiúsculas)

Modelos de negócios

Locação de avião pequeno com piloto (AIR).
Locação de helicóptero com piloto (HEL).
Locação de bicicleta na cidade (CYC).
Locação por hora de veículos estacionados na rua (HOUR).
Serviço de locação urgente: entrega domiciliar do carro (HOME).
Locação de motocicleta para deslocamentos na cidade (MOT).

Produtos e serviços

Serviço de reserva em hotéis e restaurantes (RES).
Serviço de abastecimento de combustível (GAS).
Serviço de aluguel de sistema de navegação (NAV).
Veículo para pegar em qualquer lugar (PICK).
Locação de CDs para uso nos veículos (CD).
DVD player e serviço de aluguel de filmes para famílias com filhos (DVD).
Seguro reduzido, com cobertura dupla para clientes com seguro privado (INS).
Seguro para avaria de veículo (BRE).

Conquista de clientes

Desconto para novos clientes trazidos por clientes antigos (MGM).
Lições de direção profissional para novos clientes (DRI).
Primeira locação gratuita com a compra de um carnê de quatro locações para novos clientes (DIS).
Primeiros 160 quilômetros gratuitos para novos clientes (KM).

➤

Locação gratuita de carro para novos clientes com, no mínimo, três locações em um ano (1FOR3).
Upgrade do veículo durante os dois primeiros anos para novos clientes (UPG).

Processos

Economia na manutenção dos veículos

Acordo com a Michelin (MIC).
Parceria com concorrentes para compra conjunta (PUR).
Sistema de advertência para falhas detectadas por clientes (detecção preventiva) (WARN).
Todos os veículos do mesmo modelo e cor (ONE).
Sistema de renovação da frota com giro mais rápido do que o atual (NEW).
Acordo com cadeia nacional de reparos de veículos (ALI).

Economia mediante redução do tempo de entrega das chaves

Sistema de notificação por SMS da chegada de cliente (SMS).
Saída rápida de veículo com novo sistema de estacionamento (PARK).
Sistema *on-line* com preenchimento prévio de contrato de locação pelo cliente na reserva (PRE).
Desconto para clientes que devolvem o veículo antes do horário ou da data acordados (TIM).
Sistema de preenchimento do contrato na entrega do veículo (DEL).

Economia mediante aumento da quantidade de reservas on-line

Novo sistema de reservas por iPhone ou Blackberry (IPH).
Novo sistema de reserva intranet para clientes empresariais especiais (INT).
Sistema rápido e eficiente para clientes que fazem reservas *on-line* (ONL).
Links com hotéis e sites de viagem importantes (HOT).
Acordo com Google e Yahoo para posicionamento preferencial (GOO).

Economia mediante aprimoramentos no sistema de faturamento

Escaneamento e comparação automática de contratos anteriores (SCAN).
Envio de faturas eletrônicas (INV).
Faturamento automático com a informação da reserva do cliente (BOO).
Faturamento das empresas de acordo com as datas de pagamento, para reduzir o tempo de cobrança (PAY).

Figura 10.2 – Portfólio de projetos para uma locadora de veículos

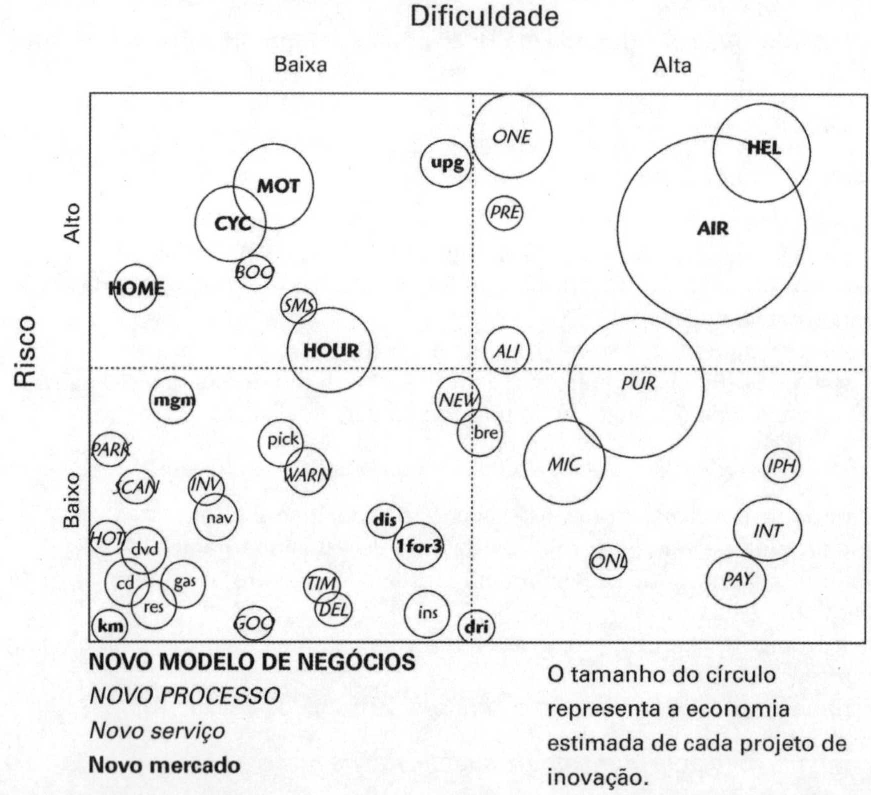

A classificação dos projetos é um trabalho da gerência. Sempre que necessário, podemos utilizar algumas das ferramentas descritas no Capítulo 8 ou buscar a cooperação de algum dos Facilitadores de outros projetos. No entanto, a classificação dos projetos no portfólio é apenas um guia; sua função é aplicar a estratégia de inovação (quantidade e tipo de inovações desejados em determinado momento). A avaliação do projeto final acontecerá à medida que o processo de inovação avançar, como vimos no Capítulo 8.

O portfólio deve refletir a estratégia empresarial e os objetivos de inovação (ajuda a equilibrar os projetos em termos de variáveis como longo/curto prazo, alto/baixo risco e radical/marginal).[103] Revelou-se que as empresas que utilizam essa ferramenta alocam seus recursos para inovação de modo muito eficaz.

Muitas vezes, os principais obstáculos à inovação – os inimigos da mudança – estão dentro da própria empresa. Esses obstáculos são: aquisição de recursos, aversão ao risco gerencial e a relutância de alguns executivos em fazer avançar certos projetos. O portfólio é uma ferramenta excelente para superar esses problemas.

Do portfólio, os projetos alimentam o fluxo de inovação. Conforme as ideias, os conceitos e os projetos avançam pelo fluxo, a empresa toma decisões a respeito dos novos itens e projetos que promoverá.[104] É aí que o roteiro de inovação entra.

O roteiro de inovação

O roteiro de inovação nos permite visualizar o *timing* de diversos "processos", tanto aqueles na execução como aqueles planejados para os anos posteriores. É usado para planejar a alocação de recursos, a quantidade de processos simultâneos e a quantidade e os tipos de inovação que serão lançados em determinado período. Usando o roteiro, aplicamos a estratégia de inovação (quantidade e tipos de inovações) ao longo do tempo. Por exemplo, na Corning, quando eles programam seus diversos processos de inovação, sempre procuram encontrar um equilíbrio entre o desenvolvimento de curto prazo dos produtos existentes (melhorias) e os projetos de longo prazo.

Figura 10.3 – Roteiro de inovação para uma locadora de veículos

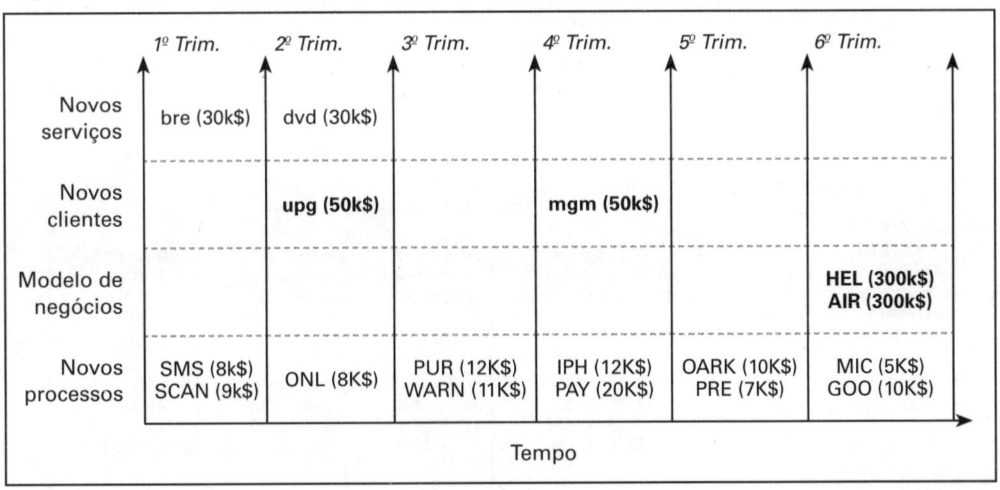

Parcelas de recursos

As parcelas de recursos são um meio de assegurar que os recursos sejam alocados de acordo com as prioridades estratégicas da empresa.

Isso funciona por meio da classificação de diversos projetos usando os mesmos critérios utilizados para a alocação de recursos. Por exemplo, a empresa X decidiu que 50% dos recursos para inovação devem ser destinados à inovação radical em novos produtos; 25%, às inovações marginais (ou seja, extensão de portfólio); e 25%, às melhorias de processo.

Os projetos no fluxo são classificados nos mesmos três grupos e, dentro deles, cada projeto é classificado conforme seu potencial e adequação para a empresa. Após o cálculo do orçamento aproximado requerido para cada projeto, os mais bem classificados de cada grupo são aprovados, até que os recursos alocados para esse tipo de inovação se esgotem, sem o desvio de recursos de outros grupos.

Por exemplo:

Figura 10.4 – Alocação de recursos em uma locadora de veículos

Parcelas do orçamento

Novos serviços ($ 60.000)	Modelos de negócios ($ 600.000)
dvd (30K$) bre (30K$) nav (30k$) pick (35k$) ins (25k$) gas (12k$) res (14k$) cd (10k$)	**HEL (100k$)** **AIR (200k$)** **HOME (30k$)** **MOT (70k$)** **HOUR (40k$)** **CYC (20k$)**

Novos clientes ($ 100.000)	Novos processos ($ 120.000, cada um)			
	Entrega de chaves ($ 30.000)	Sistema de faturamento ($ 30.000	Incremento de reserva *on-line* ($ 30.000)	Manutenção ($ 30.000)
upg (50$) **mgm (50$)** **dis (45$)** **km (60$)** **dri (25$)** **1for3 (11$)**	SMS (8K$) PARK (10K$) PRE (7K$) TIM (12K$) DEL (11K$)	SCAN (9K$) PAY (20K$) INV (10K$) BOO (12K$)	GOO (10K$) IPH (12K$) ONL (8K$) HOT (8K$) INT (9K$)	MIV (5K$) PUR (12K$) WARN (11K$) ONE (30K$) NEW (20K$) ALI (10K$)

Observação: os projetos são classificados dentro de cada categoria conforme a classificação dos Facilitadores. Os recursos são alocados em cada grupo até o orçamento ser totalmente gasto. Não há nenhuma possibilidade de obter recursos de outras categorias.

Os avanços do processo

Os projetos, logo que aprovados, avançarão mediante processos de inovação. Para isso, se ainda não o fizemos, devemos escolher o restante da equipe A-F, por funções: Buscadores, Criadores, Desenvolvedores, Executores e Facilitadores. Então, para cada função, alocamos os recursos necessários e estimamos a quantidade de horas de trabalho, e o processo está finalmente pronto para avançar. Ao fazer isso, o modelo A-F adapta-se ao planejamento de inovação.

Tudo que resta a fazer é selecionar as ferramentas para cada função (ver Capítulos 4 a 8) e utilizar as fórmulas colaborativas corretas, conforme as necessidades do processo (ver Capítulo 9). Essas decisões podem ser tomadas tanto pela própria equipe como pela administração (diretor de inovação ou presidente da empresa).

11
Indicadores

O que são indicadores de inovação?

Os indicadores de inovação envolvem um conjunto de ferramentas e um sistema para medir a capacidade de inovação de uma organização.

Os indicadores de inovação são relativamente novos. O motivo é que outras medidas, como o crescimento geral em vendas ou lucros, foram consideradas suficientes para determinar o desempenho de uma empresa.

No entanto, uma inovação tornou-se uma política fundamental para a sobrevivência empresarial; as empresas constataram que precisam de ferramentas específicas para diagnosticar se estão ou não preparadas para inovar e medir a eficácia de suas estratégias de inovação.

Imaginemos uma empresa que obtém lucros ou faturamentos crescentes, mas que não está inovando. Talvez o crescimento se deva a uma estratégia apropriada, ao desaparecimento de certos concorrentes ou ao alto desempenho da equipe de vendas. Não obstante, a empresa não está inovando. Os indicadores de inovação distinguem claramente que parte do sucesso de uma empresa deriva da inovação.

A diferença em relação aos indicadores que apresentamos no Capítulo 8 é que os que abordamos aqui servem para a empresa inteira; eles medem o nível de condição de inovação para a organização em sua totalidade, em vez do potencial de um projeto específico ou do processo de inovação.

Se compararmos a lista das empresas mais inovadoras de hoje com a lista das de algum tempo atrás, veremos que houve uma grande reviravolta nos nomes. Isso sugere que o problema atual não é apenas inovação, mas inovação mantida ao longo do tempo. Algumas empresas tiveram aquela grande ideia, um modelo de negócios pioneiro e/ou uma estratégia vencedora no passado, mas foram incapazes de manter o ímpeto que as tornaram inovadoras de destaque. Os indicadores de inovação, além de constituírem um sistema de avaliação, também são uma ferramenta de diagnóstico para prever a capacidade futura de inovar e, no caso de possível declínio, para entender como reverter a tendência antes que seja muito tarde.[105]

Como utilizá-los

Os indicadores de inovação possuem diversas outras funções. Como são objetivos e unidades de medida quantificáveis, são úteis para três tipos de comparação:

1. Para nos comparar com outras empresas de nosso setor e nos classificar entre outros concorrentes. No entanto, essa não é uma prática comum: de acordo com a McKinsey & Company, somente 42% das empresas utilizam os indicadores para se comparar com os concorrentes em termos de capacidade de inovação.[106]
2. Para comparar duas ou mais unidades de negócios da mesma empresa. O estudo também não encontrou muitas empresas que usam os indicadores de inovação para fazer isso, o que é surpreendente, pois a comparação interdepartamental é uma prática comum no mundo empresarial.
3. Para medir o crescimento da capacidade de inovação de uma empresa ou unidade de negócio ao longo do tempo. Essa comparação é fundamental para verificar se o dinheiro, o treinamento e o tempo investidos na inovação estão rendendo frutos de um ano para o outro. Também permite que uma empresa corrija suas estratégias de inovação ao longo do tempo.

Além dessas funções específicas, os indicadores possuem usos estratégicos mais amplos: comunicação (para definir e informar a respeito da estratégia), controle (para monitorar a implementação de iniciativas de inovação, como investimento em treinamento, P&D etc.) e aprendizagem (para identificar novas oportunidades mediante discussão das mudanças nas constatações dos indicadores).[107]

Finalmente, como veremos no Capítulo 13, os indicadores também fornecem medições objetivas no projeto de um sistema de incentivos para inovação.

Quantas empresas utilizam os indicadores de inovação?

Apesar de sua importância, o fato é que o uso dos indicadores de inovação ainda não está disseminado no mundo empresarial. De acordo com um estudo da McKinsey

& Company[108] realizado com 722 empresas, somente 22% afirmaram utilizar os indicadores para medir o desempenho de suas políticas de inovação.

Outro índice significativo: 45% da empresas nem mesmo medem a relação entre dispêndio na inovação e valor da empresa.[109]

É surpreendente que as empresas não meçam sua capacidade de inovação. Primeiro, porque somente com dados relevantes em mãos a gerência pode tomar decisões sobre um assunto. E, segundo, porque medir a inovação nos permite alinhar objetivos e ações.[110]

Se as empresas estivessem conscientes da relação entre indicadores e os resultados da inovação, provavelmente dariam mais importância a eles. Robert G. Cooper realizou um estudo comparando empresas de acordo com seu desempenho em inovação: insatisfatório, regular ou excelente.[111] O uso dos indicadores provou ser uma das variáveis que melhor explicavam o desempenho:

Figura 11.1 – Correlação entre o desempenho de novos produtos e o uso dos indicadores

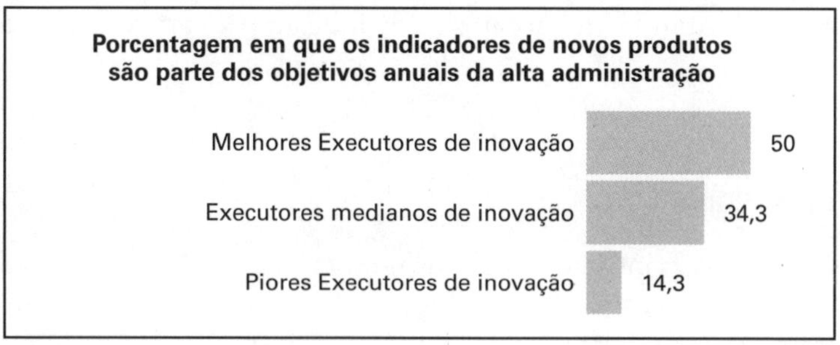

Fonte: Robert G. Cooper, *Winning at New Products: Pathways to Profitable Innovation.*

Como Robert Cooper afirma:

Atualmente, uma minoria significativa de empresas está tornando os resultados de inovação do produto parte dos indicadores de desempenho da alta administração, e, em certos casos, relacionando pagamentos variáveis e bônus ao desempenho de inovação da empresa. Por exemplo, atualmente, na ITT Industries, os resultados de novos produtos são um indicador--chave de desempenho para os gerentes gerais de unidades de negócios, com o cumprimento de metas e lucros. Observemos que, embora ainda não disseminada, essa prática é utilizada nas empresas de melhor desempenho quase quatro vezes mais do que nas organizações com Executores insatisfatórios.[112]

O uso dos indicadores deve integrar qualquer política de inovação. Como T. Davila *et al.*[113] afirmam: o que não pode ser medido não pode ser gerenciado. Os indicadores de inovação e os incentivos são um dos quatro fatores necessários para a inovação ocorrer.

Tipos de indicador

Os indicadores podem ser agrupados em quatro categorias: aqueles que medem os resultados da inovação do ponto de vista econômico; aqueles que medem a intensidade da inovação dentro de um departamento, uma unidade de negócios ou uma organização; aqueles que medem a eficácia da atividade de inovação e do investimento feito nela; e, finalmente, aqueles que medem o grau de disseminação da cultura criativa em uma organização.

A seguir, apresentamos um total de 25 indicadores agrupados de acordo com essas categorias.

Indicadores econômicos

Os indicadores econômicos medem os resultados positivos ou negativos da inovação, usando variáveis das demonstrações econômico-financeiras da empresa.

1) **Vendas da empresa a partir dos lançamentos de novos produtos.** Provavelmente, é um dos indicadores mais frequentemente utilizados. É medido em porcentagem e, em geral, calculado para dois períodos de tempo, em relação ao ano anterior e como média relativa a alguns anos, geralmente de três a cinco. Muitas vezes, esse indicador é utilizado para determinar objetivos de médio e longo prazo. Por exemplo, há muitos anos, a Nestlé fixou como objetivo que a venda de novos produtos deve ficar acima dos 10% em relação ao faturamento dos últimos três anos da empresa.

   Um índice entre 20% e 30% é ambicioso. No entanto, há empresas que, dada a importância da inovação em seu setor, alcançam níveis ainda maiores. Por exemplo, na Corning, líder dos mercados de vidros e fibras ópticas, 80% de suas vendas resultam de produtos lançados nos últimos quatro anos.

Às vezes, em vez do peso da inovação nas vendas totais, é calculado com base no crescimento; ou seja, parte do aumento das vendas pode ser atribuído à inovação.

2) **Lucros a partir do lançamento de novos produtos.** Nesse caso, em vez de vendas, medimos os lucros. Em geral, esse indicador é calculado com base nas vendas acumuladas ao longo de um a cinco anos, dependendo do lançamento. O motivo é que alguns lançamentos requerem certa quantidade de tempo antes de começar a gerar lucros.

3) **Vendas da empresa a partir de inovações que não envolvem novos produtos.** Esse indicador difere do anterior, pois, nesse caso, consideramos as inovações que não envolvem um lançamento: melhorias nos processos, relações com o cliente, experiência do cliente, ideias para conquistar novos consumidores, o desenvolvimento de novos canais etc. As empresas não devem ficar obcecadas com os lançamentos. Embora seja verdade que o ciclo de vida dos produtos se tornou menor, isso não significa que precisamos de um novo portfólio todos os anos. As inovações que não envolvem lançamentos podem produzir resultados notáveis e, provavelmente, não exigirão os grandes investimentos em produção e marketing associados à introdução de um novo produto no mercado. Esse indicador procura medir o crescimento das vendas gerado por ideias referentes ao gerenciamento do portfólio atual de produtos e serviços.

4) **Lucros a partir de inovações que não envolvem novos produtos.** Como foi descrito anteriormente, mas medindo os lucros finais ou a margem de contribuição das melhorias realizadas.

5) **Redução de custos a partir da inovação.** Como é difícil calcular os lucros exatos resultantes de uma melhoria, a redução de custos é uma alternativa muito usada. É um indicador particularmente comum em inovação de processo, sendo medido em unidades monetárias (dólares, euros...) ou como porcentagem da margem ou EBIDTA (lucros antes de juros, impostos, depreciação e amortização). Por exemplo, uma empresa pode definir que seu objetivo é alcançar um aumento de 7% a 9% no EBIDTA, mediante redução de custos resultantes de inovação de processo.

6) **Retorno do investimento total na inovação.** É o mesmo indicador examinado no Capítulo 8, mas aplicado a uma empresa em sua totalidade ou unidade de negócios. Isto é, calcula o retorno de todos os investimentos em inovação ao longo dos anos, como os lucros resultantes de

uma inovação geral. No Capítulo 8, na avaliação de projetos, as receitas foram estimativas para o futuro. Nesse caso, as receitas são dados reais observados. Como indicador, o retorno do investimento requer um período relativamente longo – cinco a dez anos, aproximadamente –, mas é um bom indicador de longo prazo. Como estamos lidando com um intervalo de tempo maior, esse indicador evolui gradualmente e, por isso, correlaciona-se bem com o valor total de uma empresa (em setores intensivos de inovação, pesquisa e desenvolvimento). Por exemplo, na Corning, eles medem os resultados de uma inovação em termos de receita que multiplica o investimento em P&D (um multiplicador é o inverso do retorno do investimento).

Intensidade

A intensidade refere-se à quantidade de inovação, sem levar em consideração os resultados derivados disso.

7) **Quantidade de patentes.** É um indicador típico na indústria farmacêutica e nos setores intensivos em tecnologia e P&D. Pode parecer absurdo medir a quantidade de patentes sem considerar se elas geram receita. No entanto, há setores em que precisamos de muitas invenções antes dessas se converterem em valor. Os laboratórios farmacêuticos precisam produzir milhares de novas moléculas antes de descobrir um novo remédio, e cada uma dessas moléculas deve ser patenteada.

   Algumas empresas consideram uma patente antes mesmo de ela ter sido concedida. Esse é o caso na Hewlett Packard, em que cada pedido de patente apresentado por técnicos da empresa é remunerado com US$ 175.

   A indústria farmacêutica também acompanha a quantidade de patentes expirantes como uma estatística preocupante, a menos que seu nível de novas patentes esteja crescendo de forma considerável.

8) **Quantidade de inovações em produtos, serviços, experiências do cliente, processos ou modelos de negócios.** Nesse caso, medimos a quantidade de inovações que somos capazes de implementar. Em geral, esse indicador separa a quantidade de lançamentos da quantidade de inovações, do mesmo modo como vimos nos indicadores financeiros. A vantagem de calcular a quantidade é que podemos fixar objetivos muito claros de um ano para outro. Por exemplo, uma empresa pode considerar que 12 melhorias foram implementadas na fábrica durante um ano e que 15 melhorias devem ser implementadas no próximo.

9) **Quantidade de marcas.** Essa é a versão para o marketing da quantidade de patentes. Faz sentido nos setores em que as marcas são efêmeras, tais como produtos infantis ou distribuidores de produtos cujas marcas se baseiam em licenças.

10) **Quantidade de ideias geradas por ano.** Esse indicador não leva em conta a quantidade de ideias que acabam virando projetos. Concentra--se em ideias, apesar de que muitas delas serão descartadas, porque essas, como vimos no capítulo anterior, são as sementes dos projetos. Portanto, a quantidade delas é uma medida indireta do número de futuros projetos e do envolvimento das pessoas em inovação.

11) **Quantidade de projetos de inovação no fluxo.** Esse indicador é utilizado para monitorar o fluxo de projeto da empresa. Uma quantidade declinante de projetos no fluxo pode sinalizar uma redução do número de inovações dentro de um a três anos (a menos que a empresa esteja apostando em um grande projeto e concentre todos seus recursos nele). Essa variável é utilizada para gerenciar a inovação a médio prazo.

12) **Quantidade de projetos de inovação em andamento.** Esse indicador é utilizado para prever a intensidade da inovação a curto prazo e, também, a quantidade de processos de inovação que uma empresa é capaz de executar simultaneamente.

13) **Investimento em P&D.** Embora seja um indicador financeiro, está mais relacionado à intensidade. Em geral, o investimento em P&D é medido em unidades monetárias ou como porcentagem do faturamento anual da empresa. Por exemplo, a 3M investe quase 7% das vendas anuais em pesquisa, desenvolvimento e despesas afins (mais de 5 bilhões de dólares nos últimos cinco anos). O investimento em P&D – como porcentagem do PIB – é um indicador familiar para muitas pessoas não ligadas a empresas, pois é frequentemente utilizado na mídia para classificar regiões e países. Os seis países do mundo que mais investem em P&D em relação ao PIB são: Israel, Japão, Suécia, Finlândia, Coreia do Sul e Estados Unidos.

Eficácia

Esses indicadores procuram medir os lucros em relação ao uso de recursos, com o objetivo de maximizar os resultados da inovação e, ao mesmo tempo, minimizar os insumos.

14) **Taxa de sucesso de novos produtos.** Esse indicador é muito usado para medir os resultados da inovação, especialmente em produtos de

consumo. Considera a porcentagem de todos os lançamentos de novos produtos que resultaram em sucesso. A questão é: o que constitui o sucesso? Os critérios dependem da empresa, mas, em geral, eles se baseiam em duas variáveis: lucratividade e poder de permanência no mercado. Outro modo de medir o sucesso é em termos do grau pelo qual os objetivos definidos no início do projeto foram satisfeitos. Por exemplo, uma empresa pode definir que uma inovação é bem-sucedida quando é responsável por 3% das vendas depois de três anos do lançamento, com as mesmas margens dos outros produtos.

Qualquer que seja o critério do sucesso, geralmente eles são revisados de modo periódico. Isso é uma prática comum na Procter & Gamble que permite à empresa acompanhar os resultados dos novos produtos e avaliar cada unidade de negócios de maneira isolada.

15) **Tempo para comercializar.** Outro indicador de eficácia relaciona-se à variável tempo, em vez da variável vendas. Esse indicador é mais predominante em setores e indústrias nos quais a mudança tecnológica é rápida e a competitividade está intimamente relacionada à introdução de inovações dentro de um período de tempo limitado. Por exemplo, a Samsung utiliza como indicador a velocidade com que as inovações e os aprimoramentos alcançam o mercado. A Philips oferece às suas equipes de desenvolvimento de produto bônus relativos ao cumprimento de prazos determinados.[114]

16) **Investimento médio por projeto.** Esse indicador é muito útil para a realização de comparações ao longo do tempo dentro da empresa. Nesse caso, dividimos o investimento total em P&D pela quantidade de inovações lançadas, quer tenham sido bem-sucedidas quer não. Ao fazer comparações ao longo do tempo, podemos verificar se a empresa é capaz de inovar com cada vez menos recursos. Naturalmente, essa comparação deve fazer distinções entre os tipos de inovação, pois as radicais tendem a consumir mais recursos do que as marginais.

17) **Impacto médio do investimento por projeto bem-sucedido.** É uma variante do indicador anterior, mas, nesse caso, dividimos o investimento total em inovação (tanto para projetos bem-sucedidos como malsucedidos) pela quantidade de projetos que atenderão seus objetivos. Ao utilizar o investimento total como nosso numerador e somente projetos bem-sucedidos como nosso denominador, medimos indiretamente a eficácia geral da empresa em realizar inovações válidas.

18) **Despesas médias e ideias e projetos rejeitados.** Recordemos a importância da gestão do erro na inovação. Esse indicador calcula o custo médio de rejeição de uma ideia ao somar os custos das ideias e

propostas que foram descartadas e dividir o resultado pela quantidade de ideais e projetos descartados. Desse modo, podemos medir a capacidade da empresa de interromper inovações antes que custem muito dinheiro.

19) **Quantidade de anos como líder do setor.** Nesse caso, uma nota alta não necessariamente significa que uma empresa é inovadora, em especial no caso de um setor que é oligopolista ou lento para mudar. Aplicado a setores dinâmicos, contudo, esse cálculo é um indicador da capacidade de inovar de modo sustentável.

Cultura

Nesse caso, os indicadores referem-se aos aspectos relacionados à cultura criativa da organização. Não estamos interessados em eficácia, quantidade de inovação ou eficiência, mas na mensuração de quão disseminadas a inovação e, em particular, a criatividade estão na organização como um todo.

20) **Porcentagem de funcionários que produzem ideias.** Isso só é possível quando nosso sistema de gerar ideias revela a identidade da pessoa por trás de uma ideia ou, no caso de um sistema de anonimato, podemos computar a quantidade de contribuintes individuais, por meio de algum tipo de identidade anônima. A proporção de funcionários que propõem ideias em relação à quantidade total de funcionários da empresa indica quão disseminada está a cultura criativa. Podemos verificar, por exemplo, que 14% da quantidade total da força de trabalho propõe ideias. Na Toyota, cerca de 70% dos funcionários contribuem com ideias para melhorias. Isso talvez explique por que seus carros chegaram tão perto da perfeição.

21) **Porcentagem de funcionários que avaliam ideias.** Esse é o mesmo conceito mencionado anteriormente, mas aplicado àqueles que avaliam as ideias dos colegas. E a correlação com os indicadores prévios tende a ser muita alta. Via de regra, as pessoas que propõem ideias também avaliam, pois ambas as ações resultam do envolvimento pessoal e da atitude em relação à mudança.

22) **Taxa anual de ideias por funcionário.** Nesse caso, em vez da quantidade de funcionários que contribuem com ideias, queremos medir a intensidade de nossa cultura criativa, incluindo não só aqueles que propõem ideias e aqueles que não o fazem, mas também a quantidade de ideias propostas; por exemplo, anualmente, nossa organização (ou departamento) obtém 1,3 ideia por funcionário. O que é surpreendente

em relação a esse indicador é que ele tende a produzir médias muito baixas, o que, por outro lado, é um lembrete útil a respeito da inércia, complacência e aversão à mudança inata dos seres humanos. Há empresas que, por ano, registram regularmente números abaixo de uma ideia por funcionário (tão baixos quanto 0,34). Uma variante desse indicador é calcular apenas aqueles indivíduos que produzem ideias. Nesse caso, em vez de quão disseminada está a cultura criativa, queremos medir a intensidade criativa dos funcionários que estão comprometidos com a inovação.

23) **Porcentagem de tempo despendido na inovação.** Esse indicador calcula a porcentagem de horas de trabalho, em uma organização (às vezes, levando em consideração somente os funcionários que desempenham tarefas diretamente relacionadas com a inovação), dedicadas à gestão de projeto e à geração de ideias. Portanto, é uma medida da presença da inovação na rotina diária no trabalho. Algumas empresas, como vimos ao longo deste livro, dão grande importância a esse indicador e, a fim de assegurar que seja corretamente gerenciado, meramente concedem aos seus funcionários uma determinada quantidade de horas (ou dias!) livres por semana ou por mês.

24) **Quantidade de departamentos que inovam em base contínua.** Nas grandes empresas, uma medida da uniformidade da disseminação da inovação, em oposição a esta ficar confinada aos departamentos de marketing e P&D, é identificar quantos departamentos inovam contínua ou repetidamente. Esse indicador ajuda a desenvolver a cultura criativa, estimulando a emulação.

25) **Tendência de assumir riscos.** Embora seja uma variável mais qualitativa, algumas empresas decidem medir a tendência de assumir riscos em virtude da sua grande correlação com a capacidade de inovação. Sob o procedimento usual, a alta administração, com o departamento de recursos humanos, avalia, com base no nível de risco, as decisões tomadas pela gerência. A contagem anual de todas as decisões tomadas por todos os gerentes permite calcular, embora com base em critérios subjetivos, a tendência referente ao risco em uma organização.

A GE começou a avaliar seus 5 mil gerentes com relação às "características de crescimento", incluindo temas orientados pela inovação, tais como "foco externo" e "imaginação e coragem". A empresa acrescentou mais flexibilidade em seus indicadores tradicionais, que tratam de controle, com sua nova ênfase na inovação, a qual trata mais de risco de gestão.[115]

Não há um único indicador universal, nem um mais importante do que o outro. Não obstante, como assunto de interesse, incluímos aqui uma classificação dos indicadores elaborada pela McKinsey & Company.[116]

Figura 11.2 – Indicadores mais usados

Outra fonte oferece a seguinte classificação dos indicadores:[117]

1. Peso do investimento em P&D em relação às vendas.
2. Quantidade de patentes por ano.
3. Porcentagem de vendas resultantes de lançamentos no último ano.
4. Quantidade de ideias apresentadas pelos funcionários.

Aqui apresentamos 25 indicadores importantes. No entanto, para o leitor que estiver interessado em aprender mais, há muita literatura sobre o assunto, incluindo livros inteiros dedicados somente aos indicadores de inovação, processos, projetos e empresas como um todo. Em um aspecto específico da inovação, a geração de ideias apenas, encontramos uma longa lista de possibilidades: ideias por funcionários, qualidade das ideias, tempo gasto gerando ideias, custo de criar uma ideia, capacidade das ideias para alimentar o portfólio de novos produtos, vendas totais divididas pela quantidade de ideias, porcentagem de ideias usadas *versus* ideias descartadas, proporção das ideias dadas pelos funcionários que estão alinhadas com os objetivos estratégicos da empresa em relação àquelas que não estão, distribuição porcentual das ideias por tipo de inovação, porcentagem das ideias por departamento etc.

Queremos enfatizar aqui que os indicadores são muito mais ciência do que arte. De fato, é relativamente fácil projetar indicadores, e isso é algo que recomendamos, pois dá aos executivos o sistema de medição que melhor corresponde às suas prioridades estratégicas.

Combinação de indicadores

As empresas tendem a não utilizar somente um indicador, mas diversos. Quantos devemos usar? Os 25 que descrevemos são muito numerosos para considerarmos ao mesmo tempo. Seria tanto improdutivo quanto insensato tentar aplicar todos para avaliar e gerenciar as atividades de inovação de uma empresa.

No entanto, tampouco é uma boa ideia escolher um número muito pequeno, especialmente se vão ser usados para projetar nosso sistema de incentivo. O motivo é que todos indicadores, como quase todas as formas de medição de desempenho administrativo, são uma faca de dois gumes.

Por exemplo, um gerente cujo bônus depende da porcentagem de vendas derivadas de novos produtos lançados nos últimos doze meses, determinado a cobrar seu bônus, pode decidir lançar produtos um após o outro, com pouca preocupação se o novo produto é bom o suficiente ou não para produzir vendas lucrativas.

> *"Dois ou três indicadores não dão visibilidade para se chegar às causas básicas", afirma Jim Andrew, da Boston Consulting Group. Então, há organizações que controlam muitos indicadores. Existe uma empresa que coleta 85 indicadores de inovação diferentes em um de seus negócios. "Isso significa que ela não gerencia nenhum deles", Andrew afirma. "A empresa negligencia alguns, mas dedica uma grande quantidade de tempo e esforço coletando aqueles 85." O ponto ideal é algo entre 8 e 12 indicadores, revela Andrew. Essa é a quantidade aproximada que a Samsung Electronics Co. utiliza, afirma Chu Woosik, vice-presidente sênior da empresa sul-coreana.*[118]

A combinação certa de indicadores resolve esse problema. Na lista acima, há indicadores que se complementam muito bem, abrangendo aquilo que os outros não contemplam. Por exemplo, o primeiro indicador em nossa lista (volume de negócios anual para novos produtos) é bem complementado pelo segundo (lucros resultantes de novos produtos). Em termos de produzir um plano de incentivos, uma combinação dos dois evitaria os problemas intrínsecos da gratificação das vendas.

O segundo critério que podemos utilizar para selecionar os indicadores para medir o desempenho de inovação são nossos objetivos e nossa estratégia. No Capítulo 10, vimos as diversas abordagens para formular uma estratégia de inovação. Os indicadores devem refletir o espírito dos objetivos e a estratégia da inovação. Por exemplo, uma empresa que propõe uma estratégia de inovação defensiva com recursos limitados, mediante o lançamento de inovações marginais para proteger sua posição de mercado, deve escolher indicadores como os números 1, 2, 14, 17 e 25.

- Volume de negócios gerado por novos lançamentos
- Lucro a partir dos novos lançamentos
- Taxa de sucesso para os novos produtos
- Investimento médio (com o objetivo de reduzi-lo) por lançamento
- Pouca tendência de assumir risco

O terceiro critério para escolha dos indicadores relaciona-se aos fatores-chave do sucesso em um determinado setor. Por exemplo, vimos que, no setor farmacêutico, a quantidade de patentes é um indicador básico; no setor de internet, em que os custos de implementação são muito menores, os indicadores referentes à quantidade de ideias propostas são mais apropriados; no setor de bens de consumo, leva-se em consideração a quantidade de lançamentos e os resultados obtidos; no setor industrial, têm mais relevância os indicadores relativos à quantidade de inovações que não envolvem lançamentos e às reduções de custos a partir da inovação. E assim por diante: cada setor possui seus indicadores mais apropriados.

De fato, os pesquisadores de inovação foram incapazes de estabelecer indicadores comuns por setor.[119]

Em última análise, a escolha dos indicadores pode ser expressa como uma função:

Indicadores = f (complementaridade, estratégia de inovação, setor)

Revelou-se que as empresas com bom desempenho em inovação utilizam, na média, entre um ou dois indicadores a mais do que as outras empresas. Além disso, os indicadores que elas escolhem abrangem cada uma das fases de um processo de inovação, tais como porcentagem de pessoas envolvidas em uma inovação e quantidade de ideias ou porcentagem de inovações que cumprem os prazos finais.[120] A conclusão é a seguinte: devemos utilizar indicadores e precisamos escolhê-los de acordo com critérios específicos; nossos indicadores devem medir diversos aspectos da inovação (e não apenas um) e têm de ser combinados.

Ao escolher e/ou projetar nossos próprios indicadores, devemos ter em mente os seguintes critérios:

- Devem ser compreensíveis.
- Não devem ser muito complicados para calcular.
- Devem explorar ao máximo os indicadores que a empresa utiliza com regularidade.
- Devem estar relacionados com o cliente.

Combinação sofisticada de indicadores

Depois que uma empresa conseguiu certa experiência no uso dos indicadores e aprendeu a combiná-los com eficiência, ela pode passar para uma segunda etapa, mais sofisticada e de maior valor: a construção de arcabouços, como o diagnóstico da capacidade de inovação de uma empresa e sua evolução ao longo do tempo.[121] Esse é um nível muito avançado, basicamente de interesse dos especialistas em inovação. Como este livro foi concebido como guia e compêndio útil para executivos, não dedicaremos muito espaço para essa questão. No entanto, vamos esboçá-la e mostrar como essa abordagem em relação aos indicadores pode ser útil.

Se examinarmos os 25 indicadores deste capítulo, veremos que alguns estão relacionados com insumos de inovação. Por exemplo, a porcentagem de tempo dedicada à inovação é um insumo que visa obter resultados no futuro. Outros indicadores relacionam-se com os resultados. Por exemplo, a porcentagem de vendas dos novos produtos, no último ano, é um resultado da política de inovação. Outros ainda – tempo para comercializar, por exemplo – referem-se aos processos.

A fim de avaliar a relação entre insumos e resultados com respeito à inovação, podemos formular um plano ou arcabouço que divide os indicadores nessas mesmas três categorias. Portanto, podemos diagnosticar se nossas políticas de inovação e investimento estão compensando e se há uma relação entre insumos e resultados.

Por exemplo, como insumo, uma empresa pode medir o investimento em treinamento em criatividade para seus funcionários e a porcentagem de tempo no trabalho dedicada a gerar novas ideias. A partir disso, podemos ver se as variações nas horas de treinamento se convertem em algum tipo de resultado; por exemplo, mais patentes.

Uma empresa que investe cada vez mais em treinamento de inovação e não vê melhorias no resultado pode concluir que esse treinamento não é mais uma prioridade e que os recursos devem ser desviados para outros usos: por exemplo, em vez de horas de treinamento, tempo livre para geração de ideias.

Uma quantidade maior de insumos nem sempre é igual a uma quantidade maior de resultados. Quando não é, pode ser por causa dos processos; uma questão que os indicadores de processo podem nos ajudar a responder. Por exemplo, pode acontecer que, apesar de termos investido mais em treinamento, a quantidade de patentes não cresceu, porque o período de desenvolvimento de patentes (esse é um indicador de processo) mostra um aumento substancial no tempo despendido para requerer patentes.

Tudo isso pode parecer complicado, mas, na realidade, não é. Tem a vantagem de que os indicadores são utilizados não só para obter informação objetiva acerca de nossos negócios, mas também para definir se estamos investindo de modo eficiente em inovação.

Como toque final em relação à essa ferramenta, recomendamos que você agrupe indicadores de insumos, processos e resultados de acordo com um assunto específico. Por exemplo, você pode ter o seguinte grupo de indicadores para a área de gerenciamento de "comunicação da estratégia de inovação":

- Insumos:
  - quantidade de relatórios sobre objetivos de inovação;
  - quantidade de apresentações que a gerência realiza para outros departamentos e nas quais são abordadas as prioridades estratégicas da inovação.
- Processos:
  - porcentagem de relatórios, enviados por e-mail, sobre inovação;
  - quantidade de páginas em resumos para informar outros departamentos a respeito de prioridades estratégicas de inovação.
- Resultados:
  - porcentagem de ideias apresentadas na organização que não estão alinhadas com os objetivos de inovação.

Outros agrupamentos possíveis seriam: capacidade da força de trabalho; cultura criativa; recursos; liderança em inovação; compreensão da estratégia etc.

Os indicadores e os objetivos

De modo ideal, os indicadores devem ser usados para definir objetivos de inovação ao longo do tempo, como descrito no capítulo anterior.

Por exemplo, uma empresa pode fixar os seguintes objetivos para os próximos cinco anos:

- O faturamento gerado pelos novos lançamentos deve crescer de 10% para 30% do faturamento total.
- Os lucros gerados a partir dos novos lançamentos devem crescer de 5% para 15% dos lucros totais.
- A taxa de sucesso para novos produtos deve crescer de 30% para 50%.
- A porcentagem de funcionários que contribuem com ideias deve crescer de 5% para 30%.

Qualquer que seja o indicador utilizado, o importante é aplicar os resultados. Não faz sentido medir algo e, depois, não aplicar os resultados para algum propósito.

12
Como promover uma cultura criativa

O que é "cultura criativa"?

Na empresa, a cultura criativa não é algo tangível como um processo: é, de certa forma, invisível e, no entanto, perfeitamente reconhecível. Uma empresa com uma cultura criativa transmite interesse e proatividade em inovação; está suspensa no ar; as ideias nascem por toda parte, em toda a organização e em todos os níveis de responsabilidade, independentemente se o trabalho de uma pessoa possui qualquer relação direta com os novos produtos. Sempre que o pessoal se reúne, a criatividade e a inovação estão presentes:

> *Como líder, você não quer isolar a criatividade; você quer que todas as pessoas de sua organização produzam ideias novas e úteis, incluindo o pessoal de finanças. Nas últimas duas décadas, ocorreram inovações na contabilidade financeira que são muito profundas e totalmente éticas, como o investimento baseado em atividades.*[122]
>
> *Se a alta administração de qualquer empresa pudesse escutar tudo o que se diz no refeitório ou no bar favorito de seus funcionários, ela rapidamente descobriria...*
>
> - *que todos os funcionários possuem ideias sobre todos os aspectos da empresa;*
> - *que muitas dessas ideias são boas;*
> - *que as pessoas com ideias pertencem a todas as divisões e a todos os níveis da hierarquia empresarial;*
> - *que muitas das ideias valem um bom dinheiro para a empresa.*[123]

Em uma empresa com uma cultura criativa bem desenvolvida, ninguém fala a respeito dessa cultura, pois a inovação está no DNA da empresa, codificado em seu comportamento; a inovação avança continuamente e em todas as direções.

Outro traço das empresas com uma cultura criativa é que seus funcionários mostram interesse em contribuir com ideias. Estamos falando sobre um interesse que está enraizado, desencadeado não apenas por um sistema de incentivos, mas que é parte inerente da abordagem de um funcionário em relação ao trabalho de terceiros, à área de atividade de alguém e às tarefas envolvidas. Uma atitude criativa é como a alegria ou a tristeza: é contagiosa. Em uma empresa inovadora, pessoas que em outras organizações não contribuiriam com ideias passam a inventar, propor, avaliar, sempre procurando formas de a empresa fazer as coisas melhor. A criatividade é estimulada a partir de cima, da alta administração para baixo, mas está tão impregnada na rotina diária que, no fim, também é estimulada de baixo para cima, do escalão hierárquico inferior até a sala da diretoria. A criatividade brota naturalmente e se dissemina de um funcionário para o outro.

Outro modo de reconhecer uma cultura empresarial criativa é que a inovação contínua é um fato conhecido, isto é, todas as pessoas têm consciência das mudanças que são implementadas e dos resultados produzidos. A inovação não está restrita a certos departamentos ou executivos. A informação flui, e as conquistas da empresa em inovação são percebidas por todos. As empresas que inovam com sucesso tendem a ser líderes em seus segmentos de mercado. Essa liderança se converte em um orgulho de realização, e não em um orgulho de vaidade e complacência, por parte de pessoas que sabem que estão escrevendo o futuro de sua empresa.

Tudo isso é muito atraente e fácil de descrever, mas como é feito? Como adquirimos uma cultura de inovação? Há presidentes de grandes empresas que acreditam que é praticamente impossível transformar a cultura – as atitudes equivocadas e os hábitos de milhares de pessoas, a inércia, a paralisia – de suas empresas. É verdade que, quanto maior a organização, mais difícil será promover uma cultura criativa, mas isso não significa que seja impossível. Por exemplo, dificilmente alguém discorda da afirmação de que a IBM e a Procter & Gamble são gigantescas. No entanto, ambas as corporações demonstram que, com esforço, planejamento, perseverança e recursos, podemos evoluir de uma cultura conservadora para uma inovadora. Com não menos do que 110 mil funcionários em todo o mundo, a P&G mudou, deixando de ser um dinossauro, e passou a ser um modelo de eficiência em inovação, que nenhum rival consegue igualar.

Vimos que a cultura criativa é (com o planejamento, os processos e as recompensas) um dos quatros fatores que constituem a essência de uma empresa inovadora. É um ponto muito importante, porque há diversos executivos que acham que tudo que temos de fazer é adotar a cultura criativa e, mais cedo ou mais tarde, a inovação aparecerá.

Vimos que isso não é verdade. Portanto, neste capítulo, o leitor deve sempre ter em mente os outros três fatores. Será inútil seguir todas as regras para promover a cultura criativa se não tivermos, por exemplo, processos de inovação fortes, como aqueles descritos na primeira parte deste livro.

Assim, consideremos os fatores-chave no estabelecimento de uma cultura criativa em uma empresa.

Construtores de cultura

O CEO da empresa

A responsabilidade principal pela criação de uma cultura criativa reside no alto, com o CEO da empresa. A liberdade dos funcionários para pensar de forma criativa e independente, o espírito colaborativo e o estímulo para que todos que têm ideias as manifestem para a empresa só podem vir dos altos escalões da administração.

> *Esse tipo de apoio do CEO da empresa é fundamental", afirma Jon R. Katzenbach, cofundador da consultoria administrativa Katzenbach Partners LLC, com sede em Nova York. "O CEO define a cultura", ele diz. "Se o presidente está determinando a [melhorar] o aflorar das ideias e determinado a fazer escolhas decisivas, então as chances de uma [organização] entender isso são muito, muito maiores.*[124]

> *A Infosys Technologies Ltd. (INFY), empresa de serviços de TI, com sede em Bangalore, que surgiu de repente como a empresa número 10 na lista de empresas mais inovadoras do Pacífico Asiático, adotou uma abordagem direta para se certificar de que a alta administração permanece envolvida no processo de inovação.*

Ao longo deste capítulo, usaremos a Procter & Gamble como modelo de transformação da cultura de uma grande organização. No caso do CEO da empresa:

> *Só o CEO da empresa pode mudar a cultura empresarial rapidamente, e, em Alan G. Lafley, a P&G tem seu próprio inovador chefe. Lafley participa de todas reuniões de P&D, realizadas quinze vezes por ano e nas quais são revelados novos produtos. Ele também passa três dias inteiros por ano com um conselho de design da empresa, um grupo de designers externos, os quais opinam a respeito dos futuros lançamentos da P&G. "Ele é uma espécie*

de diretor de inovação", afirma Huston, vice-presidente de inovação da P&G. "Ele está muito envolvido no processo."[125]

A relação direta entre o envolvimento do CEO da empresa e os resultados da inovação são expostos empiricamente. Robert G. Cooper analisou três tipos de empreendimentos em termos da eficácia de suas políticas de novos produtos. O compromisso da alta direção com o desenvolvimento do produto está fortemente relacionado ao desempenho:

Figura 12.1 – Relação entre o desempenho de novos produtos e o compromisso da administração

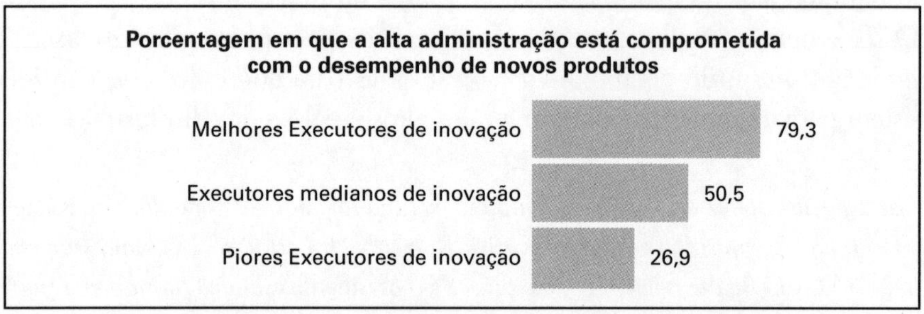

Fonte: Robert G. Cooper, *Winning at New Products: Pathways to Profitable Innovation.*

A alta administração desempenha um papel-chave na promoção do esforço de inovação nas empresas de melhor desempenho, criando um clima e uma cultura positivos para a inovação e o empreendedorismo, muito mais do que nas empresas de desempenho medíocre.[126]

E isso não diz respeito apenas a demonstrar interesse, mas a alta administração de uma empresa conservadora, estática, que deseja infundir criatividade, também deve agir de acordo no trabalho. Isto é, os gerentes têm de contribuir com ideias, também devem ser criativos. Caso contrário, dificilmente pode-se esperar que seus subordinados tenham vontade de mudar a cultura seriamente. Um exemplo disso é o CEO da Starbucks, que se reúne mensalmente com os 250 altos executivos da empresa, em encontros que consistem inteiramente em "sessões de perguntas e respostas", concentradas nos projetos de inovação da empresa.

O diretor de inovação

Em algumas grandes empresas, em que o CEO não pode se dedicar inteiramente a gerenciar e monitorar a inovação, é aconselhável criar um cargo executivo para liderar a inovação. Essa pessoa pode ser denominada vice-presidente de inovação, diretor de inovação ou diretor de novos produtos e inovação. O nome não é relevante. O importante é que a pessoa deve ter poder real sobre os outros departamentos e executivos da organização; caso contrário, ele carecerá da autoridade necessária.

> *Se você não tiver pessoas muito criativas em cargos de autoridade real, não obterá a inovação. A maioria das empresas dos outros setores ignora essa lição.*[127]
>
> *Para liderar as iniciativas de conexão e desenvolvimento na P&G, Larry Huston assumiu o cargo recém-criado de vice-presidente de inovação e conhecimento. Cada unidade de negócios, desde cuidados domésticos até saúde da família, contratou um gerente responsável para motivar a mudança cultural em torno do novo modelo. Os gerentes se reportam diretamente a Huston, que também supervisiona os empreendedores de tecnologia e os gerentes responsáveis pelas redes de inovação externa.*[128]

O segundo motivo para ter essa figura na empresa é que, como vimos no Capítulo 10, o planejamento de inovação, o gerenciamento do portfólio do projeto de inovação e a coordenação dos processos de inovação em andamento requerem uma pessoa com visão abrangente de tudo que está acontecendo em relação à atividade de inovação. Essas pessoas são as únicas com uma visão completa da inovação e evolução das ideias. Elas conseguem enxergar o quadro geral e, por isso, tratam cada inovação como uma peça que precisa se encaixar em um grande quebra-cabeça.

> *Você precisa ter uma estratégia coerente na organização. [...] Surgem mais ideias quando você tem alguém sentado no centro, considerando os objetivos de crescimento da empresa.*[129]

As pessoas responsáveis por processos não são responsáveis pela cultura

Devemos fazer distinção entre as responsabilidades do CEO da empresa e aquelas dos líderes dos processos de inovação, cujos trabalhos são limitados a um projeto específico, por mais importante que seja. Algumas empresas esperam que a inovação aconteça quando você acabou de iniciar os processos de inovação e designou alguém para dirigi-los. No fim do dia, acham que temos um processo com orçamento, prazo e uma pessoa responsável. Isso não é suficiente. Vimos que os processos de inovação, as unidades básicas de uma inovação desenvolvida por certa empresa em determinado período de tempo, precisam ser enquadrados em um portfólio de projetos que, por sua vez, depende de uma estratégia empresarial. Os líderes do projeto de inovação, que não têm uma figura de autoridade para quem se reportar, quer seja ela o diretor de inovação, o diretor gerente ou o presidente, acabarão enfrentando problemas sérios. Por sua própria conta, nem os processos de inovação, muito menos os líderes, podem promover uma cultura criativa em uma empresa.

Inibidores organizacionais de ideias, criatividade e inovação

Um inibidor é um conjunto de fatores que impede as pessoas de proporem ideias. A inovação precisa de ideias e estas precisam de criatividade. Se as pessoas em uma empresa não propõem ideias, é porque algo as está inibindo de fazer isso. Tal procedimento é absolutamente crucial e, provavelmente, uma das considerações mais importantes na implementação de uma cultura criativa em uma empresa. Enquanto existirem inibidores, a inovação não vai acontecer. É tão simples quanto verdadeiro. Uma das primeiras medidas de um CEO que deseja promover um espírito inovador é se livrar dos inibidores.

O problema é que muitos executivos não têm consciência dos inibidores em suas organizações. E eles não só ignoram isso, como não sabem que os maiores inibidores relacionam-se ao estilo de gestão, às relações de poder informal e ao passado mais recente da empresa.

> *No entanto, acredito que a maioria das pessoas não esteja sequer perto de realizar seu potencial criativo, em parte porque elas estão trabalhando em ambientes que impedem a motivação intrínseca. Os indícios casuais sugerem que diversas empresas ainda têm um longo caminho a percorrer para remover as barreiras contra a criatividade.*[130]

Os principais inibidores da criatividade têm a ver com o medo em geral (medo do erro e da retaliação, em particular), os prazos, a concorrência interna, crises e reestruturações, e falta de métodos.

Examinemos esses inibidores, um por um, fornecendo modos de erradicá-los.

Medo em geral

A criatividade e a inovação são caminhos de mudança com resultados desconhecidos. Provavelmente, a inovação é o único objetivo empresarial que não podemos especificar exatamente aonde levará. Podemos afirmar que, em vez de um objetivo, ela estabelece uma direção. A incerteza do resultado aumenta o risco percebido, tanto real como subjetivo. Via de regra, os seres humanos são avessos ao risco, ao desconhecido. E como a inovação é um caminho para o desconhecido, gera medo, que atua como um inibidor de ideias e criatividade. A professora Teresa Amabile, uma das principais especialistas em criatividade do mundo, realizou um estudo empírico, com base em 12 mil lançamentos e uma amostra de 238 pessoas, relacionado ao estado de ânimo de funcionários. Para cada compromisso, eles também registravam por escrito seus estímulos criativos e ideias. O estudo revela que os níveis de ansiedade, medo, tristeza, alegria e amor em uma empresa estão diretamente relacionados com a quantidade de ideias geradas pelos funcionários. Os entrevistados propunham ideias melhores quando estavam com um estado de ânimo mais elevado e se sentiam mais felizes. Curiosamente, eles apresentavam tendência maior a propor ideias inovadoras quando o estado de ânimo do dia anterior fora bom. Parece haver um círculo virtuoso, no qual as pessoas que têm um bom dia no trabalho fazem associações cognitivas durante a noite, que atuam como incubadoras de ideias, as quais se apresentam no dia seguinte. Em outras palavras, sentir-se feliz em um dia prediz criatividade no seguinte.[131]

Portanto, é fundamental erradicar a cultura do medo. O melhor modo de reduzir o medo de propor ideias é comunicar ao corpo de funcionários que a empresa tem consciência de que muitas das ideias e propostas serão filtradas, eliminando-se aquelas que não valem a pena (recordemos: fracassar logo, de modo rápido e barato). Eles devem tomar conhecimento de que, embora a empresa deseje seus insumos, ela projetou e estabeleceu métodos de avaliação de ideias (ver Capítulo 8, que aborda os Facilitadores), que outras pessoas da organização aplicarão. Os funcionários podem dar sugestões livremente e sem medo do risco, pois a empresa possui mecanismos de controle de risco em vigor. A filosofia da Tesco é a seguinte: os Desenvolvedores de produto têm a liberdade de assumir riscos, e outras pessoas da empresa têm a responsabilidade de avaliar as propostas e separar as boas das ruins. A Tesco descarta de 80% a 90% dos desenvolvimentos propostos, mas, sabendo que há um mecanismo de ajuste fino para filtrar suas ideias, seus Desenvolvedores de produto geram uma grande quantidade de propostas.

Medo do erro

Em nossa cultura, o erro é desaprovado. É visto como um sinal de incompetência. As pessoas sentem medo de cometer erros e, dado que a criatividade está associada com um alto nível de risco, o potencial de erro é elevado. O medo do ridículo é outro inibidor importante. Muitas ideias, até serem aprimoradas ou refinadas por terceiros, parecem ridículas, por isso as pessoas tendem a esconder as suas.

> *Certa vez, Albert Einstein disse: "Se, a princípio, a ideia não for absurda, então não haverá esperança para ela". Para muitas pessoas, compartilhar uma ideia potencialmente absurda com sua empresa é excessivamente arriscado. Na melhor das hipóteses, elas podem ser ridicularizadas por seus colegas.*[132]

Há quatro maneiras de reduzir, ou até eliminar, o medo do ridículo, de ver as pessoas debochando de nossas propostas. A primeira é por meio da reciclagem contínua de ideias. No Capítulo 10, vimos que, da mesma forma que mantemos um registro de projeto no fluxo, podemos manter um registro de ideias descartadas para reconsideração futura, explorando-as como uma fonte secundária de inspiração. A mensagem é óbvia: como, de fato, nenhuma ideia é descartada, nenhuma é absurda. Mesmo aquelas que são rejeitadas inicialmente, são arquivadas como possibilidades para o futuro.

A segunda maneira é aprender com os erros. Os erros cometidos no passado, inovações que fracassaram em produzir os resultados previstos, são utilizados de modo construtivo na empresa, servindo como mecanismo para aprender e não repetir os mesmos erros no futuro. Embora essa abordagem não elimine totalmente a aversão ao erro, altera a percepção sobre ele e estimula uma cultura mais inclinada à assunção de riscos.

A terceira maneira é assegurando ideias comunicadas de modo anônimo. Há diversas fórmulas para fazer isso, e as novas tecnologias facilitam ainda mais que as pessoas, anonimamente, contribuam com ideias (abordaremos isso a seguir), eliminando completamente o medo do ridículo ou de ser repreendido por uma ideia que fracassa na implementação.

A quarta maneira é premiar a assunção de risco. Por exemplo, os executivos da GE são avaliados conforme sua imaginação e ousadia; eles são treinados em como assumir riscos e se comprometer com novos desafios. A avaliação de seus resultados é proporcional a isso, e a empresa recompensa os executivos que defendem as propostas mais ousadas.[133]

Medo de retaliação

O medo de retaliação é tangível, não sendo nada subjetivo. Os erros custam dinheiro, por isso, quando a empresa pede ideias, criatividade e inovação dos funcionários, embora não digam em voz alta, eles tenderão a pensar: "Tudo bem, devemos propor ideias, inovar, ser mais criativos, mas, se algo der errado, se minhas ideias gerarem perdas, em vez de lucros, será minha responsabilidade? O que acontecerá comigo? Prejudicará minha carreira?".

> *Se a força de trabalho não confiar na empresa, não haverá inovação para a empresa. Inúmeros estudos revelaram que a confiança é um dos fatores mais decisivos para consolidar uma cultura de inovação. Se a força de trabalho confiar na empresa, isso não será um problema. Caso contrário, instituir a confiança deve ser o primeiro passo.*[134]

Será impossível promover uma cultura criativa se não deixarmos claro quem vai assumir a responsabilidade pelos erros intrínsecos na inovação. Pois a inovação significa, em grande medida, gerenciar o fracasso. Para obter algumas boas ideias, teremos de propor diversas más ideias. É um fato indiscutível.

Talvez já tenhamos separado claramente as responsabilidades na inovação de um novo produto. Mas é uma questão diferente quando falamos de melhorias de processo, de uma inovação marginal de, por exemplo, um procedimento no departamento de compras, em que o processo pode ser desenvolvido no próprio departamento. Se o chefe do departamento tiver um histórico de não ser muito honesto com seus subordinados, culpando-os por erros do departamento, dificilmente poderemos esperar que eles produzam ideias.

Há três maneiras de lidar com isso. Primeiro, assegurar que a geração e avaliação de ideias seja anônima. Segundo, designar os processos de inovação, independentemente de seu tamanho, a executivos específicos, que se reportam a outros executivos; isso resolve, ao menos, parte do problema. Finalmente, mudar o comportamento dos chefes de departamento que não assumem responsabilidade pelos erros de seus subordinados, uma tarefa para o diretor gerente e para o diretor de recursos humanos.

Prazos finais e pressão

Há uma tendência de se acreditar que as pessoas são mais criativas quando trabalham sob pressão. Um modo de aumentar a pressão é fixar prazos finais. "Nessa data, você deve apresentar um conceito de grande potencial e totalmente desenvolvido." Será que uma ordem como essa deixa as pessoas mais criativas? Teresa Amabile mostrou empiricamente que a resposta é não.

> *Em nosso estudo diário, as pessoas frequentemente achavam que eram mais criativas quando estavam trabalhando sob a grande pressão de prazos. Mas os 12 mil dias seguidos em que realizamos nosso estudo mostraram exatamente o contrário: as pessoas eram menos criativas quando lutavam contra o relógio. De fato, constatamos um tipo de ressaca relativa à pressão do tempo: quando as pessoas estavam trabalhando sob grande pressão, a criatividade delas declinava não só naquele dia, mas também nos dois seguintes. A pressão do tempo reprime a criatividade, pois as pessoas não conseguem se envolver profundamente com o problema. A criatividade requer um período de incubação; as pessoas precisam de tempo para lidar com um problema e deixar as ideias fermentarem.*[135]

Também devemos fazer uma distinção entre os mecanismos que ativam a criatividade e aqueles que a impulsionam. Ativar significa despertar, pôr em funcionamento. Impulsionar a criatividade significa melhorar os esforços criativos, torná-los úteis e eficazes, para assegurar que produzam resultados melhores. Desse ponto de vista, é verdade que ter prazos finais, e também processos e pessoas responsáveis, estimula os funcionários; mas a pressão não melhora a qualidade do trabalho criativo, pelo contrário. As pessoas cometem mais erros quando trabalham prestando muita atenção no calendário. Assim, precisamos equilibrar a necessidade de um prazo – definido em algum processo, ao menos como modo de conscientizar as pessoas de que há um trabalho a ser feito e que não pode continuar indefinidamente – com a necessidade de conceder liberdade para as pessoas criarem sem serem atrapalhadas pelo relógio do projeto. É melhor deixá-las se concentrarem no trabalho do que sobrecarregá-las com pressão, o que, no final, será contraproducente.

Exagerando na concorrência interna

Há executivos que vão longe demais na promoção da concorrência interna entre os departamentos ou divisões. Na propaganda, por exemplo, encontramos grandes grupos que são o lar para uma esquadra completa de agências de publicidade concorrendo pelos mesmos trabalhos e clientes, às vezes até sob o mesmo teto. Essa é uma tendência crescente, à medida que ex-rivais se fundem e peixes grandes engolem os pequenos para criar cada vez mais conglomerados que hospedam equipes conflitantes. A concorrência interna possui suas vantagens. No entanto, também apresenta desvantagens, e uma delas é aquela que inibe a criatividade:

> *Há uma crença disseminada de que a concorrência interna promove a inovação. Constatamos que a criatividade diminui quando as pessoas em um grupo de trabalho competem, em vez de colaborar.*[136]

As equipes são mais criativas quando possuem a confiança de dividir e debater ideias. No entanto, quando concorrem por incentivos e pelo reconhecimento explícito de seus superiores, quando o êxito pessoal está em jogo, elas param de compartilhar informações.

Além disso, não devemos confundir ativação com a qualidade da inovação. A competição é um estímulo, é verdade, e serve para conscientizar as pessoas a respeito da necessidade de iniciar a inovação. No entanto, depois que despertamos para essa necessidade e conscientização, muita concorrência interna destruirá a cooperação, algo essencial para construir a cultura de inovação.

Downsizing e crise

Desde 2007, o mundo submergiu em uma crise econômica grave. Isso se converteu em demissões e cortes de pessoal em diversas empresas. Conforme a economia se contrai, as empresas são forçadas a promover o *downsizing* ["enxugamento"]. O *downsizing* gera muito receio e ansiedade entre os funcionários, o que também possui um impacto generalizado sobre a cultura criativa.

> *A criatividade sofre muito durante um enxugamento. No entanto, é ainda pior do que muitos de nós imaginamos. Estudamos uma divisão de 6 mil pessoas em um empresa global da área eletrônica durante todo o processo de downsizing de 25% dos funcionários, que levou angustiantes 18 meses para ser completado. Cada um dos fatores de estimulação da criatividade no ambiente de trabalho caiu consideravelmente.*[137]

A ameaça de enxugamento solapa a comunicação aberta, a disposição para cooperar e o sentimento de liberdade e independência, da mesma forma que faz as pessoas procurarem abrigo e modos de evitar riscos. O impacto do *downsizing* começa antes do processo começar e perdura durante muito tempo depois de acontecer: à medida que os planos de corte de empregos vão acontecendo na organização, as pessoas se preocupam e espalham boatos a respeito de quem será despedido. Até os planos serem oficializados, a vontade das pessoas de inovar será seriamente prejudicada. E depois da realização do enxugamento, o moral dos funcionários leva tempo para se recuperar. Por isso, ao menos com respeito à preservação de nossa capacidade de inovar e de nossa cultura criativa, é melhor, se possível, ter uma rodada única de corte de pessoal do que diversas rodadas ao longo do desenrolar de uma crise.

Falta de método e processo

Outro inibidor é a falta de método para gerar ideias. Não só o uso da criatividade raramente é ensinado nas escolas, como também foi quase erradicado do sistema educacional ocidental, que enfatiza muito mais o ensino de métodos, lógica e pensamento analítico. Há uma concepção errada disseminada de que não podemos ensinar ou treinar as pessoas para ser criativas. No entanto, se não mostrarmos às pessoas como gerar ideias, provavelmente elas não saberão o que fazer quando pedirmos para serem criativas.

O modo de eliminar esse inibidor é muito simples: por meio do treinamento em técnicas criativas e sistemas de geração de ideias; serviços que são disponibilizados por empresas especializadas. No Capítulo 5 deste livro, vimos algumas técnicas para desenvolver a capacidade de produzir ideias. E há muitas outras.[138]

Por exemplo, a P&G criou o projeto Clay Street, um experimento em que grupos de funcionários passavam diversas semanas aprendendo como ativar seus talentos criativos.

Muitas pessoas que não se acham muito criativas ficam agradavelmente surpresas quando testam técnicas de produção de ideias. A maioria das pessoas já ouviu falar sobre *brainstorming*, mas isso é o máximo que conhecem. Os jogos criativos podem extrair a criatividade de pessoas que achavam não possuir essa qualidade. Não devemos subestimar esse inibidor. Sozinha, não será suficiente (ainda há um longo caminho entre a criatividade e a inovação), mas sem pessoal capacitado em técnicas criativas, todos os outros esforços (planejamento, processos, recompensas etc.) serão em vão.

Motivadores organizacionais de ideias, criatividade e inovação

Falamos sobre os inibidores. A remoção deles é uma condição necessária para a cultura criativa. No entanto, além de eliminar essas barreiras, podemos promover a criatividade latente entre as pessoas de nossa organização. Digamos que, sem inibidores, as ideias começarão a fluir, mas, com os motivadores, o fluxo será mais profundo e amplo.

Terese Amabile faz distinção entre dois tipos de motivação: intrínseca e extrínseca. A motivação intrínseca é definida como o que nos motiva a fazer algo porque gostamos de fazer, porque achamos interessante, agradável ou gratificante. A motivação intrínseca é algo que não podemos demandar das pessoas. Vem de dentro delas, das próprias inclinações, afinidades, preferências. Não podemos controlar as preferências de uma pessoa, mas podemos garantir que nossos funcionários se encaixem em seu cargo, suas tarefas, suas responsabilidades e seu setor empresarial. E isso é algo que pode ser controlado pelo departamento de recursos humanos, tanto na contratação como na mobilidade dentro da empresa. Evidentemente, em qualquer trabalho há contrariedades com que preferiríamos não ter de lidar. No entanto, se queremos que as pessoas produzam ideias, devemos assegurar que elas estejam onde desejam estar. Em certos casos, isso pode até incluir não só a tarefa ou o departamento, como o setor. Se colocarmos alguém que não gosta de livros na alta administração de uma editora, por exemplo, essa pessoa dificilmente será uma fonte de inovação. As pessoas são criativas quando têm motivos para apreciar e se interessar por suas tarefas.

Quanto à motivação extrínseca, que abordaremos a fundo em nosso capítulo sobre recompensas, apenas uma observação: não só a recompensa econômica é importante, mas também o reconhecimento.

A popularização mal compreendida da criatividade

Do que afirmamos até aqui neste capítulo, o leitor pode inferir que a cultura criativa deve ser transferida para todos em uma organização inovadora. Isso é verdade, mas só até certo ponto.

Devemos fazer distinção entre mecanismos para que todos contribuam com ideias e a liderança do projeto de inovação. As pessoas propõem ideias, estas são filtradas e somente algumas serão desenvolvidas em projetos. Precisamos ser cautelosos em relação a quem escolhemos para liderar nossos projetos e processos de inovação. Não é uma tarefa para a qual todos estão preparados ou têm tempo. Uma coisa é empresas como a 3M, o Google ou a Kraft darem tempo para seu pessoal pensar sobre ideias e outra ter todos os seus funcionários liderando um processo de inovação.

Assim, precisamos que todos os membros da organização contribuam com o máximo de propostas e ideias. Isso pode ser feito por meio de caixa de sugestão, espaço na intranet da empresa para as pessoas apresentarem suas ideas ou *software* de gestão de ideias. É essencial que esses sistemas sejam simples, fáceis de usar e que não consumam muito tempo. Quanto mais complicados forem, menos pessoas o usarão. Esses tipos de sistema também têm a vantagem de que as pessoas podem contribuir com suas ideias de modo anônimo, eliminando diversos dos inibidores mencionados anteriormente, como o medo do ridículo ou a culpa (embora parcial) pelos possíveis erros no futuro. O anonimato tende a favorecer ideias mais ousadas, arriscadas e originais.

Os três principais problemas potenciais com caixas de sugestão ou sistemas eletrônicos de coleta de ideias são sobrecarga, dispersão e repetição.

A sobrecarga ocorre quando existem tantas ideias que a organização não consegue processá-las ou examiná-las com a devida atenção. Um modo de solucionar esse problema é a realização, pelos próprios funcionários, de uma avaliação e seleção prévia das ideias. Isso se basearia nos mesmos princípios das redes participativas, tais como Wikipédia ou YouTube, em que os próprios usuários classificam, avaliam, revisam e descartam as contribuições de outros usuários.

Abordaremos como evitar a repetição e a dispersão (em que as ideias são dispersadas, em vez de centradas nos objetivos da empresa) na próxima seção, mas, basicamente, envolve as comunicações internas das prioridades estratégias da empresa em inovação. No Capítulo 3, dedicado aos Ativadores, explicamos como o pensamento criativo requer um foco e como este não limita a criatividade. Uma maneira de evitar a dispersão de ideias é fornecer um arcabouço. Em vez de solicitar ideias a respeito de qualquer coisa, a empresa pode lançar campanhas periódicas, solicitando propostas a todos os membros da organização a respeito de como abordar oportunidades específicas ou solucionar determinados problemas. Por exemplo, uma empresa do setor de seguros pode ter de fazer a seguinte declaração para sua força de trabalho: "Acreditamos que há uma oportunidade de explorar postos de gasolina como pontos de venda de seguros de carros. Qualquer ideia que vocês tiverem a respeito disso é bem-vinda".

Não só evitamos a dispersão, mas as ideias também são organizadas conforme o objetivo, e quaisquer ideias repetidas são mais facilmente identificadas do que se tivéssemos uma plataforma para receber todas as propostas – a qual ficaria entulhada com milhares de sugestões a respeito de uma vasta gama de assuntos.

O papel da comunicação

A comunicação interna é um instrumento básico para mudar a cultura corporativa. A empresa deve informar seus funcionários a respeito de estratégias, projetos, protagonistas, desempenho de inovação e ideias rejeitadas. Consideremos uma por uma.

Comunicação da estratégia e projetos de inovação

O quadro de funcionários deve estar ciente da estratégia de inovação geral da empresa, a fim de centrar seus esforços e ideias de forma apropriada e evitar a perda de foco.

Consequentemente, cada vez que lançamos um processo de inovação para um projeto específico, devemos explicar o que estamos fazendo para a organização, respondendo as seguintes perguntas: por que estamos entrando nesse projeto? O que queremos ganhar com ele? Quais são os resultados esperados? Como os outros departamentos podem ajudar no processo? Que outros departamentos serão envolvidos na implementação ou no desenvolvimento do projeto? Como eles se beneficiarão com isso? Quanto tempo levaremos para aprovar e implementar?

Por exemplo, a Starbucks mantém os Open Forums, encontros trimestrais por região, em que os executivos relatam como seus respectivos projetos de inovação estão evoluindo. Para cada projeto, os funcionários recebem uma ficha em que podem anotar suas opiniões ou propostas.

Reconhecimento dos protagonistas de inovação

Como afirmamos em relação às recompensas, também devemos deixar que nossos funcionários saibam a respeito de nossos “protagonistas de inovação”, e, assim, reconhecer publicamente essas pessoas. A lista de protagonistas deve incluir o funcionário (ou os funcionários) que teve a ideia original, além daqueles que a desenvolveram e que a executaram. Frequentemente, as empresas reconhecem apenas a pessoa que propôs a ideia, ignorando os Desenvolvedores e os Executores. Suas funções talvez sejam de um perfil inferior, mas são necessárias da mesma forma.

Comunicação dos resultados obtidos com a inovação

E, finalmente, a comunicação dos resultados. Esse ponto é crucial, em especial em empresas conservadoras, rígidas e estáticas, que consideram uma revisão completa de suas culturas de inovação. Quando a gerência anuncia sua intenção de inovar, a força de trabalho não a leva a sério. Faz muito tempo desde que houve alguma inovação na empresa e, embora todos concordem a respeito da necessidade, a declaração da gerência soa mais como um pensamento fantasioso do que algo que realmente vai acontecer. A conversão de uma cultura conservadora para uma inovadora significa que as coisas devem acontecer, mudanças devem ser realizadas, preferivelmente as pequenas e fáceis, para começar, e devem ser comunicadas rapidamente. Ao deixar que todos da organização saibam que algo mudou e ao comunicar os resultados, independentemente de quão aparentemente insignificantes, as mudanças começam a ganhar credibilidade, pois há evidência real de que as intenções estão sendo colocadas em prática. Eis por que, ao criar do zero uma cultura de inovação, é melhor começar com pequenas mudanças e comunicar as realizações à medida que ocorrerem. Todos sabemos que a credibilidade resulta de histórias de sucesso e que leva tempo para ser construída.

Por exemplo, a IBM, que costumava atribuir grande importância ao desenvolvimento de negócios que sempre davam lucro, mudou sua cultura mediante o reconhecimento interno de novas divisões de negócios, por menores que fossem. Atualmente, a criação de novas divisões é uma missão importante na empresa e a IBM apresenta muito mais vontade de experimentar, aceitar erros, aprender com eles e evoluir.[139]

Comunicação de ideias rejeitadas

A empresa também deve informar seus funcionários acerca de ideias que foram rejeitadas. Ao contrário da crença popular, isso não desestimula as pessoas. Em vez disso, o que as desestimula é serem deixadas no escuro sobre o que acontece com suas ideias. As pessoas se cansam de não obter qualquer tipo de *feedback* e desistem. No entanto, se as pessoas que propõem ideias são informadas de que estas foram rejeitadas e o motivo, elas ficarão ainda mais motivadas para tentar superar os obstáculos ou as razões que justificaram a rejeição. Se houver muitas ideias para explicar os motivos da rejeição, podemos aplicar o método de avaliação abordado aqui, para que a pessoa que fez a sugestão ao menos saiba que muitos de seus colegas não acreditam que sua ideia possui potencial suficiente.

Multiculturalismo e interfunções

A criatividade se baseia na combinação de ideias de uma maneira diferente. Quando viajamos para outro país, recebemos novos estímulos, que, combinados com o nosso ambiente habitual, produzem novas combinações, suscitando diversas novas ideias. Em seu livro *O efeito Medici*, Frans Johansson revela como os Medici, na Florença renascentista, mediante seu mecenato, reuniram pensadores políticos, astrônomos, pintores, arquitetos, escultores e músicos em um mesmo ambiente. A interseção de metodologias e ideias deu origem a um dos períodos mais férteis da história ocidental, no que diz respeito à criatividade.

Com base nesse fato, diversos especialistas em criatividade assessoram empresas que procuram impulsionar sua cultura criativa, para fomentar a diversidade cultural, a fim de trazer pessoas de diferentes *backgrounds*, experiências, culturas e tradições para trabalhar em conjunto. Acredita-se que a diversidade de *backgrounds* levará a uma maior diversidade de ideias.

O mesmo é verdade a respeito das habilidades ou da *expertise* dos membros da equipe, em que a criatividade pode ser reforçada com a interfuncionalidade. Neste livro, nosso modelo de funções A-F promove a interfuncionalidade entre os líderes de um processo de inovação. Ter diversos pontos de vista sobre um único projeto aumenta as probabilidades de sucesso e reduz as chances de erros de omissão. As equipes interfuncionais são um recurso comum em empresas inovadoras. Por exemplo, quando a General Electric começa um projeto de inovação, mobiliza especialistas de diversos campos, estimulando a mobilidade entre os departamentos, para fomentar as relações internas e ligar os projetos. Outro exemplo: na Procter & Gamble, essas equipes misturadas são fundamentais para o desenvolvimento de um novo produto. A P&G desenvolveu um modelo para estruturar equipes que enfatizam a interfuncionalidade entre seus líderes de processo de inovação, em todas as áreas da empresa (marketing, engenharia, P&D etc.).[140]

A pesquisa de Robert Cooper mencionada anteriormente demonstra empiricamente que a interfuncionalidade está relacionada com o desempenho do desenvolvimento do novo produto.[141]

Figura 12.2 – Relação entre o desempenho de novos produtos e a interfuncionalidade

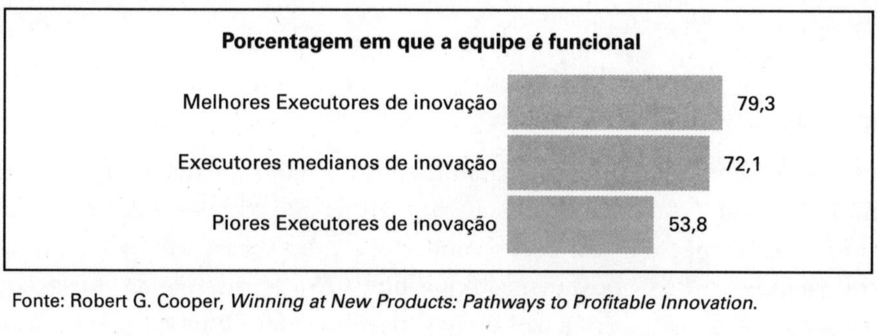

Fonte: Robert G. Cooper, *Winning at New Products: Pathways to Profitable Innovation.*

Proximidade do cliente

Como explicamos na primeira parte deste livro, a proximidade do cliente deve ser parte do processo de inovação, mas uma cultura de inovação necessariamente envolve uma mudança de perspectiva: de olhar apenas para dentro para olhar também para fora.

Quando se comprometeu com a cultura criativa, A. G. Lafley, CEO da P&G, constatou que a empresa focalizava o desempenho do produto, em detrimento do sentimento do cliente. A P&G tinha o melhor pessoal técnico do setor, mas sofria de uma falta de preocupação com as experiências dos usuários com os produtos da empresa. A fim de corrigir isso, Lafley mudou radicalmente a abordagem com o cliente. Essa mudança (do produto para o cliente, de dentro para fora) foi providencial no desenvolvimento da cultura criativa da empresa.

Outras considerações não menos importantes

Os jornais ou a mídia da corrente dominante dedicaram muita atenção a empresas criativas, como o Google, que oferecem aos funcionários espaços recreativos, com mesas de bilhar, de tênis e assim por diante; espaços que parecem mais um pátio de escola do que um centro de desenvolvimento de novos produtos. Isso promoveu uma crença muito difundida de que a cultura criativa precisa de um lugar "divertido", em que os funcionários podem deixar sua imaginação fluir. Deixamos essa questão para o fim, porque, nesse estágio do capítulo, deve estar bastante óbvio para o leitor que o espaço para a criatividade tem importância relativa.

É verdade que alguns ambientes estimulam mais a criatividade do que outros, e que a empresa sem espaço para criatividade achará mais difícil implementar uma cultura criativa. No entanto, devemos dar à essa questão a importância que ela merece. É um fator importante, mas não decisivo.

Entre os recursos de um ambiente onde as ideias fluem mais livremente, incluem-se:

Espaços comuns

A falta de colaboração entre os departamentos é considerada a segunda maior barreira à inovação;[142] no entanto, ela requer mais do que processos. As empresas mais inovadoras criam espaços físicos para promover a colaboração e o trabalho em equipe.

Por exemplo, a P&G possui sua Innovation Gym [academia de inovação], um local para treinar gerentes de departamento na nova cultura da empresa e a pensar sobre o projeto. Outros exemplos que vimos ao longo deste livro são os centros de inovação da 3M e o laboratório de inovação da Royal Dutch Shell.

Além disso, espaços especiais para a criatividade evitam distrações, o que Teresa Amabile considera um dos principais fatores do desempenho criativo insatisfatório.

Atmosfera

O Google é conhecido por se empenhar muito no projeto de uma atmosfera propícia à criatividade em suas instalações. Isso inclui lugares para os funcionários relaxarem, beber café de graça, usar uma lavanderia automática etc.[143]

Outra coisa que influencia a criatividade no local de trabalho é a iluminação. A luz natural é mais agradável e mais propícia à criatividade do que a artificial.

Tempo

A criatividade requer certa quantidade de "tempo livre" em relação às tarefas diárias. As políticas que descrevemos no Capítulo 3, como Free Time [tempo livre], da 3M, e Free Thinking Time [tempo livre para pensar], do Google, estimulam a cultura criativa. As pessoas não conseguem pensar a respeito de novas maneiras de fazer as coisas enquanto tentam fazê-las bem.

> *Os gerentes de alto escalão fomentam a criatividade e a inovação dando alguns dias de folga para pensar ou criando os* Friday Projects *[projetos da sexta-feira], como na* Kraft Foods *e na* W. L. Gore & Associates*; eles não são demasiadamente avessos ao risco e investem no ocasional projeto de alto risco; e estimulam atividades paralelas – projetos e equipes trabalhando fora da burocracia oficial da empresa.*[144]

Etapas para criar uma cultura de inovação

Vimos todos os fundamentos para desenvolver uma cultura criativa; embora isso não signifique criar uma cultura de inovação. Deve-se salientar, mesmo correndo o risco de ser repetitivo, que a implementação de uma cultura criativa não assegura a inovação. A fim de fechar a equação e obter uma empresa inovadora, é condição absoluta que a cultura criativa coexista com o planejamento de inovação, os processos de inovação e um sistema de recompensa.

Mas há diversos fatores que entram na cultura criativa e o leitor que chegou até este capítulo pode se perguntar: por onde eu começo? Que etapas devo seguir?

O modo mais eficaz de proceder seria o seguinte:

1. O CEO da empresa informa à diretoria e aos altos executivos a vontade de transformar a cultura da organização, construindo uma coalizão de apoio à ideia.
2. O CEO assina a resolução e se compromete; o restante da organização é informado a respeito da mudança da cultura.
3. Eliminam-se os inibidores.
4. Implementam-se os motivadores.
5. Redige-se e implementa-se um plano interno de comunicação de inovação.
6. Estabelece-se um sistema para gerenciar as ideias.
7. Adota-se um processo de inovação (isto é, o modelo A-F ou Stage-Gate).
8. Apresentam-se histórias de sucesso em inovação e avaliam-se as causas do fracasso.

13

Incentivos e recompensas

O que são incentivos de inovação?

Por incentivos de inovação entendemos um conjunto de políticas planejadas para motivar funcionários a inovar (e que lhes permite compartilhar os valores derivados da inovação).

Devemos incentivar a inovação?

Essa questão é foco de intenso debate. Por um lado, os defensores dos incentivos não têm dúvidas:

> *Diversas empresas na lista das mais inovadoras do mundo apresentam recompensas formais para os principais inovadores.*[145]
>
> *Recompensar o pensamento inovador é parte importante de um gerenciamento de ideias baseado na estratégia de inovação. As recompensas incrementam a motivação de continuar desenvolvendo e compartilhando ideias.*[146]

Por outro lado, as críticas não são decisões firmes contra os incentivos, mas a recompensar a inovação com dinheiro; isto é, recompensas monetárias.

> *Sempre fico satisfeito quando as pessoas defendem ou condenam "incentivos e recompensas". Incentivos, por definição, devem funcionar; as recompensas monetárias talvez não. [...] A eficácia do dinheiro como motivador depende do valor relativo do prêmio e como se relaciona com as realizações.*[147]

A pesquisa experimental que foi realizada sobre a criatividade indica que o dinheiro não é tudo. Com frequência, as pessoas afirmam que não pensam a respeito do pagamento em uma base diária. E as poucas pessoas que dedicavam muito tempo querendo saber sobre seus bônus estavam realizando muito pouco pensamento criativo. Os bônus e os planos de pagamento por desempenho podem até ser problemáticos quando as pessoas acreditam que cada movimento que fazem vai afetar sua remuneração. Nessas situações, as pessoas tendem a ser avessas ao risco.[148]

Um dos maiores erros que as empresas cometem é relacionar os incentivos dos gerentes muito diretamente a indicadores de inovação específicos. Condicionar o pagamento tão estreitamente a medidas de inovação concretas pode incitar os gerentes a manipular o sistema.[149]

Um estudo recente da McKinsey & Company[150] indica que três tipos de incentivos não financeiros foram apreciados acima de todos os outros: reconhecimento da alta direção, o senso de liderança produzido pelo reconhecimento formal de ser inovador e a oportunidade de liderar novos projetos e equipes, como prêmio pela inovação.

Ou, como Sheldon Laube, da Price Waterhouse Coopers Office Innovation, escreve:

É corrente acreditar que os funcionários são motivados principalmente pelo dinheiro. No entanto, estudo após estudo de funcionários, o dinheiro raramente é o motivador mais importante. Recentemente, aqui em minha própria empresa, perguntamos aos principais participantes de nosso sistema de gestão de ideias que tipo de recompensa ou reconhecimento eles valorizariam mais. A resposta número um foi o desenvolvimento de oportunidades, com 55% dos votos; a recompensa monetária ficou em terceiro lugar, com somente 11% dos votos.[151]

De fato, a inovação, uma das áreas mais importantes do gerenciamento empresarial, não deve ser estimulada com dinheiro?

Para responder a essa pergunta, devemos considerar os diversos fatores que jogam a favor ou contra o dinheiro como motivador de inovação.

O primeiro é o perfil da pessoa que recebe o incentivo financeiro. Um pesquisador não é o mesmo profissional que um operário da linha de montagem em uma indústria. Mesmo para um profissional de marketing e um engenheiro de P&D, o papel do dinheiro como recompensa para inovação é diferente.

Como explicado no Capítulo 12, as pessoas que trabalham exclusivamente no campo da inovação tendem a gostar de seu trabalho. Os pesquisadores podem considerar um insulto a oferta de dinheiro extra para inovar, pois esse é o seu trabalho, é o que se espera que eles façam. Eles até podem considerar o "dinheiro de recompensa" como um modo de pagá-los menos por seu trabalho, ou como um sinal de que a gerência não confia em suas capacidades e, assim, está disposta a pagar só depois que eles realmente descobrirem, patentearem ou desenvolverem algo. Os perfis técnicos, como mostrado, valorizam outros incentivos, aqueles menos diretamente relacionados com dinheiro, como o reconhecimento profissional.

Os profissionais de marketing, por outro lado, são pagos geralmente de acordo com um sistema fixo e variável, este último dependente do cumprimento de objetivos. Como o marketing é parcialmente responsável pela inovação (a parte dela que se relaciona ao marketing, ao menos), faz sentido ter uma parcela de sua remuneração variável resultante de negócios em andamento e outra proveniente dos resultados do novo negócio. Podemos perceber que o incentivo para a inovação não é tão direto como pode parecer. Não estamos dizendo "pago a você para inovar", e sim "a inovação é um dos fatores que consideramos em seu bônus anual". Para alguns autores, os incentivos financeiros para a inovação em marketing funcionam melhor quando o valor em dinheiro envolvido não é muito alto e quando estão relacionados a inovações marginais, isto é, extensões de linha de produto e/ou serviço e desenvolvimentos de portfólio.

Com respeito aos vendedores, um tipo parecido de plano faz sentido. Se você tiver partes fixas e variáveis de pagamento, é lógico ligar a parte variável com as vendas de novos produtos. As equipes ou divisões de novo produto devem ser até recompensadas com uma porcentagem das vendas dos novos produtos lançados, pois isso assegura um pós-lançamento forte.

Outra evidência indica que os incentivos econômicos funcionam melhor quando estamos lidando com projetos relativamente não sofisticados. Nesse caso, os pequenos incentivos para pessoas nos escalões inferiores da organização (pessoal administrativo básico, operários etc.) podem ser produtivos.

E quanto ao uso de incentivos para estimular pessoas a propor ideias?

A administração não deve oferecer recompensas financeiras substanciais por ideias. Inevitavelmente, isso leva à cobiça e à injustiça.[152]

A pesquisa conjunta da Employee Involvement Association e da Japan Human Relations Association revela que a quantidade média de ideias apresentadas por funcionário anualmente é cem vezes maior nas empresas japonesas do que nas norte-americanas. Por quê? Por um motivo: nós recompensamos a coisa errada de modo errado. Nas empresas japonesas, a recompensa média é cem vezes menor do que aquela paga nas empresas norte-americanas, de cerca de 500 dólares. É exatamente o contrário. Em resumo: o pagamento por ideias pode derrotar o intento.[153]

No entanto, as empresas, como afirmamos, precisam de inúmeras ideias. Então, por que elas devem ser recompensadas? Talvez o problema resida em recompensar somente ideias "válidas", o que talvez seja considerado injusto. Desse modo, o resultado normal é uma baixa taxa de participação nas campanhas de ideias.

A recompensa financeira para a inovação impõe outra questão: quem recebe o dinheiro? Qualquer inovação envolve muitas pessoas e, assim, pode ser injusto recompensar a pessoa que teve a ideia e ninguém que a desenvolveu ou a implementou. Assim, que tal recompensar todos os envolvidos? Bem, aparentemente, isso também não funciona. Os incentivos gerais para grupos apresentam a desvantagem de que as pessoas que estão menos envolvidas, ou que fazem as menores contribuições, obtêm as mesmas recompensas que as pessoas que cooperaram para tornar o projeto um sucesso. A melhor solução intermediária é ter um bônus para a equipe (com base em uma avaliação, tão objetiva quanto possível, dos resultados), com cada pessoa recebendo sua parte de acordo com sua contribuição individual (nesse caso, baseada em avaliações subjetivas realizadas por superiores ou colegas).

Outro problema em relação a dar dinheiro pela inovação é que: o que acontece se chegar um momento em que temos de eliminar os incentivos? Nosso pessoal vai parar de inovar?

A controvérsia a respeito da conveniência de incentivos financeiros para inovação, e a natureza da própria criatividade, que procura estímulo no reconhecimento tanto público quanto financeiro, incitou o desenvolvimento de outros tipos de recompensa, intangíveis, tais como reconhecimento ou troféus. Examinaremos essa questão a seguir.

De qualquer forma, o que sabemos é que os incentivos estimulam a criatividade e a inovação. Em nosso capítulo a respeito de cultura criativa, explicamos como a motivação intrínseca é suficiente para trazer à luz a criatividade das pessoas. A motivação extrínseca (por exemplo, os incentivos) atua como um potencializador para a motivação intrínseca. Assim, não se nega seu valor. A realidade é que diversas empresas altamente inovadoras utilizam incentivos econômicos.

Em nossa visão, incentivar ou não, recompensar ou não, não é a questão, mas assegurar que o valor criado pela inovação seja dividido de maneira equitativa. Eis por que, no início deste capítulo, definimos "incentivo" como um conjunto de políticas planejadas para motivar os funcionários a inovar e que lhes permite compartilhar os valores derivados da inovação.

Se explicarmos o propósito dos incentivos em termos da primeira parte da nossa definição (como um mecanismo para motivar nossos funcionários a inovar), tenderemos a enfrentar uma quantidade considerável de sorrisos afetados e olhares carrancudos. No entanto, se abordarmos os incentivos como um mecanismo de compartilhar o valor criado (segunda parte de nossa definição), a grande maioria concordará com um aceno de cabeça. Portanto, o problema pode estar menos no projeto de incentivo do que no propósito que damos a ele e no uso que fazemos dele.

Depois de abordar essas questões, examinaremos, a seguir, os tipos mais comuns de incentivo.

Tipos de incentivo

A. *Incentivos financeiros*

1. DINHEIRO

O principal incentivo é financeiro: dinheiro. Em geral, é pago na forma de:

- Pagamento mensal
- Aumento salarial
- Bônus mensais especiais. Por exemplo, em 2005, na General Electric, 20% do bônus mensal era para estimular o cumprimento de objetivos medidos em termos de melhorias implementadas nas relações com os clientes.
- Bônus de sucesso. Por exemplo, a Corning oferece recompensas financeiras pelas iniciativas de inovação.

Os incentivos financeiros referentes à inovação estão frequentemente ligados a patentes: a Texas Instruments paga US$ 175 mil por uma patente única; a Motorola oferece um bônus de US$ 10 mil a US$ 40 mil por patente. A Adobe India vai além e paga US$ 5.000 dólares por ideias que chegam até a fase de solicitação de patente.

2. AÇÕES DA EMPRESA

Nesse caso, em vez de dinheiro, a recompensa vem sob a forma de ações da empresa. Um estudo da McKinsey & Company[154] classificou os principais incentivos econômicos desta forma: bônus em dinheiro, aumento salarial e ações e opções de compra de ações.

Por exemplo, o Google possui seu prêmio anual, que gratifica com opções de compra de ações da empresa os projetos de maior destaque do ano. A Starbucks também utiliza as opções de compra de ações como incentivos para seus funcionários.

Provavelmente, as ações são o incentivo mais valioso e aquele que melhor reflete, de nosso ponto de vista, o fundamento lógico por trás dos incentivos: compartilhar o valor criado. As ações representam o valor de uma empresa.

3. UMA PARCELA DAS VENDAS

Um modo diferente e original de recompensar a inovação é dando aos funcionários uma parcela das vendas, tanto de certos produtos e desenvolvimentos, como das economias resultantes da implementação de melhorias etc. No setor varejista, isso se aplica, às vezes, por um determinado período de tempo. Por exemplo, em 1999, quando a Ikea ultrapassou a marca de 53 mil funcionários, instituiu o Dia de Valorização do Funcionário. Nesse dia, as vendas mundiais totais são divididas igualmente entre todos os funcionários. Para alguns, isso pode significar tanto quanto seu salário mensal.[155]

Na Baxter, encontramos outra variação desse sistema, em que os funcionários obtêm um bônus equivalente a 0,33% das vendas brutas de novos produtos, até um máximo de US$ 50 mil.[156]

4. PAGAMENTO COM BENEFÍCIOS

A fim de evitar incentivos ligados diretamente a certa quantia em dinheiro, algumas empresas preferem recompensar com benefícios. Os sistemas mais comuns são aumentos salariais por tempo de serviço, pagamento de plano de saúde, seguro de vida subscrito pela empresa etc. No entanto, raramente esses incentivos são utilizados para recompensar a inovação, sendo, com mais frequência, ligados a realizações em outras áreas.

B. Intangíveis

5. RECONHECIMENTO PÚBLICO

Pode-se considerar o reconhecimento público uma saída fácil, mas é um equívoco. Pelo contrário, o reconhecimento público é considerado um dos estímulos mais eficazes e motivadores em relação à criatividade e inovação. Em termos simples, o reconhecimento consiste em deixar que as pessoas saibam quem está por trás do que, tornando público que certos indivíduos foram responsáveis por uma inovação acontecer. É interessante ver como a comunicação, elemento essencial da cultura criativa, como discutido no capítulo anterior, torna-se em si um incentivo.

Às vezes, esse reconhecimento é complementado com prêmios.

> *Quando dou uma volta por nossos escritórios, sempre me impressiono com a maneira pela qual as pessoas decoram suas salas, com objetos relacionados às suas realizações. Símbolos de reconhecimento, tais como certificados, placas, medalhas, entre outros, são orgulhosamente exibidos. Essa é uma imagem do escritório de um dos altos executivos de minha empresa. Independentemente do nível, as pessoas querem exibir seus feitos. O reconhecimento não é jogo de soma zero, sendo possível conceder uma quantidade ilimitada de certificados, plaquetas e outros símbolos de reconhecimento para a maior quantidade possível de pessoas. Além disso, quanto mais pessoas são reconhecidas, maior o efeito de marketing.*[157]

A Metalquimia, empresa espanhola, é líder mundial em inovação de máquinas de processamento de carne. Quando entramos na sede da empresa, uma das primeiras coisas que vemos é uma gigantesca espada com o nome do funcionário mais inovador do ano gravado nela. Em uma comunidade de profissionais de inovação, esse tipo de reconhecimento é fonte de orgulho e um motivador tão poderoso quanto dinheiro.

O reconhecimento do indivíduo, da equipe ou do departamento que inovou com sucesso e, portanto, criou valor para a empresa vem, em geral, em uma das seguintes formas:

a) Papel: por boletim informativo.

b) Digital: pela intranet; o site corporativo da 3M, por exemplo, divulga os nomes do pessoal técnico que desenvolveu produtos pioneiros com um texto que conta como fizeram isso.

c) Em pessoa: em encontros ou eventos especiais.

6. ACESSO A CÍRCULOS RESTRITOS

Outro tipo de incentivo é o reconhecimento resultante do convite para grupos, eventos ou espaços exclusivos. Por exemplo, para os engenheiros que alcançam a marca de dez patentes, a Nokia possui o Club 10, dando-lhes reconhecimento público numa cerimônia formal anual, com o comparecimento do presidente da empresa.

A Procter & Gamble motiva seus principais cientistas com a possibilidade de serem nomeados para a Victor Mills Society, grupo de elite constituído por apenas alguns poucos cientistas e pesquisadores de destaque. Ser escolhido como membro é considerado o prêmio mais prestigioso da empresa.

Outra opção é oferecer sessões de treinamento, cursos ou planos especiais dentro ou fora da empresa.

O acesso a encontros importantes também é utilizado como incentivo. A Infosys Technologies Ltd., seleciona nove jovens executivos (devem ter menos de trinta anos), funcionários com melhor desempenho em inovação, e os convida a participar das reuniões anuais de diretoria, nas quais podem apresentar e discutir suas ideias com a alta direção.

Algumas empresas utilizam o acesso a círculos restritos de modo muito inteligente, para promover a geração de ideias: convidam pessoas cujas ideias foram selecionadas para um desenvolvimento adicional, independentemente de sua experiência em processos de inovação e do seu lugar na hierarquia da organização, para participar ativamente do processo que se originou de suas ideias. Essas pessoas conseguem tomar parte de todo o processo de inovação, desde a busca da informação até a implementação, passando pelo desenvolvimento técnico.

7. TEMPO

Algumas empresas recompensam as pessoas que dão ideias inovadoras com mais tempo para pensar. Os funcionários que não trabalham diretamente em inovação podem deixar suas tarefas habituais por um tempo para produzir ideias para a empresa.

8. RECURSOS PARA PESQUISA

Em vez de conceder tempo para os funcionários, algumas empresas oferecem incentivos econômicos para inovar, na forma de recursos para pesquisa. Um pesquisador tenderá a ficar mais feliz se obtiver mais recursos financeiros para o trabalho do que se receber bônus em dinheiro. Durante anos, a 3M deu aos seus cientistas um prêmio denominado Genesis Grant [subvenção gênese]. Todos os anos, a empresa concede entre 12 e 20 subvenções, com valores que variam de US$ 50 mil a US$ 100 mil cada. Os pesquisadores podem utilizar o dinheiro para contratar mais pesquisadores ou para adquirir novos equipamentos.

Critérios para recompensas

Embora todos os indicadores precisem ser gerenciados, nem todos necessariamente merecem recompensa.

Em primeiro lugar, porque as recompensas podem ser contraproducentes, como explicamos no Capítulo 11. Devemos ser muito cautelosos a respeito de vincular os incentivos com indicadores específicos, pois os resultados podem ser desastrosos. Durante a bolha da internet, muitos bônus estavam vinculados a vendas de novas empresas a fundos de capital de risco ou grandes corporações, que pagaram altas quantias sem realmente saber o que estavam comprando. O indicador principal era a avaliação financeira da empresa, sem levar em consideração qualquer indicador referente a vendas, lucros ou retenção de clientes. Esse tipo de incentivo dirigiu o trabalho dos executivos em uma direção que levou muitas empresas à morte.

Uma segunda razão para ser cauteloso é que alguns indicadores de inovação podem produzir resultados insatisfatórios por conta não só dos responsáveis pela inovação, mas também dos outros departamentos. Além disso, há indicadores que são concebidos simplesmente para monitorar processos, como a quantidade de projetos de inovação no fluxo. Esses indicadores são utilizados para assegurar que o fluxo de inovação não seque, mas não estão, em geral, ligados a incentivos.

Além dos critérios quantitativos e objetivos, como os indicadores, também devemos introduzir avaliações de critérios subjetivos (colegas e/ou gerentes avaliam os inovadores), para recompensar a inovação. Os critérios subjetivos para conceder recompensas funcionam quando utilizamos uma base suficientemente ampla de revisores.

Outro critério é que, de modo geral, os incentivos vinculados a processos ou projetos devem ser definidos antes do fato, ao passo que as recompensas devem ser entregues posteriormente, quando o processo foi concluído e os resultados são conhecidos.

As avaliações subjetivas e as recompensas funcionam melhor para inovações radicais ou disruptivas, nas quais é mais difícil definir o objetivo. Constatou-se que vincular bônus com vendas geradas por uma inovação leva a um comportamento defensivo, e, assim, é menos adequado para inovações radicais. Nesse tipo de inovação, os objetivos ligados aos bônus precisam ser muito mais flexíveis e abertos.

E o vencedor é...

Quem deve entregar as recompensas e distribuir os elogios? Em geral, isso é tarefa do CEO da empresa, como meio de enfatizar a importância estratégica da inovação. Se ele dirigir os eventos de incentivo, isso significa que a inovação será importante, certo?

Isso não é tão claro quanto aparenta. Nas grandes empresas, um dos grandes paradoxos é que, quanto mais elevada a posição de uma pessoa na hierarquia, menos influência ela tem nos escalões inferiores. As pessoas prestam menos atenção no e-mail do CEO do que no de seu superior imediato. O mesmo vale para expressar o reconhecimento.

A conclusão é que o reconhecimento público deve vir do nível mais elevado da organização e os incentivos econômicos, dos gerentes de linha.

Em resumo, para concluir...

Recompensas; prêmios e incentivos podem aumentar o compromisso do empregado com a organização, estimular o moral e motivá-lo a se esforçar para manter uma atitude de franqueza e atenção para oportunidades que uma empresa pode capturar.[158] Os incentivos reforçam o vínculo entre estratégia e resultados, como demonstra nosso Sistema de Inovação Total.

Eis por que o segredo é escolher a combinação de incentivos que funcionam melhor para sua empresa; os mais adequados para sua indústria; aqueles que melhor refletem os objetivos que você busca, aqueles que melhor reforçam sua cultura criativa e aqueles que melhor complementam uns aos outros.

Notas

1 T. Davila, M. J. Epstein, R. Shelton. *Making Innovation Work: How to Manage It, Measure It, and Profit from It*. Wharton School Publishing, 2006.

2 Ruth Mortimer. Turn Creativity into Strategy for Success. *Marketing Week*, 16 jul. 2009.

3 Darrell K. Rigby, Kara Gruver e James Allen. Innovation in Turbulent Times. *Harvard Business Review*, jun. 2009.

4 *McKinsey Quarterly. The Online Journal of McKinsey & Company*, out. 2007.

5 *The Economist*, 13-19 out. 2007.

6 Infonomia, análise da política de inovação da 3M.

7 *Businessweek*, 9 abr. 2009.

8 Philip Kotler, Robert C. Wolcott e Suj Chandrasekhar. *Masters of Value and Possibility: Optimizing the Marketing and Research & Development Relationship*, set. 2009.

9 T. Davila, M. J. Epstein, R. Shelton. *Making Innovation Work: How to Manage It, Measure It, and Profit from It*. Wharton School Publishing, 2006.

10 Philip Kotler, Robert C. Wolcott e Suj Chandrasekhar. Set. 2008.

11 *McKinsey Quarterly*, ibidem.

12 Philip Kotler, Dipak C. Jain, Suvit Maesincee. *Marketing Moves: A New Approach to Profits, Growth, and Renewal.* Harvard Business Press, 2001.

13 McKinsey Global Survey. *McKinsey Quarterly*, out. 2007.

14 Alfons Cornella. Visionomics (publicado por Infonomia), p. 95.

15 Theodore Levitt. Creativity Is Not Enough. *Harvard Business Review*. Harvard Business School Publishing, 2002.

16 *Marketing Week*, 16 jul. 2009.

17 McKinsey Global Survey. *McKinsey Quarterly*, out. 2007.

18 Making P&G New and Improved. *Time Magazine*, 17 abr. 2008.

19 The World's Most Innovative Companies. Special Report – Innovation. *Businessweek*, 24 abr. 2006.

20 Robert Shaw. *Return on Ideas* (Chartered Institute of Management Accounts, the Chartered Institute of Marketing and the Direct Marketing Association).

21 The World's Most Innovative Companies. Special Report – Innovation. *Businessweek*, 24 abr. 2006.

22 Extraído de <www.fastcompany.com>, 9 ago. 2005.

23 Philip Kotler e Fernando Trías de Bes. *Lateral Marketing. New Techniques for Finding Breakthrough Ideas*. John Wiley, 2003.

24 Exemplo extraído de <www.brighthub.com/office/project-management/articles/34656.aspx>.

25 Extraído do site Infonomia.com

26 Harvard Business School. Working knowledge for Business Leaders. P&G's innovation model. 20 jun. 2006.

27 Philip Kotler e Fernando Trías de Bes. *Lateral Marketing. New Techniques for Finding Breakthrough Ideas*. John Wiley, 2003.

28 Mónica Casabayó e Borja Martín. *Fuzzy Marketing*. Deusto, 2010.

29 Doug Gross. The 10 biggest tech "fails" of 2010. *CNN*, 29 dez. 2010.

30 Matthew E. May (In Pursuit of Elegance). Customer centric design. Extraído de <www.openforum.com>, 10 ago. 2009.

31 Idem

32 Extraído de <http://www.businessweek.com/magazine/content/06_17/b3981401.htm>.

33 G. Waisburd. *Creatividad y transformaciones*. Trillas, 1996.

34 *Business Life*, nov. 2010, p. 32.

35 Alex Osborn. *Applied Imagination* 3. ed. Scribner's, 1963.

36 Incluímos expansão e redução em uma única operação; exagero, visto que uma qualidade ou atributo pode ser ascendente ou descendente.

37 Não incluímos *brainstorming* como técnica porque já é bem conhecida.

38 Exemplo extraído de W. Chan Kim e Renée Mauborgne. *Blue Ocean Strategy: How to Create Uncontested Market Space and Make Competition Irrelevant*. Harvard Business Press, 2005.

39 Extraído de <www.innovaforum.com>.

40 Tony Proctor. *Creative Problem Solving for Managers: Developing Skills for Decision Making and Innovation*. 3. ed. Routledge, 2010.

41 Extraído de <www.innovateam.com>.

42 The World's Most Innovative Companies. Special Report – Innovation. *Businessweek*, 24 abr. 2006.

43 Stephan Thomke e Eric von Hippel, Customers As Innovators: A New Way to Create Value. *Harvard Business Review*, abr. 2002, p. 74-81.

44 Robert Cooper e Scott Edgett. Ideation for Product Innovation: What Are the Best Methods? *PDMA Visions Magazine*, mar. 2008.

45 Philip Kotler, Robert C. Wolcott e Suj Chandrasekhar. *Masters of Value and Possibility: Optimizing the Marketing and Research & Development Relationship*. Set. 2009.

46 Hauser, John R. e Don Clausing. The House of Quality. *Harvard Business Review*, v. 3, mai.-jun. 1988, p. 63-73.

47 Exemplo fornecido pela Market Research Company Salvetti & Llombart.

48 Os interessados em análise conjugada podem ler: Bryan K Orme. *Getting Started with Conjoint Analysis: Strategies for Product Design and Pricing Research*. 2. ed. Research Publishers, LLC, 2009.

49 Jeffrey Maumgartner. The Corporate Innovation Machine, publicado em <www.jpb.com>.

50 Viajy Govindarajan e Chris Trimble. *The Other Side of Innovation: solving the execution challenge*. Harvard Business Press, 2010.

51 Extraído de <http://www.vijaygovindarajan.com/2010/08/the_other_side_of_innovation_s.ht>.

52 Theodore Levitt. Creativity Is Not Enough. *Harvard Business Review*, ago. 2002.

53 Extraído de <http://www.jpb.com/creative/ciip.php>.

54 Clayton M. Christensen. *The Innovator's Dilemma*. Harvard Business School Press, 1997.

55 Chris Zook e James Allen. *Profit from the Core: A Return to Growth in Turbulent Times*. Harvard Business Press, 2010.

56 Idem.

57 Richard Foster e Sarah Kaplan. *Creative Destruction: Why Companies That Are Built to Last Underperform the Market – And How to Successfully Transform Them*. Crown Business, 2001.

58 The World's Most Innovative Companies. Special Report – Innovation. *Businessweek*, 24 abr. 2006.

59 Jeffrey Baumgartner. The Corporate Innovation Machine, publicado em<www.jpb.com>.

60 Extraído de <www.infonomia.com>.

61 Artigo de Sanjay Dalal, baseado no livro *Why Some Ideas Survive and Others Die*, de Chip Heath e Dan Heath. Extraído de <www.creativityandinnovation.blogspot.com>.

62 Philip Kotler. *Marketing Management*. 13. ed. Prentice Hall, 2008.

63 Extraído de <www.infonomia.com>.

64 Mark Turrell e Yvinne Lindow. The Innovation Pipeline, publicado em <www.imaginatik.com>.

65 Extraído de <www.infonomia.com>.

66 Constantinos C. Markides e Paul A. Geroski. *Fast Second: How Smart Companies Bypass Radical Innovation to Enter and Dominate New Markets*. Jossey-Bass, 2004.

67 Extraído de <http://innovationmarketing.wordpress.com/2007/04/08/%C2%BFcomo--llegar-a-entender-un-mercado-que-todavia-no-existe/>.

68 Steve Blank. The Four Steps to the Epiphany. *Cafepress.com*, set. 2010.

69 Edward De Bono. *Six Thinking Hats*. 2. ed. Back Bay Books, 1999.

70 Extraído de <http://www.brighthub.com/office/project-management/articles/2947.aspx>.

71 Extraído de <http://www.economia48.com/spa/d/analisis-coste-beneficio/analisis-coste--beneficio.htm>.

72 Extraído de <http://ec.europa.eu/regional_policy/sources/docgener/guides/cost/guide02_es.pdf>.

73 Extraído de <http://www.programaempresa.com/empresa/empresa.nsf/paginas/2E2A01A75B5E3BD5C125702800546C66?OpenDocument>.

74 Estimativa de demanda para um novo produto ou serviço é um componente da análise de lucro.

75 Extraído de <http://www.fao.org/docrep/008/a0323s/a0323s03.htm>.

76 Extraído de <http://www.americanchoicemodeling.com/2009/demand-estimation-and--pricing/>.

77 Blanco Adolfo. *Formulación y Evaluación de Proyectos*. 4. ed. Ediciones Torán, 1999. ILPES. *Guía para la Presentación de Proyectos*. 10. ed. Siglo XXI Editores. John Mariotti. *Marketing*. McGraw Hill.

78 Extraído de<http://www.isixsigma.com/index.php?option=com_k2&view=item&id=1519:calculating-roi-to-realize-project-value&tmpl=component&print=1&Itemid=190>.

79 Patricia Pulliam Phillips e Jack J Phillips. *Return on Investment (ROI) Basics*. ASTD Press, 2006.

80 Extraído de <http://creativityandinnovation.blogspot.com/2008/07/how-successful-is-your--new-innovation.html>.

81 Extraído de <http://www.jpb.com/creative/ciip.php>.

82 Jeffrey Baumgartner. The Corporate Innovation Machine, p. 10-11.

83 Extraído de <http://creativityandinnovation.blogspot.com/2008/07/how-successful-is--your-new-innovation.html>.

84 [completar referência]

85 Robert G. Cooper. Winning at New Products: Pathways to Profitable Innovation, publicado em <www.stage-gate.com>.

86 Robert G. Cooper e Michael S. Mills. Succeeding at New Product Development the P&G way. *PDMA Visions*, out. 2005, p. 10.

87 Vijay Kumar. Innovation Planning Toolkit. Artigo apresentado na Futureground International Conference. Melbourne, nov. 2004.

88 Mark Turrell e Yvonne Lindow. The Innovation Pipeline. *Imaginatik Research*, p. 3.

89 Bradley T. Gale. *Managing Customer Value: Creating Quality and Service That Customers Can See*. Free Press, 2010.

90 Michael E. Porter. *Competitive Strategy: Techniques for Analyzing Industries and Competitors*. Free Press, 1998, p. 156.

91 Michael E. Porter. *On Competition*. Edição atualizada e expandida. Harvard Business School Press, 2008.

92 Thomas Egner. *McKinsey Seven S Model*. Grin Verlag, 2009.

93 Philip Kotler. *Marketing Management*. 13 ed. Prentice Hall, 2008.

94 How Companies Approach Innovation: A McKinsey Global Survey. *McKinsey Quarterly*, out. 2007.

95 Vijay Kumar. Innovation Planning Toolkit. Artigo apresentado na Futureground International Conference. Melbourne, nov. 2004.

96 Edwin A. Locke e Gary Latham. *A Theory of Goal Setting & Task Performance*. Prentice Hall, 1990.

97 Análise das políticas de inovação da Tesco, retirada de <www.infonomia.com>.

98 T. Davila, M. J. Epstein, R. Shelton. *Making Innovation Work: How to Manage It, Measure It, and Profit from It*. Wharton School Publishing, 2006.

99 Robert G. Cooper. Winning at New Products: Pathways to Profitable Innovation, publicado em <www.stage-gate.com>.

100 Doblin Group. The Ten Types of Innovation, publicado em <http://www.doblin.com/AboutInno/innotypes.html>.

101 How Companies Approach Innovation: A McKinsey Global Survey. *McKinsey Quarterly*, out. 2007.

102 Robert G.Cooper e Michael S. Mills. Succeeding at New Product Development the P&G way. *PDMA Visions*, out. 2005.

103 Robert G. Cooper. Winning at New Products: Pathways to Profitable Innovation, publicado em <www.stage-gate.com>, p. 12.

104 Mark Turrell e Yvonne Lindow. The Innovation Pipeline. *Imaginatik Research*, p. 3.

105 Amy Muller, Liisa Välikangas e Paul Merlyn. Metrics for Innovation: Guidelines for developing a Customized Suite of Innovation Metrics. *Strategy & Leadership*, v. 33, p. 37-45.

106 *McKinsey Quarterly. The Online Journal of McKinsey&Co.*, nov. 2009.

107 T. Davila, M. J. Epstein e R. Shelton. *Making Innovation Work: How to Manage It, Measure It, and Profit from It*. Wharton School Publishing, 2006.

108 Assessing Innovation Metrics: McKinsey Global Survey Results. *McKinsey Quarterly*, nov. 2008.

109 *McKinsey Quarterly. The Online Journal of McKinsey&Co.*, nov. 2009.

110 Amy Muller, Liisa Välikangas e Paul Merlyn. Metrics for Innovation: Guidelines for Developing a Customized Suite of Innovation Metrics. *Strategy & Leadership*, v. 33, p. 37-45.

111 Robert G. Cooper. Winning at New Products: Pathways to Profitable Innovation, publicado em <www.stage-gate.com>, p. 12.

112 Idem.

113 T. Davila, M. J. Epstein e R. Shelton. *Making Innovation Work: How to Manage It, Measure It, and Profit from It*. Wharton School Publishing, 2006.

114 Idem.

115 The World's Most Innovative Companies. Special Report on Innovation. *Businessweek*, abr. 2006.

116 *McKinsey Quarterly. The Online Journal of McKinsey&Co*, nov. 2009.

117 Amy Muller, Liisa Välikangas e Paul Merlyn. Metrics for Innovation: Guidelines for Developing a Customized Suite of Innovation Metrics. *Strategy & Leadership*, v. 33, p. 37-45.

118 The World's Most Innovative Companies. Special Report on Innovation. *Businessweek*, abr. 2006.

119 Brian Glassman. Metrics for Idea Generation. White Papers Series on Idea Generation, ago. 2009.

120 *McKinsey Quarterly. The Online Journal of McKinsey&Co.*, nov. 2009.

121 Diversos autores destacam e descrevem a criação de arcabouços na combinação de indicadores de inovação. Ver, em especial, Amy Muller, Liisa Välikangas, Paul Merlyn. T. Davila, M. J. Epstein e R. Shelton.

122 Bill Breen. The 6 Myths of Creativity, publicado em <www.fastcompany.com>.

123 Jeffrey Baumgartner. The Corporate Innovation Machine, publicado em <www.jpb.com>.

124 The World's Most Innovative Companies. Special Report – Innovation. *Businessweek*, 24 abr. 2006.

125 Idem.

126 Robert G. Cooper. Winning at New Products: Pathways to Profitable Innovation, publicado em <www.stage-gate.com>.

127 Darrell K. Rigby, Kara Gruver e James Allen. Innovation in Turbulent Times. *Harvard Business Review*, 2009. <http://hbr.org/2009/06/innovation-in-turbulent-times/ar/pr>.

128 The World's Most Innovative Companies. BCG Survey. *Businessweek*, 24 abr. 2006.

129 Idem.

130 Julia Hanna. Getting Down to the Business of Creativity. *Harvard Business School Working Knowledge*, 14 mai. 2008.

131 Idem.

132 Jeffrey Baumgartner. The Corporate Innovation Machine, publicado em <www.jpb.com>.

133 Extraído de <www.infonomia.com>.

134 Jeffrey Baumgartner. The Corporate Innovation Machine, publicado em <www.jpb.com>.

135 Bill Breen. The 6 Myths of Creativity, publicado em <www.fastcompany.com>.

136 Idem.

137 Idem.

138 Michael Michalko. *Thinkertoys: A Handbook of Creative-Thinking Techniques*. 2. ed. Speed Press, 2006.

139 Extraído de <www.infonomia.com>.

140 Robert Cooper e Michael S. Mills. Succeeding at NPD the P&G way: a key element using the "Innovation Diamond." *PDMA Visions*, v. XXIX, n. 4, out. 2005, p. 13.

141 Robert G. Cooper. Winning at New Products: Pathways to Profitable Innovation, publicado em <www.stage-gate.com>.

142 The World's Most Innovative Companies. BCG Survey. *Businessweek*, 24 abr. 2006.

143 Extraído de <www.infonomia.com>.

144 Robert G. Cooper. Winning at New Products: Pathways to Profitable Innovation, publicado em <www.stage-gate.com>.

145 The World's Most Innovative Companies. Special Report on Innovation. *Businessweek*, abr. 2006.

146 Jeffrey Baumgartner. The Corporate Innovation Machine, publicado em <www.jpb.com>.

147 Padmanabh Dabke. www.spigit.com

148 Bill Breen. The Myths of Creativity, publicado em <www.fastcompany.com>.

149 The World's Most Innovative Companies. Special Report on Innovation. *Businessweek*, abr. 2006.

150 Martin Dewhurst, Matthew Guthridge e Elizabeth Mohr. Motivating People: Getting Beyond Money. *McKinsey Quarterly*, nov. 2009.

151 Sheldon Laube. Rewarding Innovation. Innovation Office, PwC Innovation Blog, fev. 2010.

152 Jeffrey Baumgartner. The Corporate Innovation Machine, publicado em <www.jpb.com>.

153 Matthew E. May. Do Rewards Kill Innovation and Creativity? *Blogging innovation*, publicado em <http://www.business-strategy-innovation.com/2009/07/do-rewards-kill--innovation-and.html>, jul. 2009.

154 Martin Dewhurst, Matthew Guthridge e Elizabeth Mohr. Motivating People: Getting Beyond Money. *McKinsey Quarterly*, nov. 2009.

155 Extraído de <www.infonomia.com>.

156 Susan Malanowski. Innovation Incentives: How Companies Foster Innovation, publicado em <www.wilsongroup.com>, set. 2007.

157 Sheldon Laube, Innovation Office PwC.

158 Robert Brands, www.innovationcoach.com

Agradecimentos

Gostaríamos de agradecer às empresas e aos profissionais de inovação que colocaram em prática algumas teorias e ideias descritas neste livro. Especialmente a Nestlé, a Pepsico, a Novartis, a 3M e o Google. Também somos gratos a Alfons Cornella (fundador da Infonomia), que nos forneceu informações valiosas a respeito das práticas de inovação de importantes empresas de todo o mundo. Essas informações foram fundamentais em nosso processo de documentação e serviram para validar nosso modelo A-F. E, finalmente, agradecemos a todos os profissionais da inovação, autores, pesquisadores e aqueles que, por meio da internet, fomentam o debate e a troca de ideias sobre o tópico da inovação. Suas reflexões, contribuições e pesquisas foram uma fonte infinita de inspiração.

FERNANDO TRÍAS DE BES e PHILIP KOTLER

Os autores

Fernando Trías de Bes

Fernando Trías de Bes é economista, com MBA da Esade e também da Universidade de Michigan. Desde 1992, trabalha como professor associado do departamento de administração de marketing da Esade, escola de negócios de Barcelona.

Ele é fundador da Salvetti & Llombart, empresa de consultoria, especializada em inovação e pesquisa de mercado. Sua empresa trabalha com pesquisa de mercado internacional e realiza todos os tipos de pesquisa, para todos os tipos de empresas, em todo o mundo. Entre seus clientes, destacam-se importantes operadoras de telefonia, como The Orange Group, Jazztel, Vodafone. Sua empresa também desenvolveu projetos importantes para McKinsey&Co, AT Kearney, Nestlé, Dannon, Hewlett-Packard, Mercedes-Benz, Credit Suïsse, Winterthur, Sony Corporation, Pepsico, Frito-Lay, Moët Chandon, Bongrain, Bacardi, Chupa-Chups e outras importantes multinacionais.

Fernando Trías de Bes iniciou suas atividades como palestrante em 2003. Foi um dos palestrantes no UK and European Marketing Forum, Western Europe Marketing Forum, ExpoManagement Congress, JavaExpo, World Apparel Convention, entre outros.

Fernando Trías de Bes e Philip Kotler são autores de *Marketing lateral*, livro publicado em 2003 nos Estados Unidos, traduzido para mais de vinte idiomas e vendido em todo o mundo como a última palavra em processos de marketing para inovação.

Além disso, ele também é coautor, com Alex Rovira, de *A boa sorte*, livro traduzido para quarenta idiomas que vendeu – até hoje – mais de 2 milhões de exemplares.

Philip Kotler

Philip Kotler é professor da cátedra S.C. Johnson & Son de marketing internacional, na Kellogg School of Management, da Northwestern University, em Evanston, Illinois. Ele é mestre pela Universidade de Chicago e doutor pelo MIT, ambos os títulos em economia. Fez pós-doutoramento em matemática, na Universidade Harvard, e em ciência comportamental, na Universidade de Chicago.

O professor Kotler é autor dos livros de marketing mais usados nas escolas de negócios de todo o mundo. Ele publicou mais de cem artigos em publicações importantes, muitos dos quais agraciados com prêmios de melhor artigo.

Em 1985, o professor Kotler foi o primeiro ganhador do Distinguished Marketing Educator Award, da American Marketing Association (AMA). A European Association of Marketing Consultants and Sales Trainers concedeu a Kotler seu prêmio de Marketing Excellence. Em 1975, o autor foi escolhido Leader in Marketing Thought pelos membros acadêmicos da AMA. Em 1978, também recebeu o Paul Converse Award, da AMA, por sua contribuição original ao marketing. Em 1989, recebeu o Annual Charles Coolidge Parlin Marketing Research Award. Em 1995, os Sales and Marketing Executives International (SMEI) o elegeram Marketer of the Year. Em 2002, foi agraciado com o título de Marketing Educator of the Year, da Academy of Marketing Science.

Kotler recebeu os títulos de doutor honorário da Universidade de Estocolmo, Universidade de Zurique, Universidade de Economia e Negócios de Atenas, Universidade DePaul, Escola de Negócios e Economia da Cracóvia, Grupo HEC de Paris, Universidade de Economia e Administração de Empresas de Viena, Universidade de Ciência Econômica e Administração Pública de Budapeste, Academia de Estudos Econômicos de Bucareste, Universidade Nacional de Kyiv Mohyla de Kiev, e Universidade Católica de Santo Domingo.

Leia outras obras da Lua de Papel

No que diz respeito à inovação, Steve Jobs, presidente da Apple, é lendário. O slogan de sua empresa, "Pense diferente", é mais do que uma ferramenta de marketing. É um estilo de vida, uma abordagem poderosa, positiva e transformadora que pode ser aplicada por todas as pessoas em qualquer área de atuação.

Leia outras obras da Lua de Papel

Feche o PowerPoint por algumas horas e leia com atenção as instruções do autor. Elas lhe darão ferramentas infalíveis para conquistar seu público.

Cheio de histórias e citações que mostram como as filosofias de vida de Buffett se repetem em suas decisões empresariais e no modo como administra pessoas e negócios.

Este livro foi composto em Electra LT Std
para Texto Editores Ltda.
em agosto de 2011.